U0022780

心一堂術數古籍珍本叢刊

書名：天運占星學 附 商業周期、股市粹言
系列：心一堂術數古籍珍本叢刊 其他類 第二輯 225
作者：吳師青
主編、責任編輯：陳劍聰
心一堂術數古籍珍本叢刊編校小組：陳劍聰 素聞 梁松盛 鄒偉才 虛白盧主

出版：心一堂有限公司
通訊地址：香港九龍旺角彌敦道六一〇號荷李活商業中心十八樓〇五—〇六室
深港讀者服務中心：中國深圳市羅湖區立新路六號羅湖商業大廈負一層〇〇八室
電話號碼：(852)67150840
網址：publish.sunyata.cc
電郵：sunyatabook@gmail.com
網店：http://book.sunyata.cc
淘寶店地址：https://shop210782774.taobao.com
微店地址：https://weidian.com/s/1212826297
臉書：https://www.facebook.com/sunyatabook
讀者論壇：http://bbs.sunyata.cc/

版次：二零一八年三月初版
平裝

定價：港幣 二百五十八元正
　　　新台幣 九百九十八元正

國際書號：ISBN 978-988-8317-99-8

香港發行：香港聯合書刊物流有限公司
地址：香港新界大埔汀麗路36號中華商務印刷大廈3樓
電話號碼：(852)2150-2100
傳真號碼：(852)2407-3062
電郵：info@suplogistics.com.hk

台灣發行：秀威資訊科技股份有限公司
地址：台灣台北市內湖區瑞光路七十六巷六十五號一樓
電話號碼：+886-2-2796-3638
傳真號碼：+886-2-2796-1377
網絡書店：www.bodbooks.com.tw
台灣國家書店讀者服務中心：
地址：台灣台北市中山區松江路二〇九號一樓
電話號碼：+886-2-2518-0207
傳真號碼：+886-2-2518-0778
網絡書店：http://www.govbooks.com.tw

中國大陸發行 零售：深圳心一堂文化傳播有限公司
深圳地址：深圳市羅湖區立新路六號羅湖商業大廈負一層〇〇八室
電話號碼：(86)0755-82224934

心一堂微店二維碼

心一堂淘寶店二維碼

心一堂術數古籍 珍本 整理 叢刊 總序

術數定義

術數，大概可謂以「推算（推演）、預測人（個人、群體、國家等）、事、物、自然現象、時間、空間方位等規律及氣數，並或通過種種『方術』，從而達致趨吉避凶或某種特定目的」之知識體系和方法。

術數類別

我國術數的內容類別，歷代不盡相同，例如《漢書・藝文志》中載，漢代術數有六類：天文、曆譜、五行、蓍龜、雜占、形法。至清代《四庫全書》，術數類則有：數學、占候、相宅相墓、占卜、命書、相書、陰陽五行、雜技術等，其他如《後漢書・方術部》、《藝文類聚・方術部》、《太平御覽・方術部》等，對於術數的分類，皆有差異。古代多把天文、曆譜、及部分數學均歸入術數類，而民間流行亦視傳統醫學作為術數的一環；此外，有些術數與宗教中的方術亦往往難以分開。現代民間則常將各種術數歸納為五大類別：命、卜、相、醫、山，通稱「五術」。

本叢刊在《四庫全書》的分類基礎上，將術數分為九大類別：占筮、星命、相術、堪輿、選擇、三式、讖諱、理數（陰陽五行）、雜術（其他）。而未收天文、曆譜、算術、宗教方術、醫學。

術數思想與發展——從術到學，乃至合道

我國術數是由上古的占星、卜筮、形法等術發展下來的。其中卜筮之術，是歷經夏商周三代而通過「龜卜、蓍筮」得出卜（筮）辭的一種預測（吉凶成敗）術，之後歸納並結集成書，此即現傳之《易

經》。經過春秋戰國至秦漢之際，受到當時諸子百家的影響、儒家的推崇，遂有《易傳》等的出現，原本是卜筮術書的《易經》，被提升及解讀成有包涵「天地之道（理）」之學。因此，《易・繫辭傳》曰：「易與天地準，故能彌綸天地之道。」

漢代以後，易學中的陰陽學說，與五行、九宮、干支、氣運、災變、律曆、卦氣、讖緯、天人感應說等相結合，形成易學中象數系統。而其他原與《易經》本來沒有關係的術數，如占星、形法、選擇，亦漸漸以易理（象數學說）為依歸。《四庫全書・易類小序》云：「術數之興，多在秦漢以後。要其旨，不出乎陰陽五行，生尅制化。實皆《易》之支派，傅以雜說耳。」至此，術數可謂已由「術」發展成「學」。

及至宋代，術數理論與理學中的河圖洛書、太極圖、邵雍先天之學及皇極經世等學說給合，通過術數以演繹理學中「天地中有一太極，萬物中各有一太極」（《朱子語類》）的思想。術數理論不單已發展至十分成熟，而且也從其學理中衍生一些新的方法或理論，如《梅花易數》、《河洛理數》等。

在傳統上，術數功能往往不止於僅僅作為趨吉避凶的方術，及「能彌綸天地之道」的學問，亦有其「修心養性」的功能，「與道合一」（修道）的內涵。《素問・上古天真論》：「上古之人，其知道者，法於陰陽，和於術數。」數之意義，不單是外在的算數、歷數、氣數，而是與理學中同等的「道」、「理」－－心性的功能，北宋理氣家邵雍對此多有發揮：「聖人之心，是亦數也」、「萬化萬事生乎心」、「心為太極」。《觀物外篇》：「先天之學，心法也。……蓋天地萬物之理，盡在其中矣，心一而不分，則能應萬物。」反過來說，宋代的術數理論，受到當時理學、佛道及宋易影響，認為心性本質上是等同天地之太極。天地萬物氣數規律，能通過內觀自心而有所感知，即是內心也已具備有術數的推演及預測、感知能力；相傳是邵雍所創之《梅花易數》，便是在這樣的背景下誕生。

《易・文言傳》已有「積善之家，必有餘慶；積不善之家，必有餘殃」之說，至漢代流行的災變說及讖緯說，我國數千年來都認為天災，異常天象（自然現象），皆與一國或一地的施政者失德有關；下至家族、個人之盛衰，也都與一族一人之德行修養有關。因此，我國術數中除了吉凶盛衰理數之外，人心的德行修養，也是趨吉避凶的一個關鍵因素。

術數與宗教、修道

在這種思想之下，我國術數不單只是附屬於巫術或宗教行為的方術，又往往是一種宗教的修煉手段--通過術數，以知陰陽，乃至合陰陽（道）。「其知道者，法於陰陽，和於術數。」例如，「奇門遁甲」術中，即分為「術奇門」與「法奇門」兩大類。「法奇門」中有大量道教中符籙、手印、存想、內煉的內容，是道教內丹外法的一種重要外法修煉體系。甚至在雷法一系的修煉上，亦大量應用了術數內容。此外，相術、堪輿術中也有修煉望氣（氣的形狀、顏色）的方法；堪輿家除了選擇陰陽宅之吉凶外，也有道教中選擇適合修道環境（法、財、侶、地中的地）的方法，以至通過堪輿術觀察天地山川陰陽之氣，亦成為領悟陰陽金丹大道的一途。

易學體系以外的術數與的少數民族的術數

我國術數中，也有不用或不全用易理作為其理論依據的，如揚雄的《太玄》、司馬光的《潛虛》。也有一些占卜法、雜術不屬於《易經》系統，不過對後世影響較少而已。

外來宗教及少數民族中也有不少雖受漢文化影響（如陰陽、五行、二十八宿等學說。）但仍自成系統的術數，如古代的西夏、突厥、吐魯番等占卜及星占術，藏族中有多種藏傳佛教占卜術、苯教占卜術、擇吉術、推命術、相術等；北方少數民族有薩滿教占卜術；不少少數民族如水族、白族、布朗族、佤族、彝族、苗族等，皆有占雞（卦）草卜、雞蛋卜等術，納西族的占星術、占卜術，彝族畢摩的推命術、占卜術……等等，都是屬於《易經》體系以外的術數。相對上，外國傳入的術數以及其理論，對我國術數影響更大。

曆法、推步術與外來術數的影響

我國的術數與曆法的關係非常緊密。早期的術數中，很多是利用星宿或星宿組合的位置（如某星在某州或某宮某度）付予某種吉凶意義，并據之以推演，例如歲星（木星）、月將（某月太陽所躔之宮次）等。不過，由於不同的古代曆法推步的誤差及歲差的問題，若干年後，其術數所用之星辰的位置，已與真實星辰的位置不一樣了；此如歲星（木星），早期的曆法及術數以十二年為一周期（以應地支），與木星真實周期十一點八六年，每幾十年便錯一宮。後來術家又設一「太歲」的假想星體來解決，是歲星運行的相反，週期亦剛好是十二年。而術數中的神煞，很多即是根據太歲的位置而定。又如六壬術中的「月將」，原是立春節氣後太陽躔娵訾之次而稱作「登明亥將」，至宋代，因歲差的關係，要到雨水節氣後太陽才躔娵訾之次，當時沈括提出了修正，但明清時六壬術中「月將」仍然沿用宋代沈括修正的起法沒有再修正。

由於以真實星象周期的推步術是非常繁複，而且古代星象推步術本身亦有不少誤差，大多數術數除依曆書保留了太陽（節氣）、太陰（月相）的簡單宮次計算外，漸漸形成根據干支、日月等的各自起例，以起出其他具有不同含義的眾多假想星象及神煞系統。唐宋以後，我國絕大部分術數都主要沿用這一系統，也出現了不少完全脫離真實星象的術數，如《子平術》、《紫微斗數》、《鐵版神數》等。後來就連一些利用真實星辰位置的術數，如《七政四餘術》及選擇法中的《天星選擇》，也已與假想星象及神煞混合而使用了。

隨着古代外國曆（推步）、術數的傳入，如唐代傳入的印度曆法及術數，元代傳入的回回曆等，其中我國占星術便吸收了印度占星術中羅睺星、計都星等而形成四餘星，又通過阿拉伯占星術而吸收了其中來自希臘、巴比倫占星術的黃道十二宮、四大（四元素）學說（地、水、火、風），並與我國傳統的二十八宿、五行說、神煞系統並存而形成《七政四餘術》。此外，一些術數中的北斗星名，不用我國傳統的星名：天樞、天璇、天璣、天權、玉衡、開陽、搖光，而是使用來自印度梵文所譯的：貪狼、巨門、祿存、文曲，廉貞、武曲、破軍等，此明顯是受到唐代從印度傳入的曆法及占星術所影響。如星命術中的《紫微斗數》及堪輿術中的《撼龍經》等文獻中，其星皆用印度譯名。及至清初《時憲曆》，置閏之法則改用西法「定氣」。清代以後的術數，又作過不少的調整。

此外，我國相術中的面相術、手相術，唐宋之際受印度相術影響頗大，至民國初年，又通過翻譯歐西、日本的相術書籍而大量吸收歐西相術的內容，形成了現代我國坊間流行的新式相術。

陰陽學——術數在古代、官方管理及外國的影響

術數在古代社會中一直扮演着一個非常重要的角色，影響層面不單只是某一階層、某一職業、某一年齡的人，而是上自帝王，下至普通百姓，從出生到死亡，不論是生活上的小事如洗髮、出行等，大事如建房、入伙、出兵等，從個人、家族以至國家，從天文、氣象、地理到人事、軍事，從民俗、學術到宗教，都離不開術數的應用。我國最晚在唐代開始，已把以上術數之學，稱作陰陽（學），行術數者稱陰陽人。（敦煌文書、斯四三二七唐《師師漫語話》：「以下說陰陽人謾語話」，此說法後來傳入日本，今日本人稱行術數者為「陰陽師」）。一直到了清末，欽天監中負責陰陽術數的官員中，以及民間術數之士，仍名陰陽生。

古代政府的中欽天監（司天監），除了負責天文、曆法、輿地之外，亦精通其他如星占、選擇、堪輿等術數，除在皇室人員及朝庭中應用外，也定期頒行日書、修定術數，使民間對於天文、日曆用事吉凶及使用其他術數時，有所依從。

我國古代政府對官方及民間陰陽學及陰陽官員，從其內容、人員的選拔、培訓、認證、考核、律法監管等，都有制度。至明清兩代，其制度更為完善、嚴格。

宋代官學之中，課程中已有陰陽學及其考試的內容。（宋徽宗崇寧三年〔一一零四年〕崇寧算學令：「諸學生習……並曆算、三式、天文書。」「諸試……三式即射覆及預占三日陰陽風雨。天文即預

定一月或一季分野災祥，並以依經備草合問為通。」

金代司天臺，從民間「草澤人」（即民間習術數人士）考試選拔：「其試之制，以《宣明曆》試推步，及《婚書》、《地理新書》試合婚、安葬，並《易》筮法，六壬課、三命、五星之術。」（《金史》卷五十一・志第三十二・選舉一）

元代為進一步加強官方陰陽學對民間的影響、管理、控制及培育，除沿襲宋代、金代在司天監掌管陰陽學及中央的官學陰陽學課程之外，更在地方上增設陰陽學課程（《元史・選舉志一》：「世祖至元二十八年夏六月始置諸路陰陽學。」）地方上也設陰陽學教授員，培育及管轄地方陰陽人。（《元史・選舉志一》：「（元仁宗）延祐初，令陰陽人依儒醫例，於路、府、州設教授員，凡陰陽人皆管轄之，而上屬於太史焉。」）自此，民間的陰陽術士（陰陽人），被納入官方的管轄之下。

至明清兩代，陰陽學制度更為完善。中央欽天監掌管陰陽學，明代地方縣設陰陽學正術，各州設陰陽學典術，各縣設陰陽學訓術。陰陽人從地方陰陽學肄業或被選拔出來後，再送到欽天監考試。（《大明會典》卷二二三：「凡天下府州縣舉到陰陽人堪任正術等官者，俱從吏部送（欽天監），考中，送回選用；不中者發回原籍為民，原保官吏治罪。」）清代大致沿用明制，凡陰陽術數之流，悉歸中央欽天監及地方陰陽官員管理、培訓、認證。至今尚有「紹興府陰陽印」、「東光縣陰陽學記」等明代銅印，及某某縣某某之清代陰陽執照等傳世。

清代欽天監漏刻科對官員要求甚為嚴格。《大清會典》「國子監」規定：「凡算學之教，設肄業生。滿洲十有二人，蒙古、漢軍各六人，於各旗官學內考取。漢十有二人，於舉人、貢監生童內考取。附學生二十四人，由欽天監選送。教以天文演算法諸書，五年學業有成，舉人引見以欽天監博士用，貢監生童以天文生補用。」學生在官學肄業、貢監生肄業或考得舉人後，經過了五年對天文、算法、陰陽學的學習，其中精通陰陽術數者，會送往漏刻科。而在欽天監供職的官員，《大清會典則例》「欽天監」規定：「本監官生三年考核一次，術業精通者，保題升用。不及者，停其升轉，再加學習。如能黽勉供職，即予開復。仍不及者，降職一等，再令學習三年，能習熟者，准予開復，仍不能者，黜退。」除定期考核以定其升用降職外，《大清律例》中對陰陽術士不準確的推斷（妄言禍福）是要治罪的。《大清律例・一七八・術七・妄言禍福》：「凡陰陽術士，不許於大小文武官員之家妄言禍福，違者杖一百。其依經推算星命卜課，不在禁限。」大小文武官員延請的陰陽術士，自然是以欽天監漏刻科官員或地方陰陽官員為主。

官方陰陽學制度也影響鄰國如朝鮮、日本、越南等地，一直到了民國時期，鄰國仍然沿用着我國的多種術數。而我國的漢族術數，在古代甚至影響遍及西夏、突厥、吐蕃、阿拉伯、印度、東南亞諸國。

術數研究

術數在我國古代社會雖然影響深遠，「是傳統中國理念中的一門科學，從傳統的陰陽、五行、九宮、八卦、河圖、洛書等觀念作大自然的研究。……傳統中國的天文學、數學、煉丹術等，要到上世紀中葉始受世界學者肯定。可是，術數還未受到應得的注意。術數在傳統中國科技史、思想史，文化史、社會史，甚至軍事史都有一定的影響。……更進一步了解術數，我們將更能了解中國歷史的全貌。」（何丙郁《術數、天文與醫學中國科技史的新視野》，香港城市大學中國文化中心。）

可是術數至今一直不受正統學界所重視，加上術家藏秘自珍，又揚言天機不可洩漏，「（術數）乃吾國科學與哲學融貫而成一種學說，數千年來傳衍嬗變，或隱或現，全賴一二有心人為之繼續維繫，賴以不絕，其中確有學術上研究之價值，非徒癡人說夢，荒誕不經之謂也。其所以至今不能在科學中成立一種地位者，實有數因。蓋古代士大夫階級目醫卜星相為九流之學，多恥道之；而發明諸大師又故為惝恍迷離之辭，以待後人探索；間有一二賢者有所發明，亦秘莫如深，既恐洩天地之秘，復恐譏為旁門左道，始終不肯公開研究，成立一有系統說明之書籍，貽之後世。故居今日而欲研究此種學術，實一極困難之事。」（民國徐樂吾《子平真詮評註》，方重審序）

現存的術數古籍，除極少數是唐、宋、元的版本外，絕大多數是明、清兩代的版本。其內容也主要是明、清兩代流行的術數，唐宋或以前的術數及其書籍，大部分均已失傳，只能從史料記載、出土文獻、敦煌遺書中稍窺一鱗半爪。

術數版本

坊間術數古籍版本，大多是晚清書坊之翻刻本及民國書賈之重排本，其中豕亥魚魯，或任意增刪，往往文意全非，以至不能卒讀。現今不論是術數愛好者，還是民俗、史學、社會、文化、版本等學術研究者，要想得一常見術數書籍的善本、原版，已經非常困難，更遑論如稿本、鈔本、孤本等珍稀版本。在文獻不足及缺乏善本的情況下，要想對術數的源流、理法、及其影響，作全面深入的研究，幾不可能。

有見及此，本叢刊編校小組經多年努力及多方協助，在海內外搜羅了二十世紀六十年代以前漢文為主的術數類善本、珍本、鈔本、孤本、稿本、批校本等數百種，精選出其中最佳版本，分別輯入兩個系列：

一、心一堂術數古籍珍本叢刊

二、心一堂術數古籍整理叢刊

前者以最新數碼（數位）技術清理、修復珍本原本的版面，更正明顯的錯訛，部分善本更以原色彩色精印，務求更勝原本。并以每百多種珍本、一百二十冊為一輯，分輯出版，以饗讀者。

後者延請、稿約有關專家、學者，以善本、珍本等作底本，參以其他版本，古籍進行審定、校勘、注釋，務求打造一最善版本，方便現代人閱讀、理解、研究等之用。

限於編校小組的水平，版本選擇及考證、文字修正、提要內容等方面，恐有疏漏及舛誤之處，懇請方家不吝指正。

心一堂術數古籍 珍本 整理 叢刊編校小組

二零零九年七月序

二零一四年九月第三次修訂

吳師青著

天運占星學

附
商業周期
股市辨言

師青

天運占星學　　吳師青著

目次

天運占星學　目次　吳師青著　八

鄧序

地上有一物，天上有一象，觀天象易，推天運難。古之為帝王師者，如元之耶律楚村，佐元世祖，平定天下。明之劉伯温，佐明太祖，統一全國。當其處之左右，事以師禮；成敗利鈍，無不預決。蓋皆精於觀象，而工於占星，其對天運，如示諸掌，窮鬼神之不測，與天地而並參。其偉大處，千載而下，猶可想見焉。

吾友吳師青兄，古天文學家也。治天文地理，旁及讖緯曆數之學，探賾勾微，別開蹊徑。嘗謂：「子為天王，而屬寶瓶。亥為海王，而屬雙魚。戌為冥王，而屬白羊。今人以卯為冥王，不驗。」每與晤談，事多有驗，斯亦奇哉。故考論古天文學者，必推師青。當公元一九二四年，著地學鐵骨秘，經潮州府志採入藝文類。嗣又著：樓宇寶鑑、中國七政四餘星圖析義、日景羅經、如何應用日景羅經、撼龍經眞義、香港山脈形勢論、天體曆、中西星座對照圖等書。自成一家，皆切實用。最近著：天運占星學，窮理盡性，覃思精推，其中揭發土星、木星、天王、海王，四大天運統運，並逐年主星移動宮度，特製太陽圖表四十五圖，及太陽圖表主應篇，日食月食，主要會合，經濟關鍵，經濟韻律，商業周期。行星高級會合之預測。至於三垣列宿，臨幸方隅，爲選擇趨吉之用。有關股市粹言，語多見道，可作立身治事之鑰匙。彰往察來，神乎其技。測其所見，以示於人，仁之端也。本其所知，以公於世，義之端也。星之祕，發人之所未發，天之運，推人之所未推。玆書出版，揭天地之玄機，作學術之貢獻，寓立德于立言，寓立言於立功。特書數語，用誌銘佩；謹序。

公元一九七二年秋月

鄧肇堅謹撰

自序

學術莫古於天文，天文莫古於中國。考漢書律曆志云：「黃帝命羲和占日，常儀占月，臾區占星。」此可謂爲占星學之創始。以時考之，距今四千六百餘年，無先之者。周秦以降，設官專任，如太史令、欽天監、司天監、靈臺丞等官，皆負專責，以掌管天文，占候星象，考定曆法，測驗災祥。則凡，能知象緯，精於占驗者，多獲延攬。置之廟廊，使展佈其殊才異能，明休咎，決禍福，定旺衰，測盈虛。見隱伏之微，而昭察變之用。探未來之秘，而收佐治之功。夫天地推移，日月運行，列萬象於宇宙，布九曜於中天；體天法道，布德行化，以人合天，天人相因，能法天運之義，斯開天運之機。是故，

吳師青 著

人事之吉凶，世運之汙隆，地區之旺衰，時政之得失，循環有自，變化多端，總不離乎天運之大範疇。然非天下之至機者，亦何足與語此也耶？

師青平生，志聖賢之道，窮天人之學。足跡遍大江南北，周覽名山大川。寓於目，而得於心，歷歷可考。邇者，余推步太陽圖表，四十五圖，並太陽圖表主應篇，及土星、木星、天王、海王，四大天運統運四圖，及圖解。如土星焉，具龐大之潛能，控博厚之地產，以利天下。如木星焉，備至高之福德，擁無疆之財富，以澤羣生。如天王焉，宏特殊之發明，奏豐碩之功用，以公世界。如海王焉，震膨脹之威力，顯廣大之神通，以制寰宇。至於太陽，乃至尊至貴之神，權力浩大；天非此，一歲不知時節，地非此，萬物無從發生。配以日食月食，主要會合，經濟關鍵，經濟韻律，商業周期，行星高級會合之預測，股市粹言，等等，而成天運占星學。此在古天文苑囿中，可謂放一異采，但未敢謂爲天學之津梁也。

是書之著，歷時經年，潛推默察，殊費周章。其中包含，至微至奧，苟能精心熟究，觸類旁通。以之測天，則盈虛消息可以推。以之察象，則災祥變異可以知。以之占商，則升降盛衰可以決。以之言命，則窮通禍福可以定。言有大而非誇，書雖簡而可驗。推四大之統運，拓萬古之心胸，又奚祇發揚國粹而已耶？

吳師青謹識

公元一九七二年冬十月

余與張雲博士論變星之回憶

天道三十年一小變，百年一中變，五百年一大變。「乾元變化，各正性命。」變者何？改也，動也。天下未有一成而不變者，亦未有一變而絕對不利于人者。蒼穹之上，星辰繫焉，纍纍貫珠，麗乎其曜。然經常有變，太空冥冥，欲窺不易，欲探尤難。惟恆情，狃於故常，每遇變故之來，甚感不安。尤其天上星變，驟焉發現，謂是示譴，羣相駭懼。如唐僖宗時，鄭畋再遷門下侍郎，以星變，而求去位。宋仁宗時，包拯爲龍圖閣直學士，以星變，而作名論。蓋遠在一千年前，科學知識未廣，於變星之謎，無法揭曉，勾起戒心，自屬不免。竊以爲，星之變也，然總不出兩因：（一）兩星相蝕，被迫使然。（二）恆星光度，忽明忽暗，隱現無常。亦如人，無端歌哭，失其常態。以故天文家，目爲「變星」，又稱「變光星」，以其在變中也。變星定型，約分五類：此非本篇論旨，不詳及之。

吾友張雲博士，近代之天文權威也。少時，留學法國里昂大學，專攻天文，學成回國，致力教育，兩任中山大學校長。培植人才，廣爲世用，「贊天地之化育，以與天地參」。其

余與張雲博士論變星之回憶

吳師青 著

學問淵懿，無所不包。中間，特別注重於變星之觀測，曩曾主掌中國天文學會變星觀測委員會，對觀測變星門徑，啓廸有方，提倡甚力，中西學者，翕然宗之。著有「天文學講話」，「高等天文學」，「月球」，「地球」，等書，以公諸世，名滿天下。當公元一九四七年，張博士應美國哈佛大學之聘，研究變星。並在哈佛天文臺，發現一顆北冕座β型變星，厥功甚偉。（事詳張博士所著一顆北冕座β型變星之發見，抽印本。）以此驚動全世界學人，而望風傾倒。及張博士回國時，哈佛天文台長沙普利，贈以十一吋折光望遠鏡，携歸，寘之中山大學，作敎學使用。鏡爲十九世紀名天文家亨利特雷柏所有，極具歷史價値。在最初攝取各種星雲，與及恆星光譜，卽出自此鏡。迄后，特雷柏之外甥摩厲女士，又用此鏡窺察五千餘星光譜，其所著效率，不爲不大矣。

師青亦篤好天文，星象諸學，三十年前，與張博士交，嘗於聚首，暢論變星。余謂：以張博士，在哈佛天文台，發見北冕座β型變星，可與德人赫塞爾，發見天王。法人勒未累，發見海王。鼎足成三，同垂不朽。張博士聞余言，遜謝。曰：「君其譽我哉」。張博士問余，對北冕觀感如何？余曰：「北冕，西名也，瀕武仙座。此星在西人眼中，視之，如王者皇冠。大抵形容北冕尊貴，有威可畏，有儀可象。至於北冕，在中名，則爲貫索，一曰天牢，又曰連索。索者，所以細綁罪人，而牢者，所以監禁囚犯。是故，古占星家，以北冕星，主應「治獄」「立律」。大抵昔日之「廷尉」，及「大理寺」。現代之「典獄」，及「司法院」，則近是。而貫索九星，羅列成環。據古占星家觀測，天牢之中，常有三星。逢甲子日，丙子日，戊子日，庚子日，壬子日。於此「五子日」，暮夜視之，其一星去，則主：頒慶典，行嘉禮，爲天下大喜。其二星去，則主：賜官爵，授勳章，爲天下大福。其三星去，則主減刑法，赦罪犯，爲天下大治。余又謂：北冕之變，即貫索之變，一而二，二而一。北冕座中β型，一變而作「壽世之星」，變者善變，察者善察。余言未已，張博士曰：「君誠有卓識，對古天文學如此求眞，將必大有發揚」。蓋張博士謙尊而光，至今猶縈迴於余之腦海中。

張博士，平生於休咎吉凶，頗不置信。余知其誕生于公元一八九六年，八月三十一日上午四時。以中國七政四餘之星學而推論，其立命午宮，日爲命主，羅之天官，入命宮，纏張月三度，魁文夾命主。命主之日，在赤經十時三十分，北赤緯八度。與「軒轅十四」之一等星，其位置僅距八度三十分以內，即會合也。應主其人，少年騰達，文采與風采齊燦，天爵共人爵並隆。其行限，於公元一九四一年，在白羊座七度，與誕生之太陽相絡。至公元一九

四 余與張雲博士論變星之回憶

吳師青 著

四七年，行婁宿之一、二、三，光照天下，萬類資明，有星拱北斗，雨化南天之象。惟公元一九五八年之秋，政餘運元，行危月。月爲母象，又爲身主，遇戊戌太歲。戊土掩月。且在赤經二十二時三十分，有「墳墓」列宿。按「墳墓」天官書，謂爲不祥，主有山陵悲慘之事，占星學所忌者。余據以告：「今年逢戊，戊屬土，而土掩月，太夫人母當不利」。時方盛夏，張博士聞余言，憂曰：「吾母固年邁，但稟賦特厚，甚健。如有不利，吾願以身代母」。別後，悁悁於懷，未嘗或釋。余居香港，張博士寓九龍，自署別墅，曰「月衣山莊」位于荃灣，非常幽靜。乃未幾，噩耗傳來。時爲公元一九五八年十月二十七日，張博士遂止於斯。年六十有三。其果代母耶？一念動天，天之成其大孝，偉矣哉，余當時悼甚，輓以聯云：

交親骨肉，學擅天文，經緯著觀微，豈料清談成讖語。
孝感蒼穹，情依烏鳥，死生難索解，敢云哲理勝玄璣。

天運占星學

吳師青著

「觀乎天文，以察時變；觀乎人文，以化成天下。」則人文與天文，有其平衡作用。天文者，包括日月星辰，觀之匪易；時變者，包括治亂盛衰，察之自難。天人之間，其幾甚微。昊穹無言，示人以象。木爲歲星，不福無道。土爲塡星，惟助有德。古以子爲天王，亥爲海王，主應各異，發展不同。道雖玄遠，象則昭明。古占星家，以此謂爲天運，頗屬渺茫。至清代中葉，人天金鑑，以天王，海王，眞度，配合土星，木星，而損益之，專論山川地區城市之四大天運統運，歷驗不爽。以是，愈反映占星學之尊貴，不斷發展中。

師青自幼窮經史，究地學，及專攻古天文學，除家藏玉函秘本外，並有關古今珍貴典籍，多所鑽研。著有地學鐵骨秘，天體曆，如何應

天運占星學

吳師青著

二

用日景羅經，樓宇寶鑑，其中，新製圖式代羅經，及鑰法，簡選，使人自知趨吉避凶，宏安居無疆之福。又著撼龍經眞義，抉其奧旨，註其眞諦。十年以前，又著香港山脈形勢論，指出香港山川，乃一眞天市垣局。今著天運占星學，其中，特製四大天運統運圖，及圖解，並推逐年主星移動宮度。又特製太陽圖表，四十五圖，並太陽圖表主應篇。經濟關鍵，經濟韻律，商業周期，行星高級會合之預測，股市粹言，日食月食，主要會合，月過各宮，三垣列宿，臨幸方隅，恒星發秘，等等。地區之旺衰，可得而察。工商之榮枯，可得而測。人生之休咎，可得而知；世路之通塞，可得而考。皆對人類，有密切關繫。利人利己，無逾於此。以言事功，余雖不敢謂有非常建樹。而以言學術，余則亦可謂爲獨特貢献。用心之苦，祇有自知。費力之多，不求人聞。只冀裨益斯世，貫澈初衷，人生快事，寧有逾於此乎？

論四大天運統運

南幹固發祥之地，香江乃瑞氣所鍾。首貴北赤之天運，氣若能乘，可興百世。再重虎豹之市垣，衆而得聚，必協萬邦。香港在土星、木星、天王、海王、四大天運統運吉照中，加以天市之真垣局，無美而不全，無麗而不備也。

上天垂象，下土具瞻；道雖玄遠，象則昭明。德動天道，瑞見星文。德動天文，祥開星紀。若舍四大天運，而僅依三元氣運、紫白氣運、挨星氣運、五子運、及以六十四卦論一、二、三、四、五、六、七、八、九之氣運。又以用事入中順行，再將山上向上挨得之星入中，陽順陰逆飛去，而論運者，均未得當。尚有論世運者，如宋進士祝泌之創二十五變，並同人起分秒諸說。又如我國舊傳之西法統宗，所論，一運計三百六十年，分為四季，將一運亦分四季。又以洪水滔天時。將土木二星同宮同度之年，作世運初起。更有以恒星之遠近，依黃道取角宿大星。逆溯前土木會，在午宮十九度五十四分，為起度；逆行宮二十八度十八分為申宮，二十一度三十六分，為世運初起。凡諸論運，是皆探驪未得珠者也。清道光年間，徐天啓著人天金鑑，其中，以土星、木星、天王、海王，建立四大天運統運，首重行星之運行，推斷時代之盛衰。金鑑真傳，得者寶之。夫四大天運統運者，察何星進入何位？察何位屬於何宮？知天命所臨宮度之主宰，明吉運所照何宮之久暫。是故天有象，地有形，氣行於地，形麗於天。探微發幽，推星定度，用之於大宇宙間論運，應之如神，驗之若驚。箇中奧秘，古所未宣。余慮斯術中斷，用特公諸世界。十年前，拙著香港山脈形勢論，已作預言。是故，大嶼也、青山也、青衣也、獅子也、南丫也。而曰：大嶼、南丫、「將來可為萬國互市之商場」。而曰：青衣、獅子、「其富庶必有長足進展」。而曰：青山，「將來發展，不在農業，而在紡織，前途工業振興，發展未可限量」。其餘閱香港山脈形勢論，便得其本原。

夫地學之道，玄之又玄，天運之機，秘之又秘。未明香港山脈形勢論之辨元運，論挨星者，可將四大天運，主星移動，輔以太陽圖表。則能明何年興？何季吉？何方旺？何業昌？瞭如指掌。較之地學鐵骨秘九十六局，陽順星辰輪，陰卦逆行取，易得多矣。然九十六局，又非淺學者，一見所能洞悉。希讀者細心研考，逐玩局索。自得其旨，庶幾淺深通曉，享用無窮焉。

土星天運圖

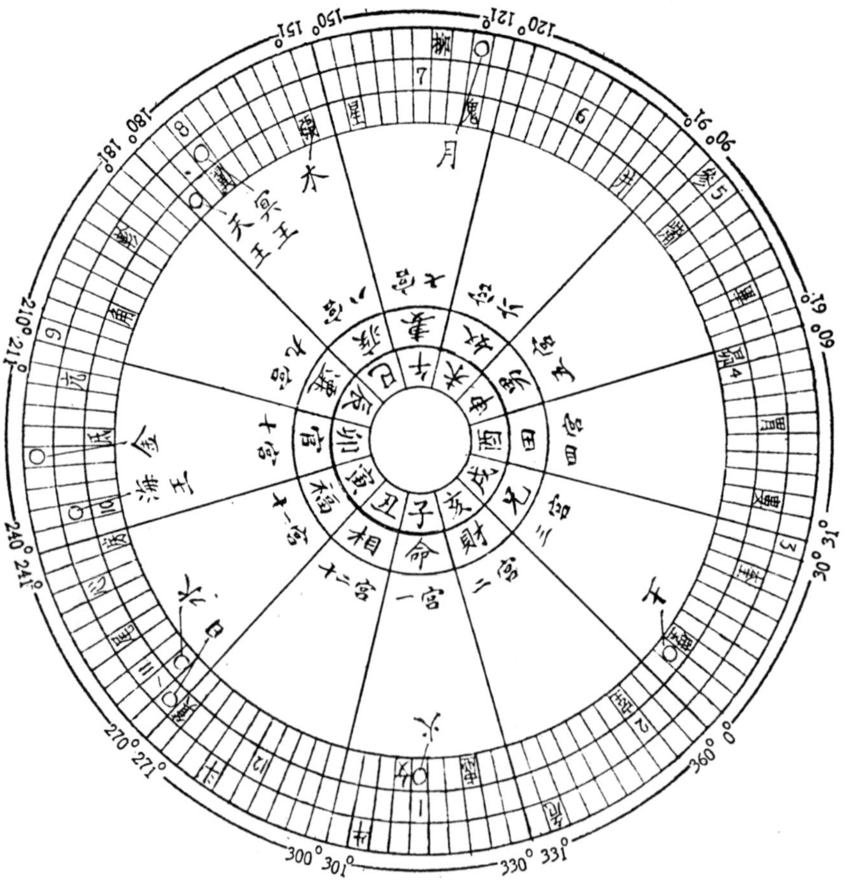

土星天運圖

吳師青著

土星天運圖解

土星，居四方之中，坐戊己之位，威靈赫赫，古稱鎮星。漢書：以「鎮」作「填」，故又名「填星」。主土地者，亦即代表土地者也。地者政之本，萬物之祖。地可以正政，地不均平調和，則政不可立。其關係密切，有如此者。至哉坤元，德合無疆。珍寶蘊焉，礦物藏焉，草木生焉，禽獸孳焉。取之不盡，用之不竭。樓宇宜焉，田園利焉，百穀蕃焉，甘泉涌焉。生有所資，養有所自。至若地之上：予人以最好觀感者：泰華不厭其高，培塿不鄙其小，滄海不嫌其深，池沼不薄其淺。尤其地之下，供人以最大開採者：有如石油、鋼鐵、鑽石、金銀、珠玉等類。有土則有財，有財則有用。墨子所云：「以地為仁者」信哉。

土星天運統運圖，土星從公元一九六七年十二月，開始進入本港地區。第二宮，戌宮五度，躔室宿，與月一百二十度。集中權力，井然有序，有帶來發展工商，繁殖人民之氣勢。冥王在第八宮，與第九宮海王六十度，經營蓬勃，一日千里。且纏于戌宮室火十二度，而火又纏女土三度，交相配備，火土互纏，吉莫大焉。應主：地產日臻繁盛，工業更趨昌隆。内外無間，土得火生，增偉大之建築，開錦繡之遠景；無疑。

土星，代表商業信用，利用厚生。其屬：如建築、地產、紡織、樓宇、倉塢、製衣、營造等等，得土星天運統運之吉利。是故，土地也、木材也、礦產也、山林也、五穀也。以至經濟也、商業也、證券也、衛生也、税收也、天氣也。無形之中，土星將益憑藉其剛貞之至性，發揮其偉大之潛能。於穩健中而開創，於博厚中而生植。受其感應，增强建設，順乎自然，舉重若輕。土之下，即表現土星之謙卑。地之仁，即象徵土星之惠愛。土星天運統運，主應如斯，為用至大，可詳察焉。

木星天運圖

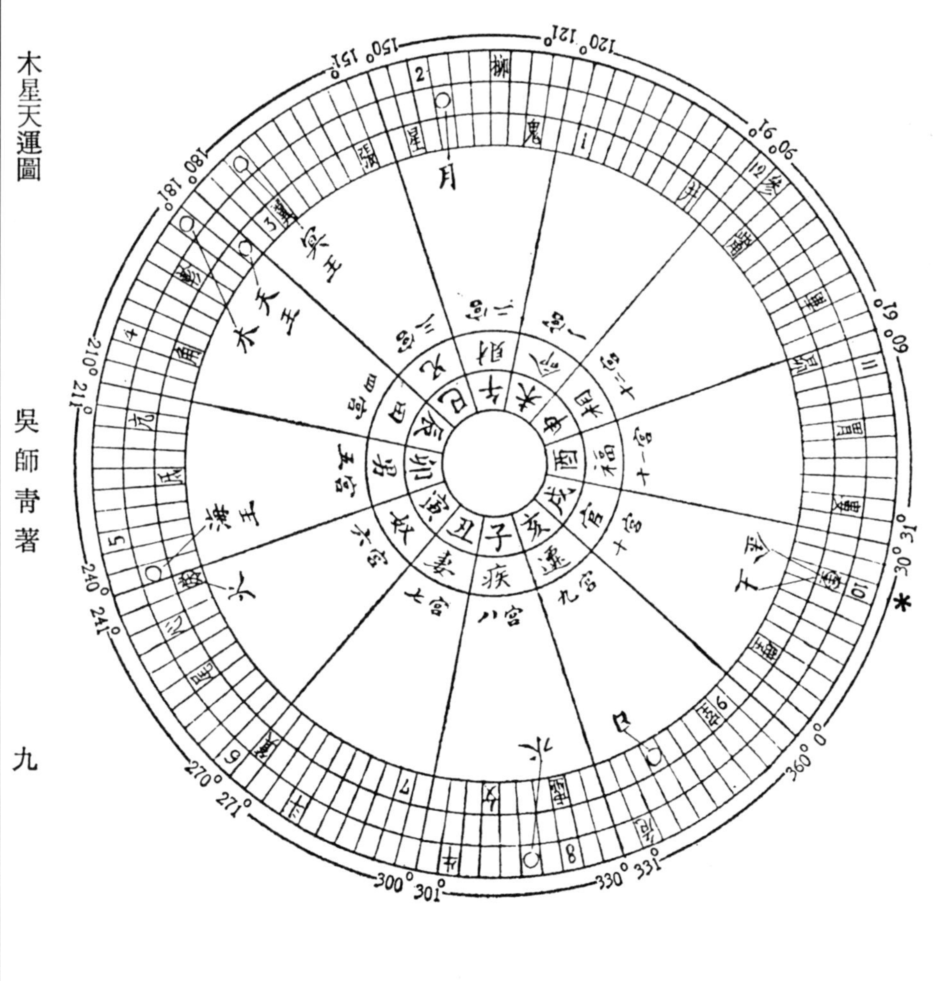

木星天運圖解

吳師青 著

木星，古稱歲星也。乃大皡之神，居五常之首。位協震宮，繞天行運。其德惟仁，仁者，心之德，愛之理。茫茫大地，萬象森羅，皆在其愛之之中。漢之京房，出為魏太守，長于災變學説，著有京氏易傳行世。占曰：「春：當退貪殘，進柔良，恤孤幼，賑不足，求隱士，則萬物應節而生，隨氣而長，所謂春令也」（見後漢書）。其言精簡，意即謂：木星當權，天下皆春，坐鎮於東方之震位，不言而信，不怒而威，令行如山。貪鄙者，則舍之。温良者，則用之。孤獨者，則憐之。貧窮者，則濟之。隱居者，則訪之。使無一物而不遂其生，無一人而不助其長。斗轉東，而天下皆春。陽春布德澤，萬物生光輝，真偉大哉。

木星為天上最大之福曜，亦為人間至高之德宇。其於時也，則陽舒陰布，日麗風和，五化宣平，萬物發育。其于人也，則木蔭所庇，主壽主富，熙熙和樂，如登春臺。其于物也，則草木華生，鳥獸孕育，蟄者以啓，枯者以榮。其于地也，則人盡其才，地盡其利，有塞必通，無廢不舉。木以一星，降茲萬福，獨惜世人，未盡知之，知而或不詳。蓋木德敷和，天地俱生，庶類滋榮，皆有以自樂。惟不可非時毀折，至傷大和者也。

木星天運統運圖，木星自公元一九六九年三月，開始居第三宮。纏辰宮翌火十一度，得水星吉照，又與火星及海王六十度。月第一宮，與十宮，土星，金星，一百二十度。應主：工商雄霸於遠東，經濟駕凌乎天府。上下合作，金月相伴，敞開民主窗櫥，蔚成自由商埠。一九七五年四月轉新，纏戌宮室火十度，與第四宮太陽會合，水星與土星一百二十度；又金星與土星六十度。應主：銀行有更大之發揚，金融有增强之銳進，報業飛騰，貿易暢旺，工商，則質量日益壯大。建設，則氣象日益簇新，可斷言者。

木星代表慈善事業，福利機構，布恩行惠，浹洽天下。其屬：如銀行、金融、報業、證券等等，「木德所照，當必無它」。包括城市，離島，新界等，鵲則報喜，鶯則遷喬。景物鮮妍，風光旖旎。誠如朱熹詩：「等閒識得東風面，萬紫千紅總是春」，實令人心醉。人才則蛟騰鳳起，勃蓬蓬焉。社會則魚躍鳶飛，活潑潑焉。至於工業，商業，企業，實業。得木星天運統運之吉利，更欣欣向榮，發育滋長，濃蔭之下，無不利賴。木星天運統運，主應如斯。為用至大，可詳察焉。

天王天運圖

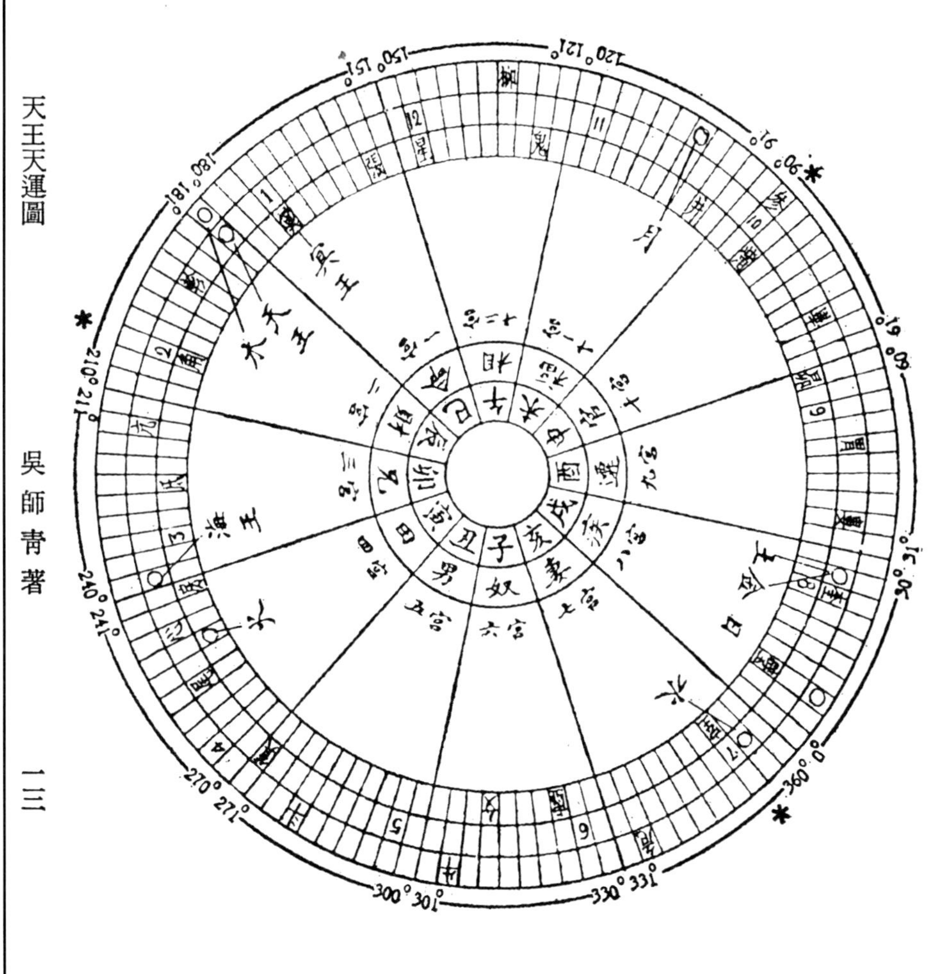
120° 121°
150° 151°
180° 181°
210° 211°
240° 241°
270° 271°
300° 301°
330° 331°
360° 0°
30° 31°
60° 61°
90° 91°
子
丑
寅
卯
辰
巳
午
未
申
酉
戌
亥

天王星天運圖解

吳師青 著

天王星，於古屬子，為寶瓶，今之天王也。其推演天運，援春分真時刻，建立十二宮，配以行星躔度，分生剋制化而判斷。清代徐天啓之人天金鑑，間多宗此，而損益之。惜其時，冥王未之發現，不無缺陷焉。師青于公元一九六二年，創著「天體曆」。曾論及天王橫跨之影响。越三年，著「中國七政四餘星圖析義」。闡明「十二宮所主吉凶」。附以天王、海王、冥王三星，語多發秘，皆公諸世矣。

夫惟天為大，至高無上。虧盈益謙，天之道也；禍淫福善，天之察也；春榮秋枯，天之時也；晝明夜晦，天之運也；擊電轟雷，天之怒也；蒸雲施雨，天之澤也。庶類萬物，非天無以成。受形育氣，非天無以立。天王者，革新萬物之象，運旋太空之中，其行最健，自強不息，繞日一週，約八十有四年，遍歷十二宮，每過一宮，需時約七載。自從天王大顯，一鳴驚人，全世界受其感應，是故，新發明、新風氣、新運會、新思想、新創作，無一而不符合人類最高度享受。公元一八零七年，有汽船之發明；公元一八一四年，有火車之發明；公元一八三八年，有照相術之發明；公元一八七九年，有市用電燈之發明；公元一八九五年，有愛克司光之發明；公元一八九七年，有無綫電報之發明。此皆由天王顯現後，以次產生，益信大宇宙之有真宰者哉。

天王天運統運圖，天王從公元一九六九年三月，開始進入本港地區，第一宮。辰宮零度，纏翼宿，與官商主星同經，又與海王六十度。又，太陽七宮，與火星構成高貴一百二十度。應主：經濟飛騰邁進，工商扶搖上升，有驚人之建設，有利世之開發。又第七宮，水星與海王，一百二十度，吉曜疊疊，具有極雄厚之組織力、開創力、原動力、協成力。集中資源，堅定意志，建設邁進，交通發展，工廠日多，生產日盛，其富庶必不可限量者。

天王，代表當地最高行政長官，及工業領袖，大任克當，重權在握。其屬：如鐵路、汽車、電車、電燈、電池、電話、航空、飛車等等。開物成務，富于進取；出非常人物，建非常事功；大有補於羣生，悠久無疆。得天王天運統運之吉利，而銀行經濟，工商證券，無不發皇光大。上下交泰，繁榮無比。天王天運統運，主應如斯，為用至大，可詳察焉。

吳師青著

海王天運圖

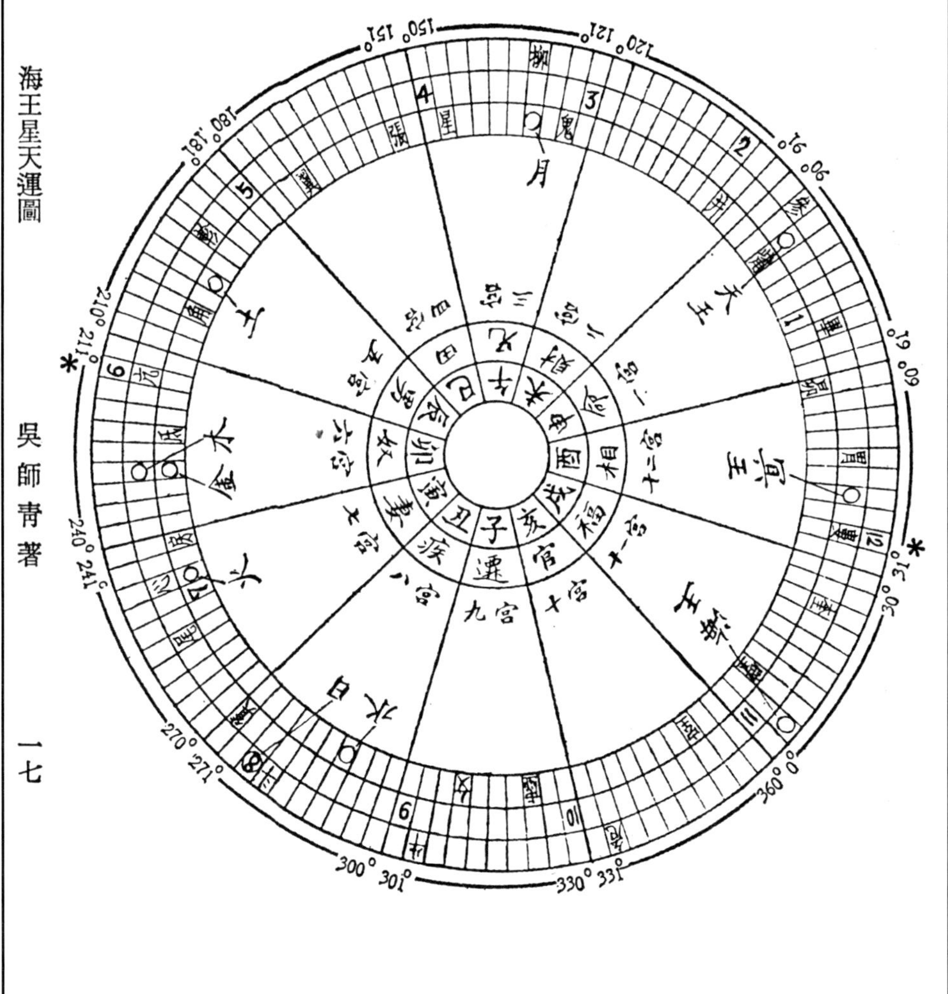

海王星天運圖解

吳師青著

海王星者，於古屬亥，為雙魚。今之海王也。其推演天運，援春分真時刻，建立十二宮，配以行星躔度，分生尅制化而判斷。清代徐天啓之人天金鑑，間多宗此，而損益之。惜其時，冥王未之發現，不無缺陷焉。考諸博物志：「天地四方，皆海水相通，地在其中，蓋無幾也。故海曰「百谷王」。大志經曰：「海有三德，一曰，深廣無邊。二曰，清淨不受雜穢。三曰，藏積無量珍寶」。余則以為：海有時主靜，海不揚波，而中國出聖人，亦為一德；海能容，汪洋大度，無所不包，又為一德；且德之至者。故此，則謂海有五德，亦無不可。海王其足以代表之。

當公元一八四五年，海王星始嶄露頭角，大顯于世，壯滄海之神威，受百谷之擁護。饒有神秘性，而不可捉摸者。尤富有活動力，莫能抗拒。其所展布，均為世界重要策畧，擔當非常任務，能衝破任何艱難險阻於最後關頭。近百年來，海之上，五大洋洲，海水橫飛，湧騰澎湃，萬怪惶駭，戰艦雲集，潛艇梭穿，掀起波濤，忽出忽沒。海之中，蛟龍藏焉、鯨鯢伏焉、珊瑚森焉、珍珠聚焉。水可煑鹽，錯可供食，任人採取，利賴無窮。其顯示强而有力，富而不吝者哉。

海王天運統運圖：海王自公元一八六三年十二月，開始進入本港地區，第十一宮。戌宮三度，纏室宿。與三宮之月，構成一百二十度。應主：努力創始，進展飛騰。近者悦，而遠者來，日以新，而月以異。海月相得，火月交輝，擁龐大之財富，而吸引處處投資。享滿足之娛樂，而鼓舞人人贊美。又海王與火星一百二十度。月又與火一百二十度。三合一體，連環高照。促進巨大團體旅遊，無論海上或陸上，源源湧來，成為世界中心樂園。而擴張福利，發揚藝術，不一而足。又，太陽及水星，在第八宮，與冥王一百二十度，應主：稅收豐足，財政充實，遺產增加，出版發達，有如錦上添花，麗中之麗，壯觀也。

海王代表社會改造，婦女運動。其屬：如酒店、飛機、石油、海產、船務、運輸、液體等等，得海王天運統運之吉利。以故維多利亞海峽，有一重又一重之新氣象。貫海已興隧道，如斧鑿洞；跨海將建大橋，如虹臥波。宴飲，則五步一酒樓；娛樂，則十步一戲院。賽馬也、賽球也、各從所好；選美也、選賢也、各擇其宜。至於挺生傑出之人物，蘊藏奇妙，吸收科學，大有助於工業發展，及經濟繁榮。海王天運運統，主應如斯，為用至大，可詳察焉。

新月滿月之感應

月，地球之衞星也。其發光體，與電磁力量，由日到地球，再由地球到日，周而復始，循環運行。二十四小時中，諸如引力，蓋完全在月之深入地球，與日互相交換能力範圍內，而能使地球上人類生活，關係密切。當新月或滿月，與太陽圖表中各星，構成四十五度，或九十度，一百八十度，則視其所在何宮，而宮該支配，當有嚴重影響，如新月或滿月，在圖表中各星，構成六十度，或一百廿度者，則不但所屬該宮支配，在此月份，能促成十分良好，而對工商業及股市，亦有蓬勃之感應也。

月之占星，爲吾國數千年以來，一貫傳統。近代天文象宗，其推算物價貴賤，亦遵此法。將新月滿月時刻，而建立星圖，爲判斷主要者。察新月滿月主星，入於何宮？分金、木、水、火、土，或上升，或下降而分析。又，土星爲升價之星，木星爲跌價之星。諸如等法，亦頗有驗。終不若本著之太陽圖表爲簡易也。欲建立新月滿月星圖，非得眞正時刻，則未能建立也。蓋太陰每日平行十三度十分三十六秒，對萬物之效能，以電磁要素，並稱「每日能力」及「生命能力」。而在天，有其特殊位置。對地，有發揮各種功能與力量。而調合海洋之潮勢，朝潮夕汐，應期不爽，故成爲天地間至信者也。在滿月之際，嬰兒出生，其清晨出生，較之在黃昏出生者爲多。且滿月之影響，犯罪者衆，受刑者多。倘新月滿月與星圖內之各行星角度良佳，而在二宮、五宮者，不但，貿易上、有突出繁榮。而證劵市塲，亦可展望扳升。若與各行星角度不利，則相反矣。且常令精神病院中之癲病，及神經病，增加其失眠、易怒、或煩擾。而以滿月時爲甚。如發生在申宮、午宮、己宮之視座，則不利因素，尤多。

淮南子曰：「太陰治春，則欲行仁義温良。治夏，則欲布施鮮明。治秋，則欲修繕備兵。治冬，則欲猛毅堅强。」一陰一陽之謂道，相生相化以成功。太陰之精，其上爲月，月者，天之使也。月有新月滿月之區別。無論新月或滿月，皆引人入勝。如明建文帝賦新月詩曰：「誰將玉指甲？抓破碧天痕。影落江湖上，蛟龍不敢吞」。僧如滿詠滿月詩曰：「團團離海角，漸漸出雲衢。此夜一輪滿，清光何處無」？古人詠新月滿月之詩，亦皆有感而發，不勝枚舉者。蓋新月如眉，固然可愛。滿月如盤，尤爲可喜。新月爲朔，滿月爲望。月繞地而轉。亦隨地繞日而行。在太陽東首或西首時，其間之角距，稱曰離角。新月之離角，爲零度，滿月之離角，爲一百八十度，在月之盈虧，與日蝕月蝕期間之經度，須加以密切注視。若降在太陽圖表內各宮，或頂點，（頂點卽圖中之阿拉伯數目字）因其帶有極大之刺激性。至於新月滿月，以何者較爲强力？在星學中，以新月降落，而接近太陽進入白羊星座時，則一年中，繼續而至之新月，則爲强力。若滿月落下，而最接近特別之「進入」時，則相繼而至之滿月，則爲强力。凡强力者，其影響時間，則有一月。弱者，只十五天耳。至若潮流之起伏，當日月會合，或一百八十度之方位，潮水高漲。所謂：「月落江湖白，潮來天地青。」自然而然，激而動之。**在新月滿月前後三兩天，對股市之走勢，已有其雛形潛伏。此際可洞察物情，因時吐納，是故投資者，宜展開其八面玲瓏之姿態。先明白一般趨向，胸有把握，不致盲從也。**爾雅翼有曰：「蝌蚪，月大，盡生前兩足。月小，盡生後兩足」。按蝌蚪，一名活東，爲生物之一種，大抵因受新月滿月感應之影响。其感應，何祇此耶？書曰：「天垂象，日月星辰繫焉。使日不左、月不右、五星無定位，二十八宿無定向，則天亦不能攝衆，而失其尊」。師青因推步新月滿月未來十五年位置表，新月滿月十二宮主應篇，亦可作股市趨勢之觀察。先察新月滿月宮度，落於太陽圖表，每一季之圖中何宮？如在第二宮，或第五宮，則觀其視座良佳與否？如該二宮，或五宮，吉利，則價可重振。如該季圖表，在該兩宮，與任何一星視座不利，則價當疲弱。須觀下列新月滿月日期所在位置表，然後察新月滿月，落於太陽圖表何宮？與何星成吉凶角度？其主應，視新月滿月十二宮主應篇。

每月之新月位置表

一九七二年至一九八六年

按新月滿月，本分兩種，此位置表，爲兩種之一。以新月滿月位置表，比作時鐘之長針。以太陽圖表，比作時鐘上之短針。與各行星吉凶角度而判斷，其法有驗。尚有一種，係以新月滿月時刻，而建立星圖，與各行星角度吉凶而判斷，在經驗上，終以前者爲簡明。

一九七二年

月	日	新月
一月	十六	丑宮廿五度
二月	十五	子宮廿五度
三月	十五	亥宮廿五度
四月	十四	戌宮廿四度
五月	十三	酉宮廿二度
六月	十一	申宮二十度
七月	十一	未宮十八度
八月	九	午宮十六度
九月	八	巳宮十五度
十月	七	辰宮十四度
十一月	六	卯宮十三度
十二月	六	寅宮十四度

一九七三年

月	日	新月
一月	五	丑宮十四度
二月	三	子宮十四度
三月	五	亥宮廿五度
四月	三	戌宮十三度
五月	三	酉宮十二度
六月	一	申宮十度
六月	卅	未宮八度
七月	卅	午宮六度
八月	廿八	巳宮四度
九月	廿六	辰宮三度
十月	廿六	卯宮廿六度
十一月	廿五	寅宮二度
十二月	廿四	丑宮二度

一九七四年

月	日	新月
一月	廿四	子宮三度
二月	廿二	亥宮三度
三月	廿四	戌宮二度
四月	廿二	酉宮二度
五月	廿二	酉宮廿九度
六月	二十	申宮廿八度
七月	十九	未宮廿六度
八月	十七	午宮廿四度
九月	十六	巳宮廿二度
十月	十五	辰宮廿一度
十一月	十四	卯宮廿一度
十二月	十三	寅宮廿一度

一九七五年

月	日	新月
一月	十二	丑宮廿一度
二月	十一	子宮廿二度
三月	十三	亥宮廿一度
四月	十二	戌宮廿一度
五月	十一	酉宮二十度
六月	十	申宮十八度
七月	九	未宮十六度
八月	七	午宮十四度
九月	六	巳宮十二度
十月	五	辰宮十一度
十一月	三	卯宮十度
十二月	三	寅宮十度

一九七六年

月	日	新月
一月	一	丑宮十度
一月	卅一	子宮十度
三月	一	亥宮十度
三月	卅一	戌宮十度
四月	廿九	酉宮九度
五月	廿九	申宮七度
六月	廿七	未宮五度
七月	廿七	午宮四度
八月	廿五	巳宮二度
九月	廿四	辰宮一度
十月	廿三	卯宮零度
十一月	廿一	卯宮廿九度
十二月	廿一	寅宮廿九度

一九七七年

月	日	新月
一月	十九	丑宮十九度
二月	十八	子宮十八度
三月	二十	亥宮廿九度
四月	十八	戌宮廿八度
五月	十八	酉宮廿七度
六月	十七	申宮廿五度
七月	十六	未宮廿三度
八月	十五	午宮廿二度
九月	十三	巳宮二十度
十月	十三	辰宮十九度
十一月	十一	卯宮十八度
十二月	十一	寅宮十八度

一九七八年

月	日	新月
一月	九	丑宮十八度
二月	七	子宮十八度
三月	九	亥宮十八度
四月	七	戌宮十七度
五月	七	酉宮十六度
六月	六	申宮十四度
七月	五	未宮十三度
八月	四	午宮十一度
九月	三	巳宮九度
十月	二	辰宮八度
十月	卅一	卯宮八度
十一月	廿九	寅宮七度
十二月	卅	丑宮七度

天運占星學 每月新月位置表

吳師青著

一九七九年

月	日	新月
一月	廿八	子宮七度
二月	廿七	亥宮七度
三月	廿八	戌宮六度
四月	廿六	酉宮五度
五月	廿六	申宮四度
六月	廿四	未宮二度
七月	廿四	午宮零度
八月	廿三	午宮廿九度
九月	廿一	巳宮廿七度
十月	廿一	辰宮廿七度
十一月	二十	卯宮廿六度
十二月	十九	寅宮廿七度

一九八〇年

月	日	新月
一月	十八	丑宮廿七度
二月	十六	子宮廿七度
三月	十七	亥宮廿六度
四月	十五	戌宮廿五度
五月	十四	酉宮廿三度
六月	十三	申宮廿二度
七月	十二	未宮二十度
八月	十一	午宮十八度
九月	九	巳宮十六度
十月	九	辰宮十六度
十一月	七	卯宮十五度
十二月	七	寅宮十五度

一九八一年

月	日	新月
一月	六	丑宮十六度
二月	五	子宮十六度
三月	六	亥宮十五度
四月	五	戌宮十五度
五月	四	酉宮十三度
六月	二	申宮十一度
七月	二	未宮九度
七月	卅一	午宮七度
八月	廿九	巳宮六度
九月	廿八	辰宮五度
十月	廿八	卯宮四度
十一月	廿六	寅宮四度
十二月	廿六	丑宮四度

一九八二年

月	日	新月
一月	廿五	子宮五度
二月	廿四	亥宮五度
三月	廿五	戌宮四度
四月	廿四	酉宮三度
五月	廿四	申宮一度
六月	廿一	申宮廿九度
七月	廿一	未宮廿七度
八月	十九	午宮廿五度
九月	十七	巳宮廿四度
十月	十七	辰宮廿三度
十一月	十五	卯宮廿五度
十二月	十五	寅宮廿三度

一九八三年

月	日	新月
一月	十四	丑宮廿三度
二月	十三	子宮廿一度
三月	十五	亥宮廿三度
四月	十三	戌宮廿二度
五月	十三	酉宮廿一度
六月	十一	申宮十九度
七月	十	未宮十七度
八月	九	午宮十五度
九月	七	巳宮十四度
十月	六	辰宮十二度
十一月	五	卯宮十二度
十二月	四	寅宮十一度

一九八四年

月	日	新月
一月	三	丑宮十二度
二月	二	子宮十二度
三月	三	亥宮十二度
四月	一	戌宮一度
五月	一	酉宮十一度
五月	卅一	申宮九度
六月	廿九	未宮七度
七月	廿八	午宮五度
八月	廿七	巳宮三度
九月	廿五	辰宮二度
十月	廿四	卯宮一度
十一月	廿三	寅宮一度
十二月	廿一	丑宮一度

一九八五年

月	日	新月
一月	廿一	子宮一度
二月	二十	亥宮一度
三月	廿一	戌宮零度
四月	二十	酉宮零度
五月	二十	酉宮廿八度
六月	十八	申宮廿七度
七月	十八	未宮廿五度
八月	十六	午宮廿三度
九月	十五	巳宮廿一度
十月	十四	辰宮二十度
十一月	十二	卯宮二十度
十二月	十二	寅宮二十度

一九八六年

月	日	新月
一月	十	丑宮二十度
二月	九	子宮二十度
三月	十	亥宮十九度
四月	九	戌宮十九度
五月	九	酉宮十八度
六月	七	申宮十六度
七月	七	未宮十四度
八月	六	午宮十三度
九月	四	巳宮十一度
十月	四	辰宮十度
十一月	二	卯宮九度
十二月	二	寅宮九度
十二月	卅一	丑宮九度

每月之滿月位置表

一九七二年至一九八六年

按新月滿月，本分兩種，此位置表，爲兩種之一。以新月滿月位置，比作時鐘上之長針。以太陽圖表，比作時鐘上之短針。與各行星吉凶角度而判斷、其法有驗。尚有一種，係以新月滿月時刻，而建立星圖，與各行星角度吉凶而判斷，在經驗上，終以前者爲簡明。

一九七二年

月	日	滿月
一月	卅日	午宮九度
二月	廿九	巳宮九度
三月	卅日	辰宮九度
四月	廿八	卯宮八度
五月	廿八	寅宮七度
六月	廿七	丑宮五度
七月	廿六	子宮三度
八月	廿四	亥宮一度
九月	廿三	戌宮零度
十月	廿二	戌宮廿九度
十一月	廿一	酉宮廿八度
十二月	廿日	申宮廿八度

一九七三年

月	日	滿月
一月	十九	未宮廿九度
二月	十七	午宮廿八度
三月	十九	巳宮廿八度
四月	十七	辰宮廿七度
五月	十七	卯宮廿六度
六月	十六	寅宮廿四度
七月	十五	丑宮廿三度
八月	十四	子宮廿一度
九月	十二	亥宮十九度
十月	十二	戌宮十八度
十一月	十日	酉宮十八度
十二月	十日	申宮十八度

一九七四年

月	日	滿月
一月	八日	未宮十八度
二月	八日	午宮十八度
三月	八日	巳宮十七度
四月	六日	辰宮十六度
五月	六日	卯宮十五度
六月	五日	寅宮十四度
七月	四日	丑宮十二度
八月	三日	子宮十度
九月	二日	亥宮九度
十月	一日	戌宮八度
十月	卅日	酉宮七度
十一月	廿九	申宮七度
十二月	廿九	未宮七度

一九七五年

月	日	滿月
一月	廿七	午宮七度
二月	廿六	巳宮七度
三月	廿七	辰宮六度
四月	廿六	卯宮五度
五月	廿五	寅宮三度
六月	廿三	丑宮一度
七月	廿三	丑宮廿九度
八月	廿三	子宮廿八度
九月	廿日	亥宮廿六度
十月	廿日	戌宮廿六度
十一月	十九	酉度廿六度
十二月	十八	申宮廿六度

一九七六年

月	日	滿月
一月	十七	未宮廿六度
二月	十五	午宮廿六度
三月	十六	巳宮廿五度
四月	十四	辰宮廿四度
五月	十四	卯宮廿三度
六月	十二	寅宮廿一度
七月	十一	丑宮十九度
八月	十七	子宮十七度
九月	八日	亥宮十六度
十月	八日	戌宮十五度
十一月	六日	酉宮十四度
十二月	六日	申宮十四度

一九七七年

月	日	滿月
一月	五日	未宮十五度
二月	四日	午宮十五度
三月	五日	巳宮十五度
四月	四日	辰宮十四度
五月	三日	卯宮十三度
六月	二日	寅宮十一度
七月	一日	丑宮九度
七月	卅日	子宮七度
八月	廿八	亥宮五度
九月	廿七	戌宮四度
十月	廿七	酉宮三度
十一月	廿六	申宮三度
十二月	廿六	未宮三度

一九七八年

月	日	滿月
一月	廿四	午宮四度
二月	廿三	巳宮四度
三月	廿五	辰宮三度
四月	廿三	卯宮二度
五月	廿二	寅宮一度
六月	廿一	寅宮廿九度
七月	二十	丑宮廿七度
八月	十八	子宮廿五度
九月	十七	亥宮廿三度
十月	十六	戌宮廿二度
十一月	十五	酉宮廿二度
十二月	十四	申宮廿二度

一九七九年

月	日	滿月
一月	十三	未宮廿三度
二月	十二	午宮廿二度
三月	十四	巳宮廿二度
四月	十二	辰宮廿二度
五月	十二	卯宮廿一度
六月	十日	寅宮十九度
七月	十日	丑宮十七度
八月	七日	子宮十五度
九月	六日	亥宮十三度
十月	六日	戌宮十二度
十一月	四日	酉宮十一度
十二月	四日	申宮十一度

一九八〇年

月	日	滿月
一月	二日	未宮十一度
二月	一日	午宮十一度
三月	二日	巳宮十一度
三月	卅一	辰宮十一度
四月	卅日	卯宮十度
五月	卅日	寅宮八度
六月	廿九	丑宮六度
七月	廿八	子宮四度
八月	廿六	亥宮三度
九月	廿四	戌宮一度
十月	廿四	酉宮零度
十一月	廿二	申宮零度
十二月	廿二	未宮零度

一九八一年

月	日	滿月
一月	廿一	午宮零度
二月	十九	巳宮零度
三月	廿日	辰宮零度
四月	十九	辰宮廿九度
五月	十九	卯宮廿八度
六月	十七	寅宮廿六度
七月	十七	丑宮廿四度
八月	十五	子宮廿二度
九月	十四	亥宮廿一度
十月	十三	戌宮廿度
十一月	十三	酉宮十九度
十二月	十一	申宮十九度

一九八二年

月	日	滿月
一月	十日	未宮十九度
二月	八日	午宮十九度
三月	十日	巳宮十九度
四月	八日	辰宮十八度
五月	八日	卯宮十七度
六月	六日	寅宮十五度
七月	六日	丑宮十三度
八月	五日	子宮十二度
九月	三日	亥宮十度
十月	三日	戌宮九度
十一月	一日	酉宮八度
十二月	一日	申宮八度
十二月	卅日	未宮八度

天運占星學　每月滿月位置表

吳師青著

一九八三年

月	日	滿月
一月	廿九	午宮八度
二月	廿八	巳宮八度
三月	廿九	辰宮七度
四月	廿七	卯宮六度
五月	廿七	寅宮五度
六月	廿五	丑宮三度
七月	廿五	子宮一度
八月	廿三	子宮廿九度
九月	廿二	亥宮廿八度
十月	十日	戌宮廿二度
十一月	廿日	酉宮廿七度
十二月	廿日	申宮廿七度

一九八四年

月	日	滿月
一月	十八	未宮廿七度
二月	十七	午宮廿七度
三月	十七	巳宮廿七度
四月	十六	辰宮廿六度
五月	十五	卯宮廿四度
六月	十三	寅宮廿二度
七月	十三	丑宮二十度
八月	十一	子宮十九度
九月	十日	亥宮十七度
十月	十日	戌宮十六度
十一月	八日	酉宮十六度
十二月	八日	申宮十六度

一九八五年

月	日	滿月
一月	七日	未宮十六度
二月	五日	午宮十六度
三月	七日	巳宮十六度
四月	五日	辰宮十五度
五月	五日	卯宮十四度
六月	三日	寅宮十二度
七月	二日	丑宮十度
八月	一日	子宮八度
八月	卅日	亥宮七度
九月	廿九	戌宮五度
十月	廿九	酉宮五度
十一月	廿七	申宮五度
十二月	廿七	未宮五度

一九八六年

月	日	滿月
一月	廿六	午宮五度
二月	廿四	巳宮五度
三月	廿六	辰宮五度
四月	廿四	卯宮四度
五月	廿四	寅宮二度
六月	廿二	丑宮零度
七月	廿一	丑宮廿八度
八月	二十	子宮廿六度
九月	十八	亥宮廿五度
十月	十七	戌宮廿四度
十一月	十六	酉宮廿三度
十二月	十六	申宮廿四度

新月滿月十二宮主應篇

吳師青著

本篇主應，有助太陽圖表之用。

第一宮

查新月滿月宮度，在太陽圖表中第一宮時，與各行星構成六十度，或一百二十度。或與金星、水星、木星會合。則主應：社會興旺；民衆康樂；推行事務，順利成功。

新月滿月宮度，在圖表中，與各行星構成九十度，或一百八十度。或與火星、土星、天王、海王、冥王會合，則主應：有妨礙人民健康，及公共事務。

【注意】如該宮內無星，須觀星圖二十八宿中之亞拉伯數目字，便是該宮之頂點。無論行星角度與頂點，其軌道範圍，均可容三度。

第二宮

查新月滿月宮度，在太陽圖表中第二宮時，與各行星構成六十度，或一百二十度，或與金星、水星、木星會合。則主應：財源滾滾，銀行、珠寶、金融、工商業、及證券股市旺盛之期。

新月滿月宮度，在圖表中，與各行星構成九十度，或一百八十度，或與火星、土星、天王、海王、冥王會合。則主應：銀行金融，證券股市，較前稍遜。如該宮內無星，則須觀其宮座之頂點。視第一宮末段，自明。

第三宮

查新月滿月宮度，在太陽圖表中，第三宮時，如與圖中各行星構成六十度，或一百二十度。或與金星、水星、木星會合，則主應：報業、電話、鐵路、巴士、電車、電報、汽車、倉塢、出版等事業，或股票，皆活躍挺進。

新月滿月宮度，在圖表中，與各行星構成九十度，或一百八十度。或與火星、土星、天王、海王、冥王會合，則主應；出版界平淡，對第三宮所支配事務，稍遜。如該宮內無星，則須觀其宮座之頂點。視第一宮末段，自明。

第四宮

查新月滿月宮度，在太陽圖表中，第四宮時，與各行星構成六十度，或一百二十度。或與金星、水星、木星會合者。則主應；有利於地產、樓宇、酒店、塑膠、礦產、建築股等。

新月滿月宮度，在圖表中，與各行星構成九十度，或一百八十度，或與火星、土星、天王、海王、冥王會合者，則主應：對上列各業，或各類股，稍遜。如該宮無星，則須觀其宮座之頂點。視第一宮末段，自明。

第五宮

查新月滿月宮座，在太陽圖表中，第五宮時，與各行星構成六十度、或一百二十度，或與金星、水星、木星會合者。則主應：對於音樂、戲院等事業，有突出發展。

新月滿月，在圖表中，與各行星構成九十度；或一百八十度，或與火星、土星、天王、海王、冥王會合，則主應：對於音樂、戲院、娛樂、股市，稍遜。如該宮無星，則須觀其宮座之頂點。視第一宮末段，自明。

第六宮

查新月滿月宮度，在太陽圖表中，第六宮時，與各行星構成六十度，或一百二十度。或與金星、水星、木星會合。則主應：公共衞生，有良佳改進。各部員工，有美滿服務。

新月滿月宮度，在圖表中，與各行星構成九十度，或一百八十度。或與土星、火星、天王、海王、冥王會合。則主應：損害健康，並員工中，宜防不滿。如該宮無星，則須觀其宮座之頂點，視第一宮末段、自明。

第七宮

查新月滿月宮度，在太陽圖表中，第七宮時，與各行星構成六十度，或一百二十度。或與金星、水星、木星會合。則主應：婦女界快活，結婚率躍進。內外業務，工作順利。出入口商，前途亨通。

新月滿月宮度，在圖表中，與各行星構成九十度，或一百八十度。或與火星、土星、天王、海王、冥王會合。則主應：有糾紛，有爭執，及意外離婚。如該宮無星，則須觀其宮座之頂點，視第一宮末段、自明。

第八宮

查新月滿月宮度，在太陽圖表中，第八宮時，與各行星構成六十度、或一百二十度。或與金星、水星、木星會合，乃十分重要者。則主應：稅收增强，經濟躍進。

新月滿月宮度，在圖表中，與各行星構成九十度，或一百八十度。或與火星、土星、天王、海王、冥王會合。則主應：社會中，著名人物，宜防不測。尤其屬女性領袖者。如該宮無星，則須觀其宮座之頂點，視第一宮末段，自明。

第九宮

查新月滿月宮度，在太陽圖表中，第九宮時，與各行星構成六十度，或一百二十度，或與金星、水星、木星會合。則主應：利於科學文化之發明，及商業船務之進展。

新月滿月宮度，在圖表中，與各行星構成九十度、或一百八十度。或與土星、火星、天王、海王、冥王會合。則主應：普通商業與船務等，有滯頓影響。如該宮無星，則須觀其宮座之頂點。視第一宮末段，自明。

第十宮

查新月滿月宮度，在太陽圖表中，第十宮時，與各行星構成六十度，或一百二十度，或與金星、水星、木星會合。則主應：商業益臻繁華，市勢繼續邁進。政府必增加榮譽，更有政通人和之美。

新月滿月宮度，在圖表中，與各行星構成九十度，或一百八十度。或與土星、火星、天王、海王、冥王會合。則主應：工商業務，進展較遜。如該宮無星，則須觀其宮座之頂點。

視第一宮末段，自明。

第十一宮

查新月滿月宮度、在太陽圖表中，第十一宮時，與各行星構成六十度，或一百二十度，或與金星、水星、木星會合。則主應：有關會議，施行順利。

新月滿月宮度，在圖表中，與各行星構成九十度、或一百八十度。或與火星、土星、天王、海王、冥王會合。則主應：辯論紛歧，措施困難。如該宮無星，則須觀其宮座之頂點，視第一宮末段，自明。

第十二宮

查新月滿月宮度，在太陽圖表中，第十二宮時，與各行星構成六十度，或一百二十度，或與金星、水星、木星會合。則主應：對地方上立法機構，及慈善團體，均有利。

新月滿月之宮度，在圖表中，與各行星構成九十度，或一百八十度。或與火星、土星、天王、海王、冥王會合。則主應：犯罪案件增加，可能引致監獄、醫院、救濟院之麻煩。如該宮無星，則須觀其宮座之頂點，視第一宮末段、自明。

每天月過各宮表用法

此表前曾載拙著天體曆，其中，日食月食，黃經度數，便于占星學家，作參考資料。月過各宮，不但爲太陽圖表各宮之主要。且對人之誕生圖各宮，均有重大影響也。至於三垣列宿，臨幸方隅（幸即駕臨），得其吉照之地區，無不民康物阜（詳列宿發秘）。若用之于建築、安葬、修方等等，無論何事？如有缺憾，向該星方位默祝，可得趨吉納福，此古法也。其信與否？由各測驗。有關各星方隅，皆順排在二十四氣方面。如看天皇大帝，查大寒後十五日，子正在于亥之乾中，每進一時，當進一宮，子正在乾，丑正在壬，作用乾方壬方，福力自宏。餘可類推。又可知每天月過本人誕生圖於何宮？而得知此日，係本人之幸運日。但因每天月之運行，與天運占星學，均有密切關係。故幷載於本著，以便讀者，易於採用。其用法，察每天月過各宮表，例如：一九七二年一月二日，下午四時卅八分，月過午宮零度。（下午四時，即申時也。）由申時順數至亥時，爲午宮四度，便是「二日」月之各時位置。

欲知「三日」，月之宮度，再由午宮五度起子時，順數至午宮十六度，便是「三日」月之各時位置。欲知「四日」月之宮度，則觀四日午宮十七度起子時，數至午宮廿八度，便是「四日」月之各時位置。其餘零時，可約每日十二時平分之。用以上方法計算，欲知「五日」月之位置，當由四日下午十二時零一分，卽子時也。由巳宮零度起子時，順數至巳宮十二度，是五日亥時，便是「五日」月之各時位置。（一謂、四日零時）餘仿此。夫月，乃整個天體中，經過各宮移動，爲最迅速者。在每一週之每天橫跨，與各行星之會合，或一百二十度，或一百八十度，無其他因素。在每一週中，可總計角度，吉多者，此週內，股市可升。不吉者，此週內，股市可降。如月橫跨於未宮，或酉宮，值角度吉者，升勢較高。不吉者，例外。其上升下降與達頂點，影響市價趨勢，故具異常重要性者也。在新月滿月方位未成角度時，亦可代爲新月滿月位置之吉凶感召。觀是時，月在太陽圖表何宮？與宮中各行星吉凶角度，對某種實業之發展現象，與股市之升降趨勢。均有顯著信號。其主應，參新月滿月感應篇。若橫跨經過誕生人之星圖（以誕生地區，太陽出地之遲早，而安命者）。如月橫跨第一宮，第二宮，第三宮，第六宮，第九宮，或第十宮。此六宮時，則爲本人之幸運。當其橫跨于星圖中之木星，或金星時，則此時，對工商業，及其他事業，均有大規模之發展，而可享受非常之幸福。其詳可參拙著天體曆。如有七政四餘真躔位置圖，則可視每天月過各宮表，知是日，與星圖中何星？構成吉凶角度，而知該日之幸運與否。亦可由其誕生圖之行星位置，以月過各宮表，查月移動至何宮何度？與何星成六十度，或一百二十度，或九十度，或一百八十度。如六十度，或一百二十度，爲吉。察視座高下而判斷。如九十度，或一百八十度，爲凶。均無不準驗。如讀者，缺乏政餘星圖，可權用普通立命之十二宮，而作判斷，亦可。其詳參新月滿月十二宮主應篇。最不利者，月與土星會合，其凶難免。惟作善降祥，修德獲福。若逢吉佳角度，財利固然通達。縱遇不吉角度，經營亦可穩健。余之所論，歷驗不爽焉。

咏月過各宮表七律

弦分上下繞西東，遍歷嫦娥十二宮。
若論股場當發駿，最宜實業可圖鴻。
眞躔角度艮佳裏，横跨蟹獅富貴中。
此表推來用途廣，袖珍常察福無窮。

一九七二年 每天月過各宮表

日食月食黃經度分・三垣列宿臨幸吉位

月	日	月過各宮
一月	一日	月尚在未宮
	二日	下午四時38分月過午宮零度
	三日	月尚在午宮
	四日	下午12時零一分月過巳宮零度
	五日	月尚在巳宮
	六日	月尚在巳宮
	七日	上午十時32分月過辰宮零度
	八日	月尚在辰宮
	九日	下午11時16分月過卯宮零度
	十日	月尚在卯宮
	十一日	月尚在卯宮
	十二日	上午11時33分月過寅宮零度
	十三日	月尚在寅宮
	十四日	下午八時56分月過丑宮零度
	十五日	月尚在丑宮至十六日
	十六日	
		日環食丑宮25度25分　見食地區　澳洲東南
	十七日	上午三時18分月過子宮零度
	十八日	月尚在子宮
		【天廚臨幸壬方】
	十九日	上午七時30分月過亥宮零度
	二十日	月尚在亥宮
	廿一日	上午十時35分月過戌宮零度
	廿二日	月尚在戌宮
	廿三日	下午一時18分月過酉宮零度
	廿四日	月尚在酉宮
	廿五日	下午四時32分月過申宮零度
	廿六日	月尚在申宮
	廿七日	下午八時11分月過未宮零度
	廿八日	月尚在未宮
	廿九日	月尚在未宮
	三十日	上午一時28分月過午宮零度
		月全食午宮九度40分　初虧17時11分食甚18時53分復圓20時35分
	卅一日	月尚在午宮
二月	一日	上午八時46分月過巳宮零度
	二日	月尚在巳宮
	三日	下午六時50分月過辰宮零度
	四日	月尚在辰宮
		【天皇臨幸亥乾】
	五日	月尚在辰宮
	六日	上午七時28分月過卯宮零度
	七日	月尚在卯宮
	八日	下午八時月過寅宮零度
	九日	月尚在寅宮
	十日	月尚在寅宮
	十一日	上午六時零三分月過丑宮零度
	十二日	月尚在丑宮
	十三日	中午12時32分月過子宮零度
	十四日	月尚在子宮
	十五日	下午三時55分月過亥宮零度
	十六日	月尚在亥宮
	十七日	下午五時53分月過戌宮零度
	十八日	月尚在戌宮
	十九日	下午七時21分月過酉宮零度
	二十日	月尚在酉宮
	廿一日	下午十時三分月過申宮零度
	廿二日	月尚在申宮
	廿三日	月尚在申宮
	廿四日	下午二時13分月過未宮零度
	廿五日	月尚在未宮
	廿六日	上午八時27分月過午宮零度
	廿七日	月尚在午宮
	廿八日	下午四時24分月過巳宮零度
	廿九日	月尚在巳宮
三月	一日	月尚在巳宮
	二日	上午三時二分月過辰宮零度
	三日	月尚在辰宮
		【天廩臨幸辛戌】
	四日	下午三時二分月過卯宮零度
	五日	月尚在卯宮
	六日	月尚在卯宮
	七日	上午三時41分月過寅宮零度
	八日	月尚在寅宮
	九日	下午三時二分月過丑宮零度
	十日	月尚在丑宮
	十一日	下午十時38分月過子宮零度
	十二日	月尚在子宮
	十三日	月尚在子宮
	十四日	上午二時12分月過亥宮零度
		【玉井臨幸酉辛】
	十五日	月尚在亥宮
	十六日	上午三時17分月過戌宮零度
	十七日	月尚在戌宮
	十八日	上午三時27分月過酉宮零度
	十九日	月尚在酉宮
	二十日	上午四時34分月過申宮零度
	廿一日	月尚在申宮
		【子星臨幸酉方】
	廿二日	上午七時49分月過未宮零度
	廿三日	月尚在未宮
	廿四日	下午二時六分月過午宮零度
	廿五日	月尚在午宮
	廿六日	下午十時55分月過巳宮零度
	廿七日	月尚在巳宮
	廿八日	月尚在巳宮
	廿九日	上午九時42分月過辰宮零度
	三十日	月尚在辰宮
	卅一日	下午九時55分月過卯宮零度

一九七二年 每天月過各宮表

日食月食黃經度分・三垣列宿臨幸吉位

四月

一日 月尚在卯宮
二日 月尚在卯宮
三日 上午十時44分月過寅宮零度
四日 月尚在寅宮
五日 下午十時46分月過丑宮零度
六日 月尚在丑宮
七日 月尚在丑宮
八日 上午七時42分月過子宮零度
九日 月尚在子宮
十日 正午12時21分月過亥宮零度
十一日 月尚在亥宮
【文昌臨幸申方】
十二日 下午二時10分月過戌宮零度
十三日 月尚在戌宮
十四日 下午一時44分月過酉宮零度
【老人臨幸酉庚】
十五日 月尚在酉宮
十六日 下午一時35分月過申宮零度
十七日 月尚在申宮
十八日 下午三時9分月過未宮零度
十九日 月尚在未宮
二十日 下午八時11分月過午宮零度
廿一日 月尚在午宮
廿二日 月尚在午宮
廿三日 上午四時33分月過巳宮零度
廿四日 月尚在巳宮
廿五日 下午四時10分月過辰宮零度
廿六日 月尚在辰宮
廿七日 月尚在辰宮
廿八日 上午四時25分月過卯宮零度
廿九日 日尚在卯宮
三十日 下午四時46分月過寅宮零度

五月

一日 月尚在寅宮
二日 月尚在寅宮
三日 上午四時36分月過丑宮零度
四日 月尚在丑宮
【尊帝臨幸申坤】
五日 下午二時42分月過子宮零度
六日 月尚在子宮
七日 下午九時24分月過亥宮零度
八日 月尚在亥宮
九日 上午零時21分月過戌宮零度
十日 月尚在戌宮
十一日 上午零時44分月過酉宮零度
十二日 月尚在酉宮
十三日 上午零時零分月過申宮零度
十四日 月尚在申宮
十五日 上午零時40分月過未宮零度
十六日 月尚在未宮
十七日 下午三時45分月過午度零度
十八日 月尚在午宮
【左輔臨幸未坤】
十九日 月尚在午宮
二十日 上午十時50分月過巳宮零度
廿一日 月尚在巳宮
廿二日 下午九時59分月過辰宮零度
廿三日 月尚在辰宮
廿四日 月尚在辰宮
廿五日 上午十時32分月過卯宮零度
廿六日 月尚在卯宮
廿七日 下午十時48分月過寅宮零度
廿八日 月尚在寅宮
廿九日 月尚在寅宮
三十日 上午十時33分月過丑宮零度
卅一日 月尚在丑宮

六月

一日 下午八時12分月過子宮零度
二日 月尚在子宮
三日 上午三時52分月過亥宮零度
四日 月尚在亥宮
五日 月尚在亥宮
六日 上午八時31分月過戌宮零度
七日 月尚在戌宮
八日 上午十時31分月過酉宮零度
【天帝臨幸午丁】
九日 月尚在酉宮
十日 上午十時37分月過申宮零度
十一日 月尚在申宮
十二日 上午11時11分月過未宮零度
十三日 月尚在未宮
十四日 下午一時10分月過午宮零度
【天尊臨幸午丁】
十五日 月尚在午宮
十六日 下午七時5分月過巳宮零度
十七日 月尚在巳宮
十八日 上午三時45分月過辰宮零度
十九日 月尚在辰宮
二十日 月尚在辰宮
廿一日 下午五時10分月過卯宮零度
廿二日 月尚在卯宮
廿三日 上午五時48分月過寅宮零度
廿四日 月尚在寅宮
廿五日 月尚在寅宮
廿六日 下午五時2分月過丑宮零度
廿七日 月尚在丑宮
廿八日 上午二時12分月過子宮零度
廿九日 月尚在子宮
三十日 月尚在子宮

一九七二年　每天月過各宮表

日食月食黃經度分・三垣列宿臨幸吉位

七月

一日	上午九時9分月過亥宮零度
二日	月尚亥宮
三日	下午二時24分月過戌宮零度
四日	月尚在戌宮
五日	下午五時41分月過酉宮零度
六日	月尚在酉宮
七日	下午七時41分月過申宮零度
八日	月尚在申宮【天厨臨幸丙方】
九日	下午八時51分月過未宮零度
十日	月尚在未宮
十一日	下午11時27分月過午宮零度
	日全食未宮18度39分 見食　亞洲東北部　加拿大
十二日	月尚在午宮
十三日	下午11時19分月過巳宮零度
十四日	月尚在巳宮
十五日	月尚在巳宮
十六日	中午12時39分月過辰宮零度
十七日	月尚在辰宮
十八日	中午12時27分月過卯宮零度
十九日	月尚在卯宮
二十日	日尚在卯宮
廿一日	下午一時12分月過寅宮零度【司祿臨幸巳方】
廿二日	日尚在寅宮
廿三日	上午12時26分月過丑宮零度
廿四日	月尚在丑宮
廿五日	月尚在丑宮
廿六日	上午9時12分月過子宮零度
	月偏食子宮三度25分 初虧16時58分　食甚15時18分　復圓1613時3858分
廿七日	月尚在子宮
廿八日	下午三時30分月過亥宮零度
廿九日	月尚在亥宮
三十日	下午八時月過戌宮零度
卅一日	月尚在戌宮

八月

一日	下午11時02分月過酉宮零度
二日	月尚在酉宮
三日	上午一時45分月過申宮零度
四日	月尚在申宮
五日	月尚在申宮【天皇臨幸巳巽】
六日	上午四時31分月過未宮零度
七日	月尚在未宮
八日	上午八時08分月過午宮零度
九日	月尚在午宮
十日	下午一時19分月過巳宮零度
十一日	月尚在巳宮
十二日	下午九時10分月過辰宮零度
十三日	月尚在辰宮
十四日	月尚在辰宮
十五日	上午八時06分月過卯宮零度
十六日	月尚在卯宮
十七日	下午八時49分月過寅宮零度
十八日	月尚在寅宮
十九日	月尚在寅宮
二十日	上午八時53分月過丑宮零度
廿一日	月尚在丑宮
廿二日	下午五時49分月過子宮零度
廿三日	月尚在子宮
廿四日	下午11時27分月過亥宮零度
廿五日	月尚在亥宮
廿六日	月尚在亥宮
廿七日	上午二時33分月過戌宮零度
廿八日	月尚在戌宮
廿九日	上午五時月過酉宮零度
三十日	月尚在酉宮
卅一日	月尚在酉宮

九月

一日	上午七時12分月過申宮零度
二日	上午十時24分月過未宮零度
三日	月尚在未宮
四日	下午三時日過午宮零度
五日	月尚在午宮【天稟臨幸乙辰】
六日	下午八時56分月過巳宮零度
七日	月尚在巳宮
八日	月尚在巳宮
九日	上午五時36分月過辰宮零度
十日	月尚在辰宮
十一日	下午四時12分月過卯宮零度
十二日	月尚在卯宮
十三日	月尚在卯宮
十四日	上午四時28分月過寅宮零度
十五日	月尚在寅宮
十六日	下午五時02分月過丑宮零度【玉井臨幸卯乙】
十七日	月尚在丑宮
十八日	月尚在丑宮
十九日	上午三時05分月過子宮零度
二十日	月尚在子宮
廿一日	上午九時02分月過亥宮零度
廿二日	月尚在亥宮
廿三日	上午11時47分月過戌宮零度
廿四日	月尚在戌宮
廿五日	中午12時57分月過酉宮零度【子星臨幸卯方】
廿六日	月尚在酉宮
廿七日	下午一時41分月過申宮零度
廿八日	月尚在申宮
廿九日	下午四時04分月過未宮零度
三十日	月尚在未宮

一九七二年 每天月過各宮表

日食月食黃經度分・三垣列宿臨幸吉位

十月

一日 下午八時22分月過午宮零度
二日 月尚在午宮
三日 日尚在午宮
四日 上午三時31分月過巳宮零度
五日 月尚在巳宮
六日 中午12時27分月過辰宮零度
七日 月尚在辰宮
八日 下午11時26分月過卯宮零度
九日 月尚在卯宮
十日 月尚在卯宮
十一日 上午11時52分月過寅宮零度
十二日 月尚在寅宮
十三日 上午12時37分月過丑宮零度
十四日 月尚在丑宮
【文昌臨幸寅方】
十五日 月尚在丑宮
十六日 上午11時38分月過子宮零度
十七日 月尚在子宮
【老人臨幸卯甲】
十八日 下午七時08分月過亥宮零度
十九日 月尚在亥宮
二十日 下午10時36分月過戌宮零度
廿一日 月尚在戌宮
廿二日 下午11時03分月過酉宮零度
廿三日 月尚在酉宮
廿四日 下午10時44分月過申宮零度
廿五日 月尚在申宮
廿六日 下午11時21分月過未宮零度
廿七日 月尚在未宮
廿八日 上午二時43分月過午宮零度
廿九日 月尚在午宮至卅日
卅一日 上午八時46分月過巳宮零度

十一月

一日 月尚在巳宮
二日 下午六時28分月過辰宮零度
三日 月尚在辰宮
四日 月尚在辰宮
五日 上午六時月過卯宮零度
六日 月尚在卯宮
【尊帝臨幸艮寅】
七日 下午六時24分月過寅宮零度
八日 月尚在寅宮
九日 月尚在寅宮
十日 上午七時05分月過丑宮零度
十一日 月尚在丑宮
十二日 下午六時50分月過子宮零度
十三日 月尚在子宮
十四日 月尚在子宮
十五日 上午三時38分日過亥宮零度
十六日 月尚在亥宮
十七日 上午八時30分月過戌宮零度
十八日 月尚在戌宮
十九日 上午九時57分月過酉宮零度
二十日 月尚在酉宮
【左輔臨幸丑艮方】
廿一日 上午九時39分月過申宮零度
廿二日 月尚在申宮
廿三日 上午九時19分月過未宮零度
廿四日 月尚在未宮
廿五日 上午10時49分月過午宮零度
廿六日 月尚在午宮
廿七日 下午三時28分月過巳宮零度
廿八日 月尚在巳宮
廿九日 中午12時29分月過辰宮零度
三十日

十二月

一日 月尚在辰宮
二日 中午12時12分月過卯宮零度
三日 月尚在卯宮
四日 中午12時53分月過寅宮零度
五日 月尚在寅宮
六日 月尚在寅宮
七日 下午一時13分月過丑宮零度
八日 月尚在丑宮
九日 上午12時50分月過子宮零度
【天帝臨幸子癸】
十日 月尚在子宮
十一日 月尚在子宮
十二日 上午十時21分月過亥宮零度
十三日 月尚在亥宮
十四日 下午四時38分月過戌宮零度
十五日 月尚在戌宮
十六日 下午八時月過酉宮零度
十七日 月尚在酉宮
【天尊臨幸子癸】
十八日 下午八時38分月過申宮零度
十九日 月尚在申宮
二十日 下午八時十分月過未宮零度
廿一日 月尚在未宮
廿二日 下午八時51分月過午宮零度
廿三日 月尚在午宮
廿四日 上午12時18分月過巳宮零度
廿五日 月尚在巳宮
廿六日 月尚在巳宮
廿七日 上午七時24分月過辰宮零度
廿八日 月尚在辰宮
廿九日 下午六時37分月過卯宮零度
三十日 月尚在卯宮
卅一日 月尚在卯宮

一九七三年　每天月過各宮表

日食月食黃經度分・三垣列宿臨幸吉位

一月

一日　上午七時24分月過寅宮零度
二日　月尚在寅宮
三日　下午八時月過丑宮零度
四日

日環食丑宮14度21分
見食地區　南美阿根廷

五日　月尚在丑宮
六日　上午六時48分月過子宮零度
七日　月尚在子宮
八日　下午四時02分月過亥宮零度
九日　月尚在亥宮
十日　下午七時29分月過戌宮零度
十一日　月尚在戌宮
十二日　月尚在戌宮
十三日　上午三時25分月過酉宮零度
十四日　月尚在酉宮
十五日　上午五時32分月過申宮零度
十六日　月尚在申宮
十七日　上午六時38分月過未宮零度
十八日　月尚在未宮
十九日　上午七時39分月過午宮零度
【司祿臨幸亥方】
二十日　月尚在午宮
廿一日　上午十時24分月過巳宮零度
廿二日　月尚在巳宮
廿三日　下午四時10分月過辰宮零度
廿四日　月尚在辰宮
廿五日　月尚在辰宮
廿六日　上午二時10分月過卯宮零度
廿七日　月尚在卯宮
廿八日　下午二時50分月過寅宮零度
廿九日　月尚在寅宮
三十日　月尚在寅宮
卅一日　上午三時09分月過丑宮零度

二月

一日　月尚在丑宮
二日　下午一時52分月過子宮零度
三日　月尚在子宮
四日　下午十時14分月過亥宮零度
五日　月尚在亥宮
六日　月尚在亥宮
七日　上午四時22分月過戌宮零時
八日　月尚在戌宮
九日　上午九時12分月過酉宮零度
十日　月尚在酉宮
十一日　中午12時21分月過申宮零度
十二日　月尚在申宮
十三日　上午二時38分月過未宮零度
十四日　月尚在未宮
【天皇臨幸亥乾】
十五日　上午四時58分月過午宮零度
十六日　月尚在午宮
十七日　下午八時21分月過巳宮零度
十八日　月尚在巳宮
十九日　月尚在巳宮
二十日　上午一時40分月過辰宮零度
廿一日　月尚在辰宮
廿二日　上午十時45分月過卯宮零度
廿三日　月尚在卯宮
廿四日　下午十時39分月過寅宮零度
廿五日　月尚在寅宮
廿六日　月尚在寅宮
廿七日　上午11時13分月過丑宮零度
廿八日　月尚在丑宮

三月

一日　下午十時27分月過子宮零度
二日　月尚在子宮
三日　月尚在子宮
【天廩臨幸辛戌】
四日　上午六時24分月過亥宮零度
五日　月尚在亥宮
六日　上午11時19分月過戌宮零度
七日　月尚在戌宮
八日　下午三時14分月過酉宮零度
九日　月尚在酉宮
十日　下午五時59分月過申宮零度
十一日　月尚在申宮
十二日　下午八時41分月過未宮零度
十三日　月尚在未宮
十四日　下午11時53分月過午宮零度
十五日　月尚在午宮
【玉井臨幸酉辛】
十六日　月尚在午宮
十七日　上午四時35分月過巳宮零度
十八日　月尚在巳宮
十九日　上午十時45分月過辰宮零度
二十日　月尚在辰宮
廿一日　下午七時25分月過卯宮零度
廿二日　月尚在卯宮
廿三日　月尚在卯宮
廿四日　上午六時30分月過寅宮零度
廿五日　月尚在寅宮
廿六日　下午七時23分月過丑宮零度
廿七日　月尚在丑宮
廿八日　月尚在丑宮
廿九日　上午七時19分月過子宮零度
三十日　月尚在子宮
卅一日　下午三時37分月過亥宮零度

一九七三年 每天月過各宮表

日食月食黃經度分・三垣列宿臨幸吉位

四月

一日 月尚在亥宮
二日 下午八時31分月過戌宮零度
三日 月尚在戌宮
四日 下午11時10分月過酉宮零度
五日 月尚在酉宮
六日 上午12時36分月過申宮零度
七日 月尚在申宮
八日 月尚在申宮
九日 上午二時25分月過未宮零度
十日 月尚在未宮
十一日 上午五時39分月過午宮零度
【文昌臨幸申方】
十二日 月尚在午宮
十三日 上午十時59分日過巳宮零度
十四日 月尚在巳宮
【老人臨幸酉庚】
十五日 下午六時08分月過辰宮零度
十六日 月尚在辰宮
十七日 月尚在辰宮
十八日 上午三時15分月過卯宮零度
十九日 月尚在卯宮
二十日 下午二時25分月過寅宮零度
廿一日 月尚在寅宮
廿二日 月尚在寅宮
廿三日 上午四時55分月過丑宮零度
廿四日 月尚在丑宮
廿五日 下午三時25分月過子宮零度
廿六日 月尚在子宮
廿七日 月尚在子宮
廿八日 上午一時11時月過亥宮零度
廿九日 月尚在亥宮
三十日 上午六時52分月過戌宮零度

五月

一日 月尚在戌宮
二日 上午八時49分月過酉宮零度
三日 月尚在酉宮
四日 上午九時16分月過申宮零度
【尊帝臨幸坤申】
五日 月尚在申宮
六日 上午九時37分月過未宮零度
七日 月尚在未宮
八日 上午11時37分月過午宮零度
九日 月尚在午宮
十日 下午四時06分月過巳宮零度
十一日 月尚在巳宮
十二日 下午11時32分月過辰宮零度
十三日 月尚在辰宮
十四日 月尚在辰宮
十五日 上午九時35分月過卯宮零度
十六日 月尚在卯宮
十七日 下午九時月過寅宮零度
十八日 月尚在寅宮
【左輔臨幸未坤】
十九日 月尚在寅宮
二十日 上午九時32分月過丑宮零度
廿一日 月尚在丑宮
廿二日 下午十時11分月過子宮零度
廿三日 月尚在子宮
廿四日 月尚在子宮
廿五日 上午九時08分月過亥宮零度
廿六日 月尚在亥宮
廿七日 下午四時24分月過戌宮零度
廿八日 月尚在戌宮
廿九日 下午七時40分月過酉宮零度
三十日 月尚在酉宮
卅一日 下午八時月過申宮零度

六月

一日 月尚在申宮
二日 下午七時24分月過未宮零度
三日 月尚在未宮
四日 下午七時50分月過午宮零度
五日 月尚在午宮
六日 下午十時32分月過巳宮零度
七日 月尚在巳宮
八日 月尚在巳宮
九日 上午五時17分月過辰宮零度
十日 月尚在辰宮
十一日 下午三時15分月過卯宮零度
十二日 月尚在卯宮
十三日 月尚在卯宮
十四日 上午三時16分月過寅宮零度
十五日 月尚在寅宮
十六日 下午三時48分月過丑宮零度
【天尊臨幸午丁】
十七日 月尚在丑宮
十八日 月尚在丑宮
十九日 上午三時59分日過子宮零度
二十日 月尚在子宮
廿一日 下午三時28分月過亥宮零度
廿二日 月尚在亥宮
廿三日 上午12時10分月過戌宮零度
廿四日
日環食丑宮二度52分 見食地區 中美・北美
廿五日 月尚在戌宮
廿六日 上午五時07分月過酉宮零度
廿七日 月尚在酉宮
廿八日 上午六時32分月過申宮零度
廿九日 月尚在申宮
三十日 上午六時27分月過未宮零度

日全食未宮八度29分 見食地區 南美・非洲

一九七三年　每天月過各宮表

日食月食黃經度分・三垣列宿臨幸吉位

七月	一日	月尚在未宮
	二日	上午五時51分月過午宮零度
	三日	月尚在午宮
	四日	上午七時34分月過巳宮零度
	五日	月尚在巳宮
		【天廪臨幸乙辰】
	六日	中午12時04分月過辰宮零度
	七日	月尚在辰宮
	八日	下午九時月過卯宮零度
	九日	月尚在卯宮
	十日	月尚在卯宮
	十一日	上午九時13分月過寅宮零度
	十二日	月尚在寅宮
	十三日	下午九時49分月過丑宮零度
	十四日	月尚在丑宮
	十五日	月尚在丑宮
	十六日	上午十時10分月過子宮零度
	十七日	月尚在子宮
	十八日	下午八時57分月過亥宮零度
	十九日	月尚在亥宮
	二十日	月尚在亥宮
	廿一日	上午五時48分月過戌宮零度
		【司祿臨幸巳方】
	廿二日	月尚在戌宮
	廿三日	中午12時01分月過酉宮零度
	廿四日	月尚在酉宮
	廿五日	下午三時27分月過申宮零度
	廿六日	月尚在申宮
	廿七日	下午四時24分月過未宮零度
	廿八日	月尚在未宮
	廿九日	下午四時51分月過午宮零度
	三十日	月尚在午宮
	卅一日	下午五時52分月過巳宮零度
八月	一日	月尚在巳宮
	二日	下午八時55分月過辰宮零度
	三日	月尚在辰宮
	四日	月尚在辰宮
	五日	上午四時33分月過卯宮零度
		【天皇臨幸巳巽】
	六日	月尚在卯宮
	七日	下午三時39分月過寅宮零度
	八日	月尚在寅宮
	九日	月尚在寅宮
	十日	上午四時39分月過丑宮零度
	十一日	月尚在丑宮
	十二日	下午四時40分月過子宮零度
	十三日	月尚在子宮
	十四日	月尚在子宮
	十五日	上午二時53分月過亥宮零度
	十六日	月尚在亥宮
	十七日	上午11時16分月過戌宮零度
	十八日	月尚在戌宮
	十九日	下午五時10分月過酉宮零度
	二十日	月尚在酉宮
	廿一日	下午九時41分月過申宮零度
	廿二日	月尚在申宮
	廿三日	上午12時20分月過未宮零度
	廿四日	月尚在未宮
	廿五日	月尚在未宮
	廿六日	上午一時55分月過午宮零度
	廿七日	月尚在午宮
	廿八日	上午三時48分月過巳宮零度
	廿九日	月尚在巳宮
	三十日	上午六時27分月過辰宮零度
	卅一日	月尚在辰宮
九月	一日	下午一時20分月過卯宮零度
	二日	月尚在卯宮
	三日	下午11時37分月過寅宮零度
	四日	月尚在寅宮
	五日	月尚在寅宮
	六日	中午12時04分月過丑宮零度
	七日	月尚在丑宮
	八日	上午12時32分月過子宮零度
	九日	月尚在子宮
	十日	月尚在子宮
	十一日	上午10時36分月過亥宮零度
	十二日	月尚在亥宮
	十三日	下午五時50分月過戌宮零度
	十四日	月尚在戌宮
	十五日	下午11時19分月過酉宮零度
	十六日	月尚在酉宮
	十七月	月尚在酉宮
		【玉井臨幸卯乙】
	十八日	上午三時09分月過申宮零度
	十九日	月尚在申宮
	二十日	下午八時04分月過未宮零度
	廿一日	月尚在未宮
	廿二日	上午八時47分月過午宮零度
	廿三日	月尚在午宮
	廿四日	中午12時07分月過巳宮零度
	廿五日	月尚在巳宮
		【子星臨幸卯方】
	廿六日	下午四時13分月過辰宮零度
	廿七日	月尚在辰宮
	廿八日	下午十時38分月過卯宮零度
	廿九日	月尚在卯宮
	三十日	月尚在卯宮

一九七三年 每天月過各宮表

日食月食黃經度分・三垣列宿臨幸吉位

十月

一日 上午七時47分月過寅宮零度
二日 月尚在寅宮
三日 下午八時月過丑宮零度
四日 月尚在丑宮
五日 月尚在丑宮
六日 上午八時37分月過子宮零度
七日 月尚在子宮
八日 下午七時37分月過亥宮零度
九日 月尚在亥宮
十日 月尚在亥宮
十一日 上午二時31分月過戌宮零度
十二日 月尚在戌宮
十三日 上午六時52分月過酉宮零度
十四日 月尚在酉宮
【文昌臨幸寅方】
十五日 上午九時40分月過申宮零度
十六日 月尚在申宮
十七日 上午11時37分月過未宮零度
十八日 月尚在未宮
十九日 下午二時06分月過午宮零度
二十日 月尚在午宮
廿一日 下午六時15分月過巳宮零度
廿二日 月尚在巳宮
廿三日 下午11時20分月過辰宮零度
廿四日 月尚在辰宮
廿五日 月尚在辰宮
廿六日 上午六時29分月過卯宮零度
廿七日 月尚在卯宮
廿八日 下午四時06分月過寅宮零度
廿九日 月尚在寅宮
三十日 月尚在寅宮
卅一日 上午三時29分月過丑宮零度

十一月

一日 月尚在丑宮
【老人臨幸卯甲】
二日 下午四時33分月過子宮零度
三日 月尚在子宮
四日 月尚在子宮
五日 下午四時17分月過亥宮零度
六日 月尚在亥宮
【尊帝臨幸坤申】
七日 中午12時38分月過戌宮零度
八日 月尚在戌宮
九日 上午11時47分月過酉宮零度
十日 月尚在酉宮
十一日 下午六時31分月過申宮零度
十二日 月尚在申宮
十三日 下午七時22分月過未宮零度
十四日 月尚在未宮
十五日 下午八時31分月過午宮零度
十六日 月尚在午宮
十七日 下午11時43分月過巳宮零度
十八日 月尚在巳宮
十九日 月尚在巳宮
二十日 上午五時13分月過辰宮零度
【左輔臨幸丑艮】
廿一日 月尚在辰宮
廿二日 下午一時22分月過卯宮零度
廿三日 月尚在卯宮
廿四日 下午11時33分月過寅宮零度
廿五日 月尚在寅宮
廿六日 月尚在寅宮
廿七日 上午十時59分月過丑宮零度
廿八日 月尚在丑宮
廿九日 下午11時42分月過子宮零度
三十日 月尚在子宮

十二月

一日 月尚在子宮
二日 中午12時21分月過亥宮零度
三日 月尚在亥宮
四日 下午十時月過戌宮零度
五日 月尚在戌宮
六日 月尚在戌宮
七日 上午三時12分月過酉宮零度
八日 月尚在酉宮
九日 上午五時47分月過申宮零度
十日
月偏食申宮18度02分
初虧9時12分食甚9時48分復圓十時24分
十一日 下午五時22分月過未宮零度
十二日 月尚在未宮
十三日 上午五時11分月過午宮零度
十四日 月尚在午宮
十五日 上午六時42分月過巳宮零度
十六日 月尚在巳宮
十七日 上午11時07分月過辰宮零度
【天尊臨幸子癸】
十八日 月尚在辰宮
十九日 下午七時03分月過卯宮零度
二十日 月尚在卯宮
廿一日 月尚在卯宮
廿二日 下午五時50分月過寅宮零度
廿三日 月尚在寅宮
廿四日 下午五時57分月過丑宮零度
廿五日 月尚在丑宮
日環食丑宮二度52分
見食地區 中美北非
廿六日 月尚在丑宮
廿七日 上午六時18分月過子宮零度
廿八日 月尚在子宮
廿九日 下午六時37分月過亥宮零度
三十日 月尚在亥宮
卅一日 月尚在亥宮

一九七四年　每天月過各宮表

日食月食黃經度分・三垣列宿臨幸吉位

一月

一日　上午五時25分月過戌宮零度
二日　月尚在戌宮
三日　中午12時39分月過酉宮零度
四日　月尚在酉宮
五日　下午四時59分月過申宮零度
六日　月尚在申宮
七日　下午四時16分月過未宮零度
八日　月尚在未宮
九日　下午三時54分月過午宮零度
十日　月尚在午宮
十一日　下午三時55分月過巳宮零度
十二日　月尚在巳宮
十三日　下午六時48分月過辰宮零度
十四日　月尚在辰宮
十五日　月尚在辰宮
十六日　上午一時32分月過卯宮零度
十七日　月尚在卯宮
十八日　上午11時33分月過寅宮零度
十九日　月尚在寅宮
二十日　上午12時15分月過丑宮零度
【司祿臨幸亥方】
廿一日　月尚在丑宮
廿二日　月尚在丑宮
廿三日　中午12時37分月過子宮零度
廿四日　月尚在子宮
廿五日　上午12時34分月過亥宮零度
廿六日　月尚在亥宮
廿七日　月尚在亥宮
廿八日　上午11時22分月過戌宮零度
廿九日　月尚在戌宮
三十日　下午九時49分月過酉宮零度
卅一日　月尚在酉宮

二月

一日　上午12時46分月過申宮零度
二日　月尚在申宮
三日　月尚在申宮
四日　上午二時50分月過未宮零度
【天皇臨幸乾亥】
五日　月尚在未宮
六日　上午二時43分月過午宮零度
七日　月尚在午宮
八日　上午二時39分月過巳宮零度
九日　月尚在巳宮
十日　上午四時31分月過辰宮零度
十一日　月尚在辰宮
十二日　上午九時21分月過卯宮零度
十三日　月尚在卯宮
十四日　下午六時16分月過寅宮零度
十五日　月尚在寅宮
十六日　月尚在寅宮
十七日　上午六時47分月過丑宮零度
十八日　月尚在丑宮
十九日　下午七時12分月過子宮零度
二十日　月尚在子宮
廿一日　月尚在子宮
廿二日　上午七時19分月過亥宮零度
廿三日　月尚在亥宮
廿四日　下午五時09分月過戌宮零度
廿五日　月尚在戌宮
廿六日　月尚在戌宮
廿七日　上午一時25分月過酉宮零度
廿八日　月尚在酉宮

三月

一日　上午七時22分月過申宮零度
二日　月尚在申宮
三日　上午十時53分月過未宮零度
四日　月尚在未宮
【天廩臨幸辛戌】
五日　中午12時20分月過午宮零度
六日　月尚在午宮
七日　下午一時10分月過巳宮零度
八日　月尚在巳宮
九日　下午二時46分月過辰宮零度
十日　月尚在辰宮
十一日　下午六時46分月過卯宮零度
十二日　月尚在卯宮
十三日　月尚在卯宮
十四日　上午二時28分月過寅宮零度
十五日　月尚在寅宮
【玉井臨幸酉辛】
十六日　下午二時01分月過丑宮零度
十七日　月尚在丑宮
十八日　月尚在丑宮
十九日　上午二時40分月過子宮零度
二十日　月尚在子宮
廿一日　下午二時14分月宮亥宮零度
廿二日　月尚在亥宮
廿三日　下午11時59分月過戌宮零度
廿四日　月尚在戌宮
廿五日　月尚在戌宮
廿六日　上午七時22分月過酉宮零度
廿七日　月尚在酉宮
廿八日　中午12時54分月過申宮零度
廿九日　月尚在申宮
三十日　下午四時28分月過未宮零度
卅一日　月尚在未宮

一九七四年 每天月過各宮表

日食月食黃經度分・三垣列宿臨幸吉位

四月

一日 下午七時31分月過午宮零度
二日 月尚在午宮
三日 下午十時月過巳宮零度
四日 月尚在巳宮
五日 上午12時26分月過辰宮零度
六日 月尚在辰宮
七日 下午11時48分月過卯宮零度
八日 月尚在卯宮
九日 月尚在卯宮
十日 上午11時34分月過寅宮零度
十一日 月尚在寅宮
【文昌臨幸申方】
十二日 下午九時50分月過丑宮零度
十三日 月尚在丑宮
十四日 月尚在丑宮
【老人臨幸酉庚】
十五日 上午十時54分月過子宮零度
十六日 月尚在子宮
十七日 下午十時57分月過亥宮零度
十八日 月尚在亥宮
十九日 月尚在亥宮
二十日 上午八時28分月過戌宮零度
廿一日 月尚在戌宮
廿二日 下午三時12分月過酉宮零度
廿三日 月尚在酉宮
廿四日 下午七時19分月過申宮零度
廿五日 月尚在申宮
廿六日 下午十時13分月過未宮零度
廿七日 月尚在未宮
廿八日 月尚在未宮
廿九日 上午一時15分月過午宮零度
三十日 月尚在午宮

五月

一日 下午三時57分月過巳宮零度
二日 月尚在巳宮
三日 上午七時49分月過辰宮零度
四日 月尚在辰宮
【尊帝臨幸坤申】
五日 中午12時58分月過卯宮零度
六日 月尚在卯宮
七日 下午八時12分月過寅宮零度
八日 月尚在寅宮
九日 月尚在寅宮
十日 上午六時15分月過丑宮零度
十一日 月尚在丑宮
十二日 下午六時24分月過子宮零度
十三日 月尚在子宮
十四日 月尚在子宮
十五日 上午七時05分月過亥宮零度
十六日 月尚在亥宮
十七日 下午五時33分月過戌宮零度
十八日 月尚在戌宮
十九日 上午12時23分月過酉宮零度
【遷官臨幸未方】
二十日 月尚在酉宮
廿一日 月尚在酉宮
廿二日 上午三時52分月過申宮零度
廿三日 月尚在申宮
廿四日 上午五時35分月過未宮零度
廿五日 月尚在未宮
廿六日 上午七時01分月過午宮零度
廿七日 月尚在午宮
廿八日 上午九時23分月過巳宮零度
廿九日 月尚在巳宮
三十日 下午一時28分月過辰宮零度
卅一日 月尚在辰宮

六月

一日 下午七時29分月過卯宮零度
二日 月尚在卯宮
三日 月尚在卯宮
四日 上午三時42分月過寅宮零度
五日 **月偏食寅宮13度56分** 初虧4時 分食甚6時4分復圓7時 分
六日 下午一時53分月過丑宮零度
七日 月尚在丑宮
八日 月尚在丑宮
九日 上下一時51分月過子宮零度
【天帝臨幸午丁】
十日 月尚在子宮
十一日 下午二時55分月過亥宮零度
十二日 月尚在亥宮
十三日 月尚在亥宮
十四日 上午二時14分月過戌宮零度
十五日 月尚在戌宮
十六日 上午十時09分月過酉宮零度
【天尊臨幸午丁】
十七日 月尚在酉宮
十八日 下午一時54分月過申宮零度
十九日 月尚在申宮
【左輔臨幸未坤】
二十日 **日全食申宮26度31分** 見食地區 澳洲西南
廿一日 月尚在未宮
廿二日 下午三時11分月過午宮零度
廿三日 月尚在午宮
廿四日 下午四時13分月過巳宮零度
廿五日 月尚在巳宮
廿六日 下午六時58分月過辰宮零度
廿七日 月尚在辰宮
廿八日 下午一時01分月過卯宮零度
廿九日 月尚在卯宮
三十日 月尚在卯宮

一九七四年　每天月過各宮表

日食月食黃經度分・三垣列宿臨幸吉位

七月	
一日	上午九時36分月過寅宮零度
二日	月尚在寅宮
三日	下午八時24分月過丑宮零度
四日	月尚在丑宮
五日	月尚在丑宮
六日	上午八時25分月過子宮零度
七日	月尚在子宮
八日	下午九時24分月過亥宮零度
九日	月尚在亥宮
十日	月尚在亥宮
十一日	上午九時18分月過戌宮零度
十二日	月尚在戌宮
十三日	下午六時43分月過酉宮零度
十四日	月尚在酉宮
十五日	上午12時06分月過申宮零度
十六日	月尚在申宮
十七日	月尚在申宮
十八日	上午一時53分月過未宮零度
十九日	月尚在未宮
二十日	上午一時41分月過午宮零度
廿一日	月尚在午宮
	【司祿臨幸巳方】
廿二日	上午一時11分月過巳宮零度
廿三日	月尚在巳宮
廿四日	上午二時28分月過辰宮零度
廿五日	月尚在辰宮
廿六日	上午七時01分月過卯宮零度
廿七日	月尚在卯宮
廿八日	下午三時02分月過寅宮零度
廿九日	月尚在寅宮
三十日	月尚在寅宮
卅一日	上午二時25分月過丑宮零度

八月	
一日	月尚在丑宮
二日	下午二時33分月過子宮零度
三日	月尚在子宮
四日	月尚在子宮
五日	上午三時04分月過亥宮零度
六日	月尚在亥宮
	【天皇臨幸巽巳】
七日	下午五時11分月過戌宮零度
八日	月尚在戌宮
九日	月尚在戌宮
十日	上午一時27分月過酉宮零度
十一日	月尚在酉宮
十二日	上午八時14分月過申宮零度
十三日	月尚在申宮
十四日	上午11時37分月過未宮零度
十五日	月尚在未宮
十六日	中午12時20分月過午宮零度
十七日	月尚在午宮
十八日	上午11時46分月過巳宮零度
十九日	月尚在巳宮
二十日	中午12時07分月過辰宮零度
廿一日	月尚在辰宮
廿二日	下午二時51分月過卯宮零度
廿三日	月尚在卯宮
廿四日	下午九時32分月過寅宮零度
廿五日	月尚在寅宮
廿六日	月尚在寅宮
廿七日	上午八時25分月過丑宮零度
廿八日	月尚在丑宮
廿九日	下午八時49分月過子宮零度
三十日	月尚在子宮
卅一日	月尚在子宮

九月	
一日	上午九時19分月過亥宮零度
二日	月尚在亥宮
三日	下午八時59分月過戌宮零度
四日	月尚在戌宮
五日	月尚在戌宮
	【天廩臨幸乙辰】
六日	上午六時52分月過酉宮零度
七日	月尚在酉宮
八日	下午二時32分月過申宮零度
九日	月尚在申宮
十日	下午七時40分月過未宮零度
十一日	月尚在未宮
十二日	下午九時48分月過午宮零度
十三日	月尚在午宮
十四日	下午十時24分月過巳宮零度
十五日	月尚在巳宮
十六日	下午十時18分月過辰宮零度
十七日	月尚在辰宮
	【玉井臨幸卯乙】
十八日	上午12時46分月過卯宮零度
十九日	月尚在卯宮
二十日	月尚在卯宮
廿一日	上午六時10分月過寅宮零度
廿二日	月尚在寅宮
廿三日	下午五時10分月過丑宮零度
廿四日	月尚在丑宮
廿五日	月尚在丑宮
廿六日	上午三時33分月過子宮零度
廿七日	月尚在午宮
廿八日	下午四時33分月過亥宮零度
廿九日	月尚在亥宮
三十日	月尚在亥宮

一九七四年 每天月過各宮表

日食月食黃經度分・三垣列宿臨幸吉位

十月

一日	上下三時36分月過戌宮零度
二日	月尚在戌宮
三日	中午12時50分月過酉宮零度
四日	月尚在酉宮
五日	下午八時月過申宮零度
六日	月尚在申宮
七日	月尚在申宮
八日	上午一時15分月過未宮零度
九日	月尚在未宮
十日	上午四時月過午宮零度
十一日	月尚在午宮
十二日	上午七時01分月過巳宮零度
十三日	月尚在巳宮
十四日	上午八時24分月過辰宮零度
十五日	月尚在辰宮
	【文昌臨幸寅方】
十六日	上下11時月過卯宮零度
十七日	月尚在卯宮
十八日	下午三時41分月過寅宮零度
	【老人臨幸卯甲】
十九日	月尚在寅宮
二十日	下午11時19分月過丑宮零度
廿一日	月尚在丑宮
廿二日	月尚在丑宮
廿三日	上午11時07分月過子宮零度
廿四日	月尚在子宮
廿五日	上午12時02分月過亥宮零度
廿六日	月尚在亥宮
廿七日	月尚在亥宮
廿八日	上午11時33分月過戌宮零度
廿九日	月尚在戌宮
三十日	下午八時22分月過酉宮零度
卅一日	月尚在酉宮

十一月

一日	月尚在酉宮
二日	上午二時32分月過申宮零度
三日	月尚在申宮
四日	上午七時06分月過未宮零度
五日	月尚在未宮
六日	上午十時23分月過午宮零度
七日	月尚在午宮
	【尊帝臨幸艮寅】
八日	下午一時07分月過巳宮零度
九日	月尚在巳宮
十日	下午四時07分月過辰宮零度
十一日	月尚在辰宮
十二日	下午七時49分月過卯宮零度
十三日	月尚在卯宮
十四日	上午12時57分月過寅宮零度
十五日	月尚在寅宮
十六日	月尚在寅宮
十七日	上午八時41分月過丑宮零度
十八日	月尚在丑宮
十九日	下午七時13分月過子宮零度
二十日	月尚在子宮
廿一日	月尚在子宮
	【左輔臨幸丑艮】
廿二日	上午八時06分月過亥宮零度
廿三日	月尚在亥宮
廿四日	下午八時12分月過戌宮零度
廿五日	月尚在戌宮
廿六日	月尚在戌宮
廿七日	上午五時17分月過酉宮零度
廿八日	月尚在酉宮
廿九日	上午十時58分月過申宮零度
	月全食申宮七度11分 初虧21時30分食甚23時10分復圓卅日一時02分
三十日	月尚在申宮

十二月

一日	下午二時25分月過未宮零度
二日	月尚在未宮
三日	下午四時40分月過午宮零度
四日	月尚在午宮
五日	下午七時月過巳宮零度
六日	月尚在巳宮
七日	下午十時05分月過辰宮零度
八日	月尚在辰宮
九日	月尚在辰宮
	【天帝臨幸子癸】
十日	上午二時35分月過卯宮零度
十一日	月尚在卯宮
十二日	上午八時44分月過寅宮零度
十三日	月尚在寅宮
十四日	**日偏食寅宮21度27分** 見食地區 北極區
十五日	月尚在丑宮
十六日	月尚在丑宮
十七日	上午三時27分月過子宮零度
	【天尊臨幸子癸】
十八日	月尚在子宮
十九日	下午三時46分月過亥宮零度
二十日	月尚在亥宮
廿一日	月尚在亥宮
廿二日	上午四時32分月過戌宮零度
廿三日	月尚在戌宮
廿四日	下午二時51分月過酉宮零度
廿五日	月尚在酉宮
廿六日	下午九時21分月過申宮零度
廿七日	月尚在申宮
廿八日	上午12時09分月過未宮零度
廿九日	月尚在未宮
三十日	中午12時52分月過午宮零度
卅一日	月尚在午宮

一九七五年　每天月過各宮表

日食月食黃經度分・三垣列宿臨幸吉位

一月

一日　月尚在午宮
二日　上午二時03分月過巳宮零度
三日　月尚在巳宮
四日　上午四時01分月過辰宮零度
五日　月尚在辰宮
六日　上午八時21分月過卯宮零度
七日　月尚在卯宮
八日　下午三時12分月過寅宮零度
九日　月尚在寅宮
十日　上午12時09分月過丑宮零度
十一日　月尚在丑宮
十二日　月尚在丑宮
十三日　上午11時05分月過子宮零度
十四日　月尚在子宮
十五日　下午11時26分月過亥宮零度
十六日　月尚在亥宮
十七日　月尚在亥宮
十八日　中午12時月過戌宮零度
十九日　月尚在戌宮
二十日　下午11時37分月過酉宮零度
【司祿臨幸玄方】
廿一日　月尚在酉宮
廿二日　月尚在酉宮
廿三日　上午七時01分月過申宮零度
廿四日　月尚在申宮
廿五日　上午11時03分月過未宮零度
廿六日　月尚在未宮
廿七日　上午11時42分月過午宮零度
廿八日　月尚在午宮
廿九日　上午11時29分月過巳宮零度
三十日　月尚在巳宮
卅一日　上午11時20分月過辰宮零度

二月

一日　月尚在辰宮
二日　下午二時38分月過卯宮零度
三日　月尚在卯宮
四日　下午八時34分月過寅宮零度
【天皇臨幸乾亥】
五日　月尚在寅宮
六日　月尚在寅宮
七日　上午六時10分月過丑宮零度
八日　月尚在丑宮
九日　下午五時25分月過子宮零度
十日　月尚在子宮
十一日　月尚在子宮
十二日　上午六時月過亥宮零度
十三日　月尚在亥宮
十四日　下午六時36分月過戌宮零度
十五日　月尚在戌宮
十六日　月尚在戌宮
十七日　上午六時29分月過酉宮零度
十八日　月尚在酉宮
十九日　下午三時33分月過申宮零度
二十日　月尚在申宮
廿一日　下午八時51分月過未宮零度
廿二日　月尚在未宮
廿三日　下午十時36分月過午宮零度
廿四日　月尚在午宮
廿五日　下午十時22分月過巳宮零度
廿六日　月尚在巳宮
廿七日　下午九時50分月過辰宮零度
廿八日　月尚在辰宮

三月

一日　下午11時04分月過卯宮零度
二日　月尚在卯宮
三日　月尚在卯宮
四日　上午三時38分月過寅宮零度
【天廩臨幸辛戌】
五日　月尚在寅宮
六日　中午12時08分月過丑宮零度
七日　月尚在丑宮
八日　下午11時49分月過子宮零度
九日　月尚在子宮
十日　月尚在子宮
十一日　中午12時16分月過亥宮零度
十二日　月尚在亥宮
十三日　上午12時46分月過戌宮零度
十四日　月尚在戌宮
【玉井臨幸酉辛】
十五日　月尚在戌宮
十六日　中午12時17分月過酉宮零度
十七日　月尚在酉宮
十八日　下午九時53分月過申宮零度
十九日　月尚在申宮
二十日　月尚在申宮
廿一日　上午四時46分月過未宮零度
廿二日　月尚在未宮
廿三日　上午八時12分月過午宮零度
廿四日　月尚在午宮
廿五日　上午九時10分月過巳宮零度
廿六日　月尚在巳宮
廿七日　上午八時49分月過辰宮零度
廿八日　月尚在辰宮
廿九日　上午九時25分月過卯宮零度
三十日　月尚在卯宮
卅一日　中午12時25分月過寅宮零度

一九七五年　每天月過各宮表

日食月食黃經度分・三垣列宿臨幸吉位

四月

一日 月尚在寅宮
二日 下午七時16分月過丑宮零度
三日 月尚在丑宮
四日 月尚在丑宮
五日 上午六時13分月過子宮零度
【老人臨幸酉庚】
六日 月尚在子宮
七日 下午七時12分月過亥宮零度
八日 月尚在亥宮
九日 月尚在亥宮
十日 上午七時24分月過戌宮零度
十一日 月尚在戌宮
【文昌臨幸申方】
十二日 下午六時37分月過酉宮零度
十三日 月尚在酉宮
十四日 月尚在酉宮
十五日 上午三時34分月過申宮零度
十六日 月尚在申宮
十七日 上午10時31分月過未宮零度
十八日 月尚在未宮
十九日 下午三時22分月過午宮零度
二十日 月尚在午宮
廿一日 下午六時02分月過巳宮零度
廿二日 月尚在巳宮
廿三日 下午六時51分月過辰宮零度
廿四日 月尚在辰宮
廿五日 下午八時月過卯宮零度
廿六日 月尚在卯宮
廿七日 下午10時30分月過寅宮零度
廿八日 月尚在寅宮
廿九日 月尚在寅宮
三十日 上午四時17分月過丑宮零度

五月

一日 尚在丑宮
二日 下午一時37分月過子宮零度
三日 月尚在子宮
四日 月尚在子宮
五日 上午二時02分月過亥宮零度
【尊帝臨幸坤申】
六日 月尚在亥宮
七日 下午二時43分月過戌宮零度
八日 月尚在戌宮
九日 月尚在戌宮
十日 上午一時18分月過酉宮零度
十一日
日偏食酉宮20度03分
見食地區　北極區
十二日 上午九時46分月過申宮零度
十三日 月尚在申宮
十四日 下午四時05分月過未宮零度
十五日 月尚在未宮
十六日 下午八時51分月過午宮零度
十七日 月尚在午宮
十八日 下午11時52分月過巳宮零度
十九日 月尚在巳宮
【左輔臨幸未坤】
二十日 月尚在巳宮
廿一日 上午二時33分月過辰宮零度
【天帝臨幸丁午】
廿二日 月尚在辰宮
廿三日 上午四時58分月過卯宮零度
廿四日 月尚在卯宮
廿五日 上午八時16分月過寅宮零度
月全食寅宮三度30分
初虧11時57分食甚13時46分復圓15時35分
廿六日 月尚在寅宮
廿七日 下午一時23分月過丑宮零度
廿八日 月尚在丑宮
【天尊臨幸午丁】
廿九日 下午10時09分月過子宮零度
三十日 月尚在子宮
卅一日 月尚在子宮

六月

一日 上午九時44分月過亥宮零度
二日 月尚在亥宮
三日 下午10時47分月過戌宮零度
四日 月尚在戌宮
五日 月尚在戌宮
六日 上午九時46分月過酉宮零度
七日 月尚在酉宮
八日 下午五時59分月過申宮零度
九日 月尚在申宮
【天帝臨幸丁方】
十日 下午11時06分月過未宮零度
十一日 月尚在未宮
十二日 月尚在未宮
十三日 上午二時42分月過午宮零度
十四日 月尚在午宮
十五日 上午五時28分月過巳宮零度
十六日 月尚在巳宮
十七日 上午八時15分月過辰宮零度
十八日 月尚在辰宮
十九日 上午11時43分月過卯宮零度
二十日 月尚在卯宮
廿一日 下午三時59分月過寅宮零度
廿二日 月尚在寅宮
廿三日 下午10時03分月過丑宮零度
廿四日 月尚在丑宮
廿五日 月尚在丑宮
廿六日 上午六時44分月過子宮零度
廿七日 月尚在子宮
廿八日 下午五時49分月過亥宮零度
廿九日 月尚在亥宮
三十日 月尚在亥宮

一九七五年　每天月過各宮表

日食月食黃經度分・三垣列宿臨幸吉位

七月

一日	上午六時18分月過戌宮零度
二日	月尚在戌宮
三日	下午六時26分月過酉宮零度
四日	月尚在酉宮
五日	月尚在酉宮
六日	上午三時04分月過申宮零度
七日	月尚在申宮
八日	上午八時09分月過未宮零度
九日	月尚在未宮
十日	上午10時40分月過午宮零度
十一日	月尚在午宮
十二日	中午12時07分月過巳宮零度
十三日	月尚在巳宮
十四日	下午一時39分月過辰宮零度
十五日	月尚在辰宮
十六日	下午四時44分月過卯宮零度
十七日	月尚在卯宮
十八日	下午九時49分月過寅宮零度
十九日	月尚在寅宮
二十日	月尚在寅宮
廿一日	下午四時59分月過丑宮零度
廿二日	月尚在丑宮
	【司祿臨幸巳方】
廿三日	下午二時月過子宮零度
廿四日	月尚在子宮
廿五日	月尚在子宮
廿六日	上午一時12分月過亥宮零度
廿七日	月尚在亥宮
廿八日	下午一時51分月過戌宮零度
廿九日	月尚在戌宮
三十日	月尚在戌宮
卅一日	上午二時19分月過酉宮零度

八月

一日	月尚在酉宮
二日	中午12時月過申宮零度
三日	月尚在申宮
四日	下午六時15分月過未宮零度
五日	月尚在未宮
	【天皇臨幸巽巳】
六日	下午八時40分月過午宮零度
七日	月尚在午宮
八日	下午九時07分月過巳宮零度
九日	月尚在巳宮
十日	下午九時十分月過辰宮零度
十一日	月尚在辰宮
十二日	下午九時17分月過卯宮零度
十三日	月尚在卯宮
十四日	月尚在卯宮
十五日	上午三時04分月過寅宮零度
十六日	月尚在寅宮
十七日	上午10時29分月過丑宮零度
十八日	月尚在丑宮
十九日	下午八時12分月過子宮零度
二十日	月尚在子宮
廿一日	月尚在子宮
廿二日	上午七時30分月過亥宮零度
廿三日	月尚在亥宮
廿四日	下午八時12分月過戌宮零度
廿五日	月尚在戌宮
廿六日	月尚在戌宮
廿六日	上午八時49分月過酉宮零度
廿八日	月尚在酉宮
廿九日	上午八時21分月過申宮零度
三十日	月尚在申宮
卅一日	月尚在申宮

九月

一日	上午三時31分月過未宮零度
二日	月尚在未宮
三日	上午七時05分月過午宮零度
四日	月尚在午宮
五日	上午七時48分月過巳宮零度
六日	月尚在巳宮
七日	上午七時17分月過辰宮零度
八日	月尚在辰宮
九日	上午七時21分月過卯宮零度
十日	月尚在卯宮
十一日	上午10時01分月過寅宮零度
十二日	月尚在寅宮
十三日	下午四時08分月過丑宮零度
十四日	月尚在丑宮
十五日	月尚在丑宮
十六日	上午一時48分月過子宮零度
十七日	月尚在子宮
	【玉井臨幸卯乙】
十八日	下午一時55分月過亥宮零度
十九日	月尚在亥宮
二十日	月尚在亥宮
廿一日	上午二時28分月過戌宮零度
廿二日	月尚在戌宮
廿三日	下午二時37分月過酉宮零度
廿四日	月尚在酉宮
廿五日	月尚在酉宮
廿六日	上午二時14分月過申宮零度
廿七日	月尚在申宮
廿八日	上午11時02分月過未宮零度
廿九日	月尚在未宮
三十日	下午四時19分月過午宮零度

一九七五年　每天月過各宮表

日食月食黃經度分・三垣列宿臨幸吉位

十月

一日	月尚在午宮
二日	下午六時12分月過巳宮零度
三日	月尚在巳宮
四日	下午六時08分月過辰宮零度
五日	月尚在辰宮
六日	下午五時46分月過卯宮零度
七日	月尚在卯宮
八日	下午七時12分月過寅宮零度
九日	月尚在寅宮
	【老人臨幸卯申】
十日	下午11時32分月過丑宮零度
十一日	月尚在丑宮
十二日	月尚在丑宮
十三日	上午八時07分月過子宮零度
十四日	月尚在子宮
十五日	下午八時月過亥宮零度
十六日	月尚在亥宮
十七日	月尚在亥宮
十八日	上午八時43分月過戌宮零度
十九日	月尚在戌宮
二十日	下午九時月過酉宮零度
廿一日	月尚在酉宮
廿二日	月尚在酉宮
廿三日	上午七時49分月過申宮零度
廿四日	月尚在申宮
廿五日	下午四時49分月過未宮零度
廿六日	月尚在未宮
廿七日	下午11時20分月過午宮零度
廿八日	月尚在午宮
廿九日	月尚在午宮
三十日	上午三時01分月過巳宮零度
卅一日	月尚在辰宮
	【文昌臨幸寅方】

十一月

一日	月尚在辰宮
二日	月尚在辰宮
三日	上午四時53分月過卯宮零度
	日偏食卯宮十度29分　見食地區　南極區
四日	月尚在卯宮
五日	上午五時46分月過寅宮零度
六日	月尚在寅宮
七日	上午八時14分月過丑宮零度
	【尊帝臨幸艮寅】
八日	月尚在丑宮
九日	下午三時49分月過子宮零度
十日	月尚在子宮
十一日	月尚在子宮
十二日	上午三時04分月過亥宮零度
十三日	月尚在亥宮
十四日	下午三時46分月過戌宮零度
十五日	月尚在戌宮
十六日	月尚在戌宮
十七日	上午四時05分月過酉宮零度
十八日	月尚在酉宮
十九日	下午二時14分月過申宮零度
	月全食酉宮26度07分　初虧四時42分食甚六時24分復圓三時六分
二十日	月尚在申宮
廿一日	下午10時35分月過未宮零度
	【左輔臨幸丑艮】
廿二日	月尚在未宮
廿三日	月尚在未宮
廿四日	下午四時50分月過午宮零度
廿五日	月尚在申宮
廿六日	上午九時17分月過巳宮零度
廿七日	月尚在巳宮
廿八日	中午12時04分月過辰宮零度
廿九日	月尚在辰宮
三十日	下午一時52分月過卯宮零度

十二月

一日	月尚在卯宮
二日	下午三時50分月過寅宮零度
	【遷官臨幸丑方】
三日	月尚在寅宮
四日	下午七時10分月過丑宮零度
五日	月尚在丑宮
六日	月尚在丑宮
七日	上午一時16分月過子宮零度
八日	月尚在子宮
九日	上午11時13分月過亥宮零度
十日	月尚在亥宮
十一日	下午九時26分月過戌宮零度
十二日	月尚在戌宮
十三日	月尚在戌宮
十四日	上午九時53分月過酉宮零度
十五日	月尚在酉宮
十六日	下午10時27分月過申宮零度
十七日	月尚在申宮
十八日	月尚在申宮
十九日	上午五時46分月過未宮零度
二十日	月尚在未宮
廿一日	上午11時15分月過午宮零度
	【天帝臨幸癸子】
廿二日	月尚在午宮
廿三日	下午二時54分月過巳宮零度
廿四日	月尚在巳宮
廿五日	下午六時月過辰宮零度
廿六日	月尚在辰宮
廿七日	下午八時51分月過卯宮零度
廿八日	月尚在卯宮
廿九日	下午11時59分月過寅宮零度
三十日	月尚在寅宮
卅一日	月尚在寅宮

一九七六年　每天月過各宮表

日食月食黃經度分・三垣列宿臨幸吉位

一月

一日　月尚在丑宮
二日　月尚在丑宮
三日　上午10時28分月過子宮零度
四日　月尚在子宮
五日　下午七時37分月過亥宮零度
六日　月尚在亥宮
七日　上午七時29分月過戌宮零度
八日　月尚在戌宮
九日　月尚在戌宮
十日　下午八時36分月過酉宮零度
十一日　月尚在酉宮
十二日　月尚在酉宮
十三日　上午七時24分月過申宮零度
十四日　月尚在申宮
十五日　下午二時47分月過未宮零度
十六日　月尚在未宮
十七日　下午七時20分月過午宮零度
十八日　月尚在午宮
十九日　下午九時49分月過巳宮零度
二十日　月尚在巳宮
【司祿臨幸亥方】
廿一日　下午11時52分月過辰宮零度
廿二日　月尚在辰宮
廿三日　月尚在辰宮
廿四日　上午二時11分月過卯宮零度
廿五日　月尚在卯宮
廿六日　上午六時57分月過寅宮零度
廿七日　月尚在寅宮
廿八日　上午11時15分月過丑宮零度
廿九日　月尚在丑宮
三十日　下午六時32分月過子宮零度
卅一日　月尚在子宮

二月

一日　月尚在子宮
二日　上午四時03分月過亥宮零度
三日　月尚在亥宮
四日　下午三時33分月過戌宮零度
五日　月尚在戌宮
六日　月尚在戌宮
七日　上午四時17分月過酉宮零度
八日　月尚在酉宮
九日　下午四時14分月過申宮零度
十日　月尚在申宮
十一日　上午12時45分月過未宮零度
十二日　月尚在未宮
十三日　月尚在未宮
十四日　上午五時15分月過午宮零度
十五日　月尚在午宮
十六日　上午七時08分月過巳宮零度
十七日　月尚在巳宮
十八日　上午七時51分月過辰宮零度
十九日　月尚在辰宮
二十日　上午八時45分月過卯宮零度
廿一日　月尚在卯宮
廿二日　上午11時50分月過寅宮零度
廿三日　月尚在寅宮
卌四日　下午四時55分月過丑宮零度
廿五日　月尚在丑宮
廿六日　月尚在丑宮
廿七日　上午一時06分月過子宮零度
廿八日　月尚在子宮
廿九日　上午11時05分月過亥宮零度

三月

一日　月尚在亥宮
二日　下午10時39分月過戌宮零度
三日　月尚在戌宮
【天廩臨幸辛戌】
四日　月尚在戌宮
五日　上午11時20分月過酉宮零度
六日　月尚在酉宮
七日　下午11時47分月過申宮零度
八日　月尚在申宮
九日　月尚在申宮
十日　上午九時43分月過未宮零度
十一日　月尚在未宮
十二日　下午三時33分月過午宮零度
十三日　月尚在午宮
十四日　下午五時53分月過巳宮零度
【玉井臨幸酉辛】
十五日　月尚在巳宮
十六日　下午五時55分月過辰宮零度
十七日　月尚在辰宮
十八日　下午五時38分月過卯宮零度
十九日　月尚在卯宮
二十日　下午六時39分月過寅宮零度
廿一日　月尚在寅宮
廿二日　上午11時03分月過丑宮零度
【子星臨幸酉方】
廿三日　月尚在丑宮
廿四日　月尚在丑宮
廿五日　上午六時34分月過子宮零度
廿六日　月尚在子宮
廿七日　下午五時02分月過亥宮零度
廿八日　月尚在亥宮
廿九日　月尚在亥宮
三十日　上午五時17分月過戌宮零度
卅一日　月尚在戌宮

一九七六年　每天月過各宮表

日食月食黃經度分・三垣列宿臨幸吉位

四月

一日	下午五時36分月過酉宮零度
二日	月尚在酉宮
三日	月尚在酉宮
四日	上午六時24分月過申宮零度
五日	月尚在申宮
六日	下午五時06分月過未宮零度
七日	月尚在未宮
八日	上午12時44分月過午宮零度
九日	月尚在午宮
十日	月尚在午宮
	【文昌臨幸申方】
十一日	上午四時10分月過巳宮零度
十二日	月尚在巳宮
十三日	上午五時04分月過辰宮零度
	【老人臨幸酉庚】
十四日	月尚在辰宮
十五日	上午四時24分月過卯宮零度
十六日	月尚在卯宮
十七日	上午四時31分月過寅宮零度
十八日	月尚在寅宮
十九日	上午六時52分月過丑宮零度
二十日	月尚在丑宮
廿一日	下午一時03分月過子宮零度
廿二日	月尚在午宮
廿三日	下午11時02分月過亥宮零度
廿四日	月尚在亥宮
廿五日	月尚在亥宮
廿六日	上午11時20分月過戌宮零度
廿七日	月尚在戌宮
廿八日	上午12時02分月過酉宮零度
廿九日	**日環食酉宮九度17分** 見食地區：北非、蘇聯、中國、土耳其
三十日	月尚在酉宮

五月

一日	中午12時01分月過申宮零度
二日	月尚在丑宮
三日	下午10時41分月過未宮零度
四日	月尚在未宮
	【尊帝臨幸坤申】
五日	月尚在未宮
六日	上午七時11分月過午宮零度
七日	月尚在午宮
八日	中午12時32分月過巳宮零度
九日	月尚在巳宮
十日	下午二時54分月過辰宮零度
十一日	月尚在辰宮
十二日	下午三時月過卯宮零度
十三日	月尚在卯宮
十四日	下午二時57分月過寅宮零度
	月偏食卯宮23度12分 初虧五時七分食甚三時50分復圓四時30分
十五日	月尚在寅宮
十六日	下午四時27分月過丑宮零度
十七日	月尚在丑宮
十八日	下午八時56分月過子宮零度
	【左輔臨幸未方】
十九日	月尚在子宮
二十日	月尚在子宮
廿一日	上午五時50分月過亥宮零度
廿二日	月尚在亥宮
廿三日	下午五時45分月過戌宮零度
廿四日	月尚在戌宮
廿五日	月尚在戌宮
廿六日	上午六時38分月過酉宮零度
廿七日	月尚在酉宮
廿八日	下午六時14分月過申宮零度
廿九日	月尚在申宮
三十日	月尚在申宮
卅一日	上午四時23分月過未宮零度

六月

一日	月尚在未宮
二日	中午12時30分月過午宮零度
三日	月尚在午宮
四日	下午六時32分月過巳宮零度
五日	月尚在巳宮
六日	下午10時13分月過辰宮零度
七日	月尚在辰宮
八日	上午12時05分月過卯宮零度
	【天帝臨幸丁午】
九日	月尚在卯宮
十日	月尚在卯宮
十一日	上午一時17分月過寅宮零度
十二日	月尚在寅宮
十三日	上午二時42分月過丑宮零度
十四日	月尚在丑宮
十五日	上午六時34分月過子宮零度
	【天尊臨幸子癸】
十六日	月尚在子宮
十七日	下午一時57分月過亥宮零度
十八日	月尚在亥宮
十九日	上午12時56分月過戌宮零度
二十日	月尚在戌宮
廿一日	月尚在戌宮
廿二日	上午十時21分月過酉宮零度
廿三日	月尚在酉宮
廿四日	下午10時33分月過申宮零度
廿五日	月尚在申宮
廿六日	月尚在申宮
廿七日	上午七時49分月過未宮零度
廿八日	月尚在未宮
廿九日	下午三時25分月過午宮零度
三十日	月尚在午宮

一九七六年　每天月過各宮表

日食月食黃經度分・三垣列宿臨幸吉位

七月

一日	下午11時50分月過巳宮零度
二日	月尚在巳宮
三日	月尚在巳宮
四日	上午三時46分月過辰宮零度
五日	月尚在辰宮
六日	上午六時31分月過卯宮零度
七日	月尚在卯宮
八日	上午九時15分月過寅宮零度
九日	月尚在寅宮
十日	上午11時57分月過丑宮零度
十一日	月尚在丑宮
十二日	下午四時08分月過子宮零度
十三日	月尚在子宮
十四日	下午10時52分月過亥宮零度
十五日	月尚在亥宮
十六日	月尚在亥宮
十七日	上午八時53分月過戌宮零度【司祿臨幸巳方】
十八日	月尚在戌宮
十九日	下午九時14分月過酉宮零度
二十日	月尚在酉宮
廿一日	月尚在酉宮
廿二日	上午九時57分月過申宮零度
廿三日	月尚在申宮
廿四日	下午七時49分月過未宮零度
廿五日	月尚在未宮
廿六日	月尚在未宮
廿七日	上午二時23分月過午宮零度
廿八日	月尚尚午宮
廿九日	上午六時38分月過巳宮零度
三十日	月尚在巳宮
卅一日	上午九時36分月過辰宮零度

八月

一日	月尚在辰宮
二日	上午11時57分月過卯宮零度
三日	月尚在卯宮
四日	下午二時54分月過寅宮零度
五日	月尚在寅宮
六日	下午六時38分月過丑宮零度【天皇臨幸巽巳】
七日	月尚在丑宮
八日	上午12時月過子宮零度
九日	月尚在子宮
十日	月尚在子宮
十一日	上午七時19分月過亥宮零度
十二日	月尚在亥宮
十三日	下午五時02分月過戌宮零度
十四日	月尚在戌宮
十五日	月尚在戌宮
十六日	上午五時10分月過酉宮零度
十七日	月尚在酉宮
十八日	下午五時49分月過申宮零度
十九日	月尚在申宮
二十日	月尚在申宮
廿一日	上午四時46分月過未宮零度
廿二日	月尚在未宮
廿三日	上午11時39分月過午宮零度
廿四日	月尚在午宮
廿五日	下午三時18分月過巳宮零度
卅六日	月尚在巳宮
廿七日	上午五時07分月過辰宮零度
廿八日	月尚在辰宮
廿九日	下午六時21分月過卯宮零度
三十日	月尚在卯宮
卅一日	上午九時月過寅宮零度

九月

一日	月尚在寅宮
二日	上午12時18分月過丑宮零度
三日	月尚在丑宮
四日	月尚在丑宮
五日	下午六時24分月過子宮零度
六日	月尚在子宮
七日	下午二時29分月過亥宮零度
八日	月尚在亥宮
九日	上午12時32分月過戌宮零度
十日	月尚在戌宮
十一日	月尚在戌宮
十二日	下午12時37分月過酉宮零度
十三日	月尚在酉宮
十四日	月尚在酉宮
十五日	上午一時20分月過申宮零度
十六日	月尚在申宮
十七日	中午12時59分月過未宮零度【玉井臨幸卯乙】
十八日	月尚在未宮
十九日	下午九時26分月過午宮零度
二十日	月尚在午宮
廿一日	月尚在午宮
廿二日	上午一時38分月過巳宮零度
廿三日	月尚在巳宮
廿四日	上午三時05分月過辰宮零度
廿五日	月尚在辰宮
廿六日	上午三時05分月在卯宮零度【子星臨幸卯方】
廿七日	月尚在卯宮
廿八日	上午三時33分月過寅宮零度
廿九日	月尚在寅宮
三十日	上午六時13分月過丑宮零度

一九七六年 每天月過各宮表

日食月食黃經度分・三垣列宿臨幸吉位

十月

一日 月尚在丑宮
二日 上午11時38分月過子宮零度
三日 月尚在子宮
四日 下午八時24分月過亥宮零度
五日 月尚在亥宮
六日 月尚在亥宮
七日 上午七時13分月過戌宮零度
八日 月尚在戌宮
九日 下午七時12分月過酉宮零度
十日 月尚在酉宮
十一日 下午八時月過申宮零度
十二日 月尚在申宮
十三日 月尚在申宮
十四日 下午八時月過未宮零度
【文昌臨幸寅方】
十五日 月尚在未宮
十六日 月尚在未宮
十七日 下午五時57分月過午宮零度
十八日 月尚在午宮
【老人臨幸卯甲】
十九日 上午11時34分月過巳宮零度
二十日 月尚在巳宮
廿一日 下午一時49分月過辰宮零度
廿二日 月尚在辰宮
廿三日 下午一時39分月過卯宮零度

日全食卯宮〇度四分
見食地區 非洲中部澳洲

廿四日 月尚在卯宮
廿五日 下午一時16分月過寅宮零度
廿六日 月尚在寅宮
廿七日 下午一時01分月過丑宮零度
廿八日 月尚在丑宮
廿九日 下午六時13分月過子宮零度
三十日 月尚在子宮
卅一日 月尚在子宮

十一月

一日 上午一時58分月過亥宮零度
二日 月尚在亥宮
三日 下午一時12分月過戌宮零度
四日 月尚在戌宮
五日 月尚在戌宮
六日 上午一時40分月過酉宮零度
【尊帝臨幸艮寅】
七日 月尚在酉宮
八日 下午二時09分月過申宮零度
九日 月尚在申宮
十日 月尚在申宮
十一日 上午二時10分月過未宮零度
十二日 月尚在未宮
【左輔臨幸丑方】
十三日 下午12時月過午宮零度
十四日 月尚在午宮
十五日 下午七時49分月過巳宮零度
十六日 月尚在巳宮
十七日 下午11時54分月過辰宮零度
十八日 月尚在辰宮
十九日 上午12時29分月過卯宮零度
二十日 月尚在卯宮
廿一日 上午12時08分月過寅宮零度
廿二日 月尚在寅宮
廿三日 上午12時11分月過丑宮零度
廿四日 月尚在丑宮
廿五日 月尚在丑宮
廿六日 上午二時54分月過子宮零度
廿七日 月尚在子宮
廿八日 上午九時14分月過亥宮零度
廿九日 月尚在亥宮
三十日 下午七時24分月過戌宮零度

十二月

一日 月尚在戌宮
二日 上午八時月過酉宮零度
三日 月尚在酉宮
四日 月尚在酉宮
五日 下午八時48分月過申宮零度
六日 月尚在申宮
七日 月尚在申宮
八日 上午八時18分月過未宮零度
九日 月尚在未宮
【天帝臨幸癸子】
十日 下午六時17分月過午宮零度
十一日 月尚在午宮
十二日 月尚在午宮
十三日 上午二時11分月過巳宮零度
十四日 月尚在巳宮
十五日 午午七時28分月過辰宮零度
十六日 月尚在辰宮
十七日 上午九時54分月過卯宮零度
十八日 月尚在卯宮
十九日 上午十時月過寅宮零度
二十日 月尚在寅宮
廿一日 上午11時15分月過丑宮零度
廿二日 月尚在丑宮
廿三日 下午一時02分月過子宮零度
廿四日 月尚在子宮
廿五日 下午六時月過亥宮零度
廿六日 月尚在亥宮
廿七日 月尚在亥宮
廿八日 下午二時57分月過戌宮零度
廿九日 月尚在戌宮
三十日 下午三時02分月過酉宮零度
卅一日 月尚在酉宮

一九七七年 每天月過各宮表

日食月食黃經度分・三垣列宿臨幸吉位

一月

一日 月尚在酉宮
二日 上午三時47分月過申宮零度
三日 月尚在申宮
【天皇臨幸乾亥】
四日 下午三時10分月過未宮零度
五日 月尚在未宮
六日 上午12時33分月過午宮零度
七日 月尚在午宮
【天廩臨幸乙辰】
八日 月尚在午宮
九日 上午七時54分月過巳宮零度
十日 月尚在巳宮零度
十一日 下午一時15分月過辰宮零度
十二日 月尚在辰宮
十三日 下午四時47分月過卯宮零度
十四日 月尚在卯宮
十五日 月尚在卯宮
十六日 下午五時39分月過寅宮零度
十七日 下午八時40分月過丑宮零度
十八日 月尚在丑宮
十九日 下午11時18分月過子宮零度
【司祿臨幸亥方】
二十日 月尚在子宮
廿一日 月尚在子宮
廿二日 上午三時42分月過亥宮零度
廿三日 月尚在亥宮
廿四日 上午11時27分月過戌宮零度
廿五日 月尚在戌宮
廿六日 下午10時51分月過酉宮零度
廿七日 月尚在酉宮
廿八日 月尚在酉宮
廿九日 上午11時32分月過申宮零度
三十日 月尚在申宮
卅一日 下午11時18分月過未宮零度

二月

一日 月尚在未宮
二日 月尚在未宮
三日 上午八時23分月過午宮零度
四日 月尚在午宮
五日 下午二時32分月過巳宮零度
六日 月尚在巳宮
七日 下午七時10分月過辰宮零度
八日 月尚在辰宮
九日 下午11時03分月過卯宮零度
十日 月尚在卯宮
十一日 上午一時45分月過寅宮零度
十二日 月尚在寅宮
十三日 月尚在寅宮
十四日 上午四時34分月過丑宮零度
十五日 月尚在丑宮
十六日 上午七時59分月過子宮零度
十七日 月尚在子宮
十八日 中午12時53分月過亥宮零度
十九日 月尚在亥宮
二十日 下午八時35分月過戌宮零度
廿一日 月尚在戌宮
廿二日 月尚在戌宮
廿三日 上午五時月過酉宮零度
廿四日 月尚在酉宮
廿五日 下午七時36分月過申宮零度
廿六日 月尚在申宮
廿七日 月尚在申宮
廿八日 上午七時59分月過未宮零度

三月

一日 月尚在未宮
二日 下午五時23分月過午宮零度
三日 月尚在午宮
四日 下午11時37分月過巳宮零度
【天廩臨幸辛戌】
五日 月尚在巳宮
六日 月尚在巳宮
七日 上午二時48分月過辰宮零度
八日 月尚在辰宮
九日 上午四時46分月過卯宮零度
十日 月尚在卯宮
十一日 上午四時48分月過寅宮零度
十二日 月尚在寅宮
【天帝臨幸丁午】
十三日 上午九時47分月過丑宮零度
十四日 月尚在丑宮
【老人臨幸酉庚】
十五日 下午二時26分月過子宮零度
【玉井臨幸酉方】
十六日 月尚在子宮
十七日 下午八時23分月過亥宮零度
十八日 月尚在亥宮
十九日 月尚在亥宮
二十日 下午四時42分月過戌宮零度
廿一日 月尚在戌宮
廿二日 下午三時06分月過酉宮零度
廿三日 月尚在酉宮
【子星臨幸酉方】
廿四日 月尚在酉宮
廿五日 上午三時30分月過申宮零度
廿六日 月尚在申宮
廿七日 下午四時月過未宮零度
廿八日 月尚在未宮
廿九日 月尚在未宮
三十日 上午二時43分月過午宮零度
卅一日 月尚在午宮

一九七七年 每天月過各宮表

日食月食黃經度分・三垣列宿臨幸吉位

四月

日	
一日	上午九時24分月過巳宮零度
二日	月尚在巳宮
三日	中午12時37分月過辰宮零度
四日	月偏食辰宮14度23分 初虧11時30分 食甚12時21分 復圓13時12分
五日	下午一時16分月過卯宮零度
六日	月尚在卯宮
七日	下午二時22分月過寅宮零度
八日	月尚在寅宮
九日	下午三時52分月過丑宮零度
十日	月尚在丑宮
十一日	下午七時49分月過子宮零度
	【文昌臨幸申方】
十二日	月尚在子宮
十三日	月尚在子宮
十四日	上午二時25分月過亥宮零度
十五日	月尚在亥宮
十六日	上午11時33分月過戌宮零度
十七日	月尚在戌宮
十八日	下午10時23分月過酉宮零度
	日環食戌宮28度24分 見食地區 南非
十九日	月尚在酉宮
二十日	月尚在酉宮
廿一日	上午10時39分月過申宮零度
廿二日	月尚在申宮
廿三日	下午11時06分月過未宮零度
廿四日	月尚在未宮
廿五日	月尚在未宮
廿六日	午午10時59分月過午宮零度
廿七日	月尚在午宮
廿八日	下午七時16分月過巳宮零度
廿九日	月尚在巳宮
三十日	下午一時09分月過辰宮零度

五月

日	
一日	月尚在辰宮
二日	中午12時月過卯宮零度
三日	月尚在卯宮
	【尊帝臨幸坤申】
四日	下午11時46分月過寅宮零度
五日	月尚在寅宮
六日	下午11時47分月過丑宮零度
七日	月尚在丑宮
八日	月尚在丑宮
九日	上午二時12分月過子宮零度
十日	月尚在子宮
十一日	下午七時48分月過亥宮零度
十二日	月尚在亥宮
十三日	下午五時06分月過戌宮零度
十四日	月尚在戌宮
十五日	月尚在戌宮
十六日	上午四時36分月過酉宮零度
十七日	月尚在酉宮
十八日	下午四時46分月過申宮零度
	【左輔臨幸未方】
十九日	月尚在申宮
二十日	月尚在申宮
廿一日	上午五時29分月過未宮零度
廿二日	月尚在未宮
廿三日	上午五時16分月過午宮零度
廿四日	月尚在午宮
廿五日	月尚在午宮
廿六日	下午二時48分月過巳宮零度
廿七日	月尚在巳宮
廿八日	上午八時31分月過辰宮零度
廿九日	月尚在辰宮
三十日	上午10時36分月過卯宮零度
卅一日	月尚在卯宮

六月

日	
一日	下午12時01分月過寅宮零度
二日	月尚在寅宮
三日	下午九時58分月過丑宮零度
四日	月尚在丑宮
五日	上午一時56分月過子宮零度
六日	月尚在子宮
七日	下午二時53分月過亥宮零度
八日	月尚在亥宮
九日	下午10時55分月過戌宮零度
	【天帝臨幸午丁】
十日	月尚在戌宮
十一日	月尚在戌宮
十二日	上午10時21分月過酉宮零度
十三日	月尚在酉宮
十四日	下午一時02分月過申宮零度
十五日	月尚在申宮
十六日	月尚在申宮
	【天尊臨幸午方】
十七日	上午11時32分月過未宮零度
十八日	月尚在未宮
十九日	下午10時57分月過午宮零度
二十日	月尚在午宮
廿一日	月尚在午宮
廿二日	上午八時46分月過巳宮零度
廿三日	月尚在巳宮
廿四日	下午三時月過辰宮零度
廿五日	月尚在辰宮
廿六日	下午七時40分月過卯宮零度
廿七日	月尚在卯宮
廿八日	下午九時07分月過寅宮零度
廿九日	月尚在寅宮
三十日	下午八時48分月過丑宮零度

一九七七年　每天月過各宮表

日食月食黃經度分・三垣列宿臨幸吉位

七月

一日　月尚在丑宮
二日　上午九尚10分月過子宮零度
三日　月尚在子宮
四日　下午11時53分月過亥宮零度
五日　月尚在亥宮
六日　月尚在亥宮
七日　上午六時19分月過戌宮零度
八日　月尚在戌宮
九日　下午四時40分月過酉宮零度
十日　月尚在酉宮
十一日　月尚在酉宮
十二日　上午五時34分月過申宮零度
十三日　月尚在申宮
十四日　下午六時月過未宮零度
十五日　月尚在未宮
十六日　月尚在未宮
十七日　上午四時55分月過午宮零度
十八日　月尚在午宮
十九日　上午二時10分月過巳宮零度
二十日　月尚在巳宮
廿一日　下午九時05分月過辰宮零度
【司祿臨幸巳方】
廿二日　月尚在辰宮
廿三日　月尚在辰宮
廿四日　上午二時18分月過卯宮零度
廿五日　月尚在卯宮
廿六日　上午五時07分月過寅宮零度
廿七日　月尚在寅宮
廿八日　月尚在寅宮
廿九日　下午六時17分月過丑宮零度
三十日　月尚在丑宮
卅一日　下午七時36分月過子宮零度

八月

一日　上午一時53分月過亥宮零度
二日　月尚在亥宮
三日　下午三時04分月過戌宮零度
四日　月尚在戌宮
五日　上午12時21分月過酉宮零度
【天皇臨幸巽巳】
六日　月尚在酉宮
七日　月尚在酉宮
八日　中午12時32分月過申宮零度
九日　月尚在申宮
十日　下午一時15分月過未宮零度
十一日　月尚在未宮
十二日　月尚在未宮
十三日　上午12時15分月過午宮零度
十四日　月尚在午宮
十五日　下午八時44分月過巳宮零度
十六日　月尚在巳宮
十七日　月尚在巳宮
十八日　上午二時38分月過辰宮零度
十九日　月尚在辰宮
二十日　下午七時25分月過卯宮零度
廿一日　月尚在卯宮
廿二日　上午10時46分月過寅宮零度
廿三日　月尚在寅宮
廿四日　下午一時18分月過丑宮零度
廿五日　月尚在丑宮
廿六日　下午三時59分月過子宮零度
廿七日　月尚在子宮
廿八日　下午七時20分月過亥宮零度
廿九日　月尚在亥宮
三十日　上午12時35分月過戌宮零度
卅一日　月尚在戌宮

九月

一日　月尚在戌宮
二日　上午八時47分月過酉宮零度
三日　月尚在酉宮
四日　下午八時24分月過申宮零度
五日　月尚在申宮
【天廪臨幸乙辰】
六日　月尚在申宮
七日　上午九時08分月過未宮零度
八日　月尚在未宮
九日　下午八時35分月過午宮零度
十日　月尚在午宮
十一日　月尚在午宮
十二日　下午六時55分月過巳宮零度
十三日　月尚在巳宮
十四日　上午十時16分月過辰宮零度
【子星臨幸卯方】
十五日　月尚在辰宮
十六日　下午一時43分月過卯宮零度
十七日　月尚在卯宮
【玉井臨幸卯乙】
十八日　下午四時11分月過寅宮零度
十九日　月尚在寅宮
二十日　下午七時月過丑宮零度
廿一日　月尚在丑宮
廿二日　下午10時15分月過子宮零度
廿三日　月尚在子宮
廿四日　月尚在子宮
廿五日　上午二時52分月過亥宮零度
廿六日　月尚在亥宮
廿七日　上午九時01分月過戌宮零度
廿八日　月尚在戌宮
廿九日　下午五時23分月過酉宮零度
三十日　月尚在酉宮

一九七七年 每天月過各宮表

日食月食黃經度分・三垣列宿臨幸吉位

十月

一日 上午二時20分月過申宮零度
二日 月尚在申宮
三日 月尚在申宮
四日 下午四時58分月過未宮零度
五日 月尚在未宮
六日 月尚在未宮
七日 上午五時07分月過午宮零度
八日 月尚在午宮
九日 下午四時28分月過巳宮零度
十日 月尚在巳宮
十一日 下午八時月過辰宮零度
十二日 月尚在辰宮
十三日 下午10時09分月過卯宮零度

日全食辰宮19度29分
見食地區：太平洋、南美洲西北部

十四日 月尚在卯宮
十五日 下午11時36分月過寅宮零度
十六日 月尚在寅宮
十七日 上午12時57分月過丑宮零度
十八日 月尚在丑宮
十九日 月尚在丑宮
二十日 上午三時35分月過子宮零度
廿一日 月尚在子宮
廿二日 上午八時43分月過亥宮零度
廿三日 月尚在亥宮
廿四日 下午三時41分月過戌宮零度
廿五日 月尚在戌宮
廿六日 上午12時44分月過酉宮零度
廿七日 月尚在酉宮
廿八日 月尚在酉宮
廿九日 上午11時48分月過申宮零度
三十日 月尚在申宮
卅一日 上午12時19分月過未宮零度

十一月

一日 月尚在未宮
二日 月尚在未宮
三日 下午一時12分月過午宮零度
四日 月尚在午宮
五日 下午11時30分月過巳宮零度
六日 月尚在巳宮
七日 月尚在巳宮
八日 上午六時06分月過辰宮零度
九日 月尚在辰宮
十日 上午八時38分月過卯宮零度
十一日 月尚在卯宮
十二日 上午九時16分月過寅宮零度
十三日 月尚在寅宮
十四日 上午九時02分月過丑宮零度
【文昌臨幸寅方】
十五日 月尚在丑宮
十六日 上午10時30分月過子宮零度
十七日 月尚在子宮
【老人臨幸卯甲】
十八日 下午二時18分月過亥宮零度
十九日 月尚在亥宮
二十日 下午九時32分月過戌宮零度
【左輔臨幸丑方】
廿一日 月尚在戌宮
廿二日 月尚在戌宮
廿三日 下午七時08分月過酉宮零度
廿四日 月尚在酉宮
廿五日 下午六時38分月過申宮零度
廿六日 月尚在申宮
廿七日 月尚在申宮
廿八日 下午七時05分月過未宮零度
廿九日 月尚在未宮
三十日 下午七時37分月過午宮零度

十二月

一日 月尚在午宮
二日 月尚在午宮
三日 上午七時14分月過巳宮零度
四日 月尚在巳宮
五日 下午三時19分月過辰宮零度
六日 月尚在辰宮
【尊帝臨幸艮方】
七日 下午七時29分月過卯宮零度
八日 月尚在卯宮
九日 下午八時10分月過寅宮零度
【天帝臨幸癸子】
十日 月尚在寅宮
十一日 下午七時41分月過丑宮零度
十二日 月尚在丑宮
十三日 下午七時31分月過子宮零度
十四日 月尚在子宮
十五日 下午九時55分月過亥宮零度
【司祿臨幸亥方】
十六日 月尚在亥宮
十七日 月尚在亥宮
【天尊臨幸子方】
十八日 上午三時40分月過戌宮零度
十九日 月尚在戌宮
二十日 中午12時56分月過酉宮零度
廿一日 月尚在酉宮
廿二日 上午12時53分月過申宮零度
廿三日 月尚在申宮
廿四日 月尚在申宮
廿五日 下午一時33分月過未宮零度
廿六日 月尚在未宮
廿七日 月尚在未宮
廿八日 上午一時51分月過午宮零度
廿九日 月尚在午宮
三十日 下午一時25分月過巳宮零度
卅一日 月尚在巳宮

一九七八年　每天月過各宮曆表

日食月食黃經度分・三垣列宿臨幸吉位

一月

- 一日　下午十時43分月過辰宮零度
- 二日　月尚在辰宮
- 三日　月尚在辰宮
- 四日　上午四時18月過卯宮零度
- 五日　月尚在卯宮
- 六日　上午六時38分月過寅宮零度
- 七日　月尚在寅宮
- 八日　上午六時51分月過丑宮零度
- 九日　月尚在丑宮
- 十日　上午六時16分月過子宮零度
- 十一日　月尚在子宮
- 十二日　上午七時35月過亥宮零度
- 十三日　月尚在亥宮
- 十四日　上午十一時24分月過戌宮零度
- 十五日　月尚在戌宮
- 十六日　下午七時38分月過酉宮零度
- 十七日　月尚在酉宮
- 十八日　月尚在酉宮
- 十九日　下午七時24分月過申宮零度
- 二十日　月尚在申宮
- 廿一日　下午八時月過未宮零度
- 廿二日　月尚在未宮
- 廿三日　月尚在未宮
- 廿四日　上午八時19分月過午宮零度
- 廿五日　月尚在午宮
- 廿六日　下午七時13月過巳宮零度
- 廿七日　月尚在巳宮
- 廿八日　月尚在巳宮
- 廿九日　上午四時17分月過辰宮零度
- 三十日　月尚在辰宮
- 卅一日　上午十時50分月過卯宮零度

二月

- 一日　月尚在卯宮
- 二日　下午三時三分月過寅宮零度
- 三日　月尚在寅宮
- 四日　下午六時34分月過丑宮零度
- 五日　月尚在丑宮
- 六日　下午五時八分月過子宮零度
- 七日　月尚在子宮
- 八日　下午六時月過亥宮零度
- 九日　月尚在亥宮
- 十日　下午八時55分月過戌宮零度
- 十一日　月尚在戌宮
- 十二日　月尚在戌宮
- 十三日　上午三時58分月過酉宮零度
- 十四日　月尚在酉宮
- 十五日　下午二時33分月過申宮零度
- 十六日　月尚在申宮
- 十七日　月尚在申宮
- 十八日　上午三時16分月過未宮零度
- 十九日　月尚在未宮
- 二十日　下午三時46分月過午宮零度
- 廿一日　月尚在午宮
- 廿二日　月尚在午宮
- 廿三日　上午一時54分月過巳宮零度
- 廿四日　月尚在巳宮
- 廿五日　上午十時12分月過辰宮零度
- 廿六日　月尚在辰宮
- 廿七日　下午四時35分月過卯宮零度
- 廿八日　月尚在卯宮

三月

- 一日　下午九時一分月過寅宮零度
- 二日　月尚在寅宮
- 三日　上午十二時月過丑宮零度
- 四日　月尚在丑宮
- 五日　月尚在丑宮
- 六日　上午二時六分月過子宮零度
- 七日　月尚在子宮
- 八日　上午四時四分月過亥宮零度
- 九日　月尚在亥宮
- 十日　上午七時18分月過戌宮零度
- 十一日　月尚在戌宮
- 十二日　下午一時五分月過酉宮零度
- 十三日　月尚在酉宮
- 十四日　下午十時35分月過申宮零度
- 十五日　月尚在申宮

【玉井臨幸酉辛】

- 十六日　月尚在申宮
- 十七日　上午十時58分月過未宮零度
- 十八日　月尚在未宮
- 十九日　下午十一時35分月過午宮零度
- 二十日　月尚在午宮
- 廿一日　月尚在午宮
- 廿二日　上午十時一分月過巳宮零度
- 廿三日　月尚在巳宮

【子星臨幸酉方】

- 廿四日　下午五時49分月過辰宮零度

月全食辰宮三度47分
初虧22時36分食甚零時25分復圓二時14分

- 廿五日　月尚在辰宮
- 廿六日　下午十時56分月過卯宮零度
- 廿七日　月尚在卯宮
- 廿八日　月尚在卯宮
- 廿九日　上午二時37分月過寅宮零度
- 三十日　月尚在寅宮
- 卅一日　上午五時44分月過丑宮零度

一九七八年　每天月過各宮表

日食月食黃經度分・三垣列宿臨幸吉位

四月

一日　月尚在丑宮
二日　上午八時卅分月過子宮零度
三日　月尚在子宮
四日　四午11時九分月過亥宮零度
五日　月尚在亥宮
六日　下午四時八分月過戌宮零度
七日

日偏食戌宮17度34分
見食地區　南極區

八日　下午十時15分月過酉宮零度
九日　月尚在酉宮
十日　月尚在酉宮
十一日　上午七時24分月過申宮零度

【文昌臨幸申方】

十二日　月尚在申宮
十三日　下午六時59分月過未宮零度
十四日　月尚在未宮

【老人臨幸庚酉】

十五日　月尚在未宮
十六日　下午七時54分月過午宮零度
十七日　月尚在午宮
十八日　下午七時三分月過巳宮零度
十九日　月尚在巳宮
二十日　月尚在巳宮
廿一日　上午二時49分月過辰宮零度
廿二日　月尚在辰宮
廿三日　下午七時12分月過卯宮零度
廿四日　月尚在卯宮
廿五日　上午九時50分月過寅宮零度
廿六日　月尚在寅宮
廿七日　上午十一時40分月過丑宮零度
廿八日　月尚在丑宮
廿九日　下午四時六分月過子宮零度
三十日　月尚在子宮

五月

一日　下午五時23分月過亥宮零度
二日　月尚在亥宮
三日　下午十時54分月過戌宮零度
四日　月尚在戌宮

【尊帝臨幸坤申】

五日　月尚在戌宮
六日　上午五度40分月過酉宮零度
七日　月尚在酉宮
八日　下午三時22分月過申宮零度
九日　月尚在申宮
十日　月尚在申宮
十一日　上午二時31分月過未宮零度
十二日　月尚在未宮

【朱門臨幸坤方】

十三日　下午三時20分月過午宮零度
十四日　月尚在午宮
十五日　月尚在午宮
十六日　上午三時27分月過巳宮零度
十七日　月尚在巳宮
十八日　中午十二時15分月過辰宮零度
十九日　月尚在辰宮

【左輔臨幸未坤】

二十日　下午五時14分月過巳宮零度
廿一日　月尚在巳宮
廿二日　下午七時22分月過寅宮零度
廿三日　月尚在寅宮
廿四日　下午七時41分月過丑宮零度
廿五日　月尚在丑宮
廿六日　下午八時30分月過子宮零度
廿七日　月尚在子宮

【天林臨幸丁未】

廿八日　下午十時59分月過亥宮零度
廿九日　月尚在亥宮
三十日　月尚在亥宮
卅一日　上午四時17分月過戌宮零度

六月

一日　月尚在戌宮
二日　中午十二時一分月過酉宮零度
三日　月尚在酉宮
四日　下午九時58分月過申宮零度
五日　月尚在申宮
六日　月尚在申宮
七日　上午九時37分月過未宮零度
八日　月尚在未宮
九日　下午十時14分月過午宮零度

【天尊臨幸丁午】

十日　月尚在午宮
十一日　月尚在午宮
十二日　上午十時44分月過巳宮零度
十三日　月尚在巳宮
十四日　下午八時56分月過辰宮零度
十五日　月尚在辰宮
十六日　月尚在辰宮

【天尊臨幸午丁】

十七日　上午三時15分月過卯宮零度
十八日　月尚在卯宮
十九日　上午五時45分月過寅宮零度
二十日　月尚在寅宮
廿一日　上午五時59分月過丑宮零度
廿二日　月尚在丑宮
廿三日　上午五時20分月過子宮零度
廿四日　月尚在子宮
廿五日　上午六時27分月過亥宮零度
廿六日　月尚在亥宮
廿七日　上午十時21分月過戌宮零度
廿八日　月尚在戌宮
廿九日　下午五時22分月過酉宮零度
三十日　月尚在酉宮

一九七八年 每天月過各宮表

日食月食黃經度分・三垣列宿臨幸吉位

七月

一日	月尚在酉宮
二日	上午三時37分月過申宮零度
三日	月尚在申宮
四日	上午三時48分月過未宮零度
五日	月尚在未宮
六日	月尚在未宮
七日	上午四時九分月過午宮零度
八日	月尚在午宮
	【天廚臨幸丙方】
九日	上午六時36分月過巳宮零度
十日	月尚在巳宮
十一日	月尚在巳宮
十二日	上午三時50分月過辰宮零度
十三日	月尚在辰宮
十四日	上午十一時38分月過卯宮零度
十五日	月尚在卯宮
十六日	上午三時35分月過寅宮零度
十七日	月尚在寅宮
十八日	上午六時40分月過丑宮零度
十九日	月尚在丑宮
二十日	下午六時五分月過子宮零度
廿一日	月尚在子宮
廿二日	下午四時月過亥宮零度
廿三日	月尚在亥宮
廿四日	下午六時14分月過戌宮零度
廿五日	月尚在戌宮
廿六日	下午十一時48分月過酉宮零度
廿七日	月尚在酉宮
廿八日	月尚在酉宮
廿九日	上午九時42分月過申宮零度
三十日	月尚在申宮
卅一日	下午九時49分月過未宮零度

八月

一日	月尚在未宮
二日	月尚在未宮
三日	上午十時21分月過午宮零度
四日	月尚在午宮
五日	下午十時13分月過巳宮零度
	【天皇臨幸巽巳】
六日	月尚在巳宮
七日	月尚在巳宮
八日	上午九時15分月過辰宮零度
九日	月尚在辰宮
十日	下午五時57分月過卯宮零度
十一日	月尚在卯宮
十二日	下午十一時37分月過寅宮零度
十三日	月尚在寅宮
十四日	月尚在寅宮
十五日	上午二時八分月過丑宮零時
十六日	月尚在丑宮
十七日	上午二時32分月過子宮零度
十八日	月尚在子宮
十九日	上午二時37分月過亥宮零度
二十日	月尚在亥宮
廿一日	上午三時54分月過戌宮零度
	【司祿臨幸巳方】
廿二日	月尚在戌宮
廿三日	上午九時11分月過酉宮零度
廿四日	月尚在酉宮
廿五日	下午四時23分月過申宮零度
廿六日	月尚在申宮
廿七日	月尚在申宮
廿八日	下午四時四分月過未宮零度
廿九日	月尚在未宮
三十日	上午五時11分月過午宮零度
卅一日	月尚在午宮

九月

一日	下午十一時44分月過巳宮零度
二日	月尚在巳宮
三日	月尚在巳宮
四日	下午三時二分月過辰宮零度
五日	月尚在辰宮
	【天廩臨幸乙辰】
六日	下午十一時18分月過卯宮零度
七日	月尚在卯宮
八日	月尚在卯宮
九日	上午五時27分月過寅宮零度
十日	月尚在寅宮
十一日	上午九時17分月過丑宮零度
十二日	月尚在丑宮
十三日	上午十一時21分月過子宮零度
十四日	月尚在子宮
十五日	中午十二時37分月過亥宮零度
十六日	月尚在亥宮
十七日	下午二時20分月過戌宮零度
	月偏食亥宮23度29分 初虧二時16分食甚三時三分復圓四時50分
	【玉井臨幸卯乙】
十八日	月尚在戌宮
十九日	下午五時43分月過酉宮零度
二十日	月尚在酉宮
廿一日	上午十二時47分月過申宮零度
廿二日	月尚在申宮
廿三日	月尚在申宮
廿四日	上午十一時44分月過未宮零度
廿五日	月尚在未宮
	【子星臨幸卯方】
廿六日	上午十二時17分月過未宮零度
廿七日	月尚在午宮
廿八日	月尚在午宮
廿九日	中午十二時31分月過巳宮零度
三十日	月尚在巳宮

一九八七年 每天月過各宮表

日食月食黃經度分・三垣列宿臨幸吉位

十月

一日 下午十時15分月過辰宮零度

二日 日偏食辰宮八度48分 見食地區 北極區

三日 上午五時32分月過卯宮零度

四日 月尚在卯宮

五日 月尚在卯宮

六日 上午十時50分月過寅宮零度

七日 月尚在寅宮

八日 下午二時51分月過丑宮零度

九日 月尚在丑宮

十日 下午五時41分月過子宮零度

十一日 月尚在子宮

十二日 下午八時30分月過亥宮零度

十三日 月尚在亥宮

十四日 下午十一時18分月過戌宮零度

十五日 月尚在戌宮

【文昌臨幸寅方】

十六日 月尚在戌宮

十七日 下午三時20分月過酉宮零度

十八日 月尚在酉宮

【老人臨幸卯申】

十九日 上午十時月過申宮零度

二十日 月尚在申宮

廿一日 下午七時39分月過未宮零度

廿二日 月尚在未宮

廿三日 月尚在未宮

廿四日 上午八時19分月過午宮零度

廿五日 月尚在午宮

廿六日 下午八時59分月過巳宮零度

廿七日 月尚在巳宮

廿八日 月尚在巳宮

廿九日 下午七時四分月過辰宮零度

三十日 月尚在辰宮

卅一日 下午一時40分月過卯宮零度

十一月

一日 月尚在卯宮

二日 上午五時59分月過寅宮零度

三日 月尚在寅宮

四日 下午八時51分月過丑宮零度

五日 月尚在丑宮

六日 下午十一時15分月過子宮零度

七日 月尚在子宮

八日 下午二時13分月過亥宮零度

九日 月尚在亥宮

十日 月尚在亥宮

十一日 上午六時三分月過戌宮零度

十二日 月尚在戌宮

十三日 上午十一時30分月過酉宮零度

十四日 月尚在酉宮

【朱門臨幸艮方】

十五日 上午六時43分月過申宮零度

十六日 月尚在申宮

十七日 月尚在申宮

十八日 上午四時12分月過午宮零度

十九日 月尚在未宮

二十日 下午四時廿分月過未宮零度

廿一日 月尚在午宮

【左輔臨幸丑艮】

廿二日 月尚在午宮

廿三日 下午四時57分月過巳宮零度

廿四日 月尚在巳宮

廿五日 下午四時八分月過辰宮零度

廿六日 月尚在辰宮

廿七日 下午十一時33分月過卯宮零度

廿八日 月尚在卯宮

廿九日 下午三時20分月過寅宮零度

【天牀臨幸癸丑】

三十日 月尚在寅宮

十二月

一日 下午五時四分月過丑宮零度

二日 月尚在丑宮

三日 月尚在丑宮

四日 上午六時14分月過子宮零度

五日 上午八時月過亥宮零度

六日 月尚在亥宮

【尊帝臨幸艮寅】

七日 月尚在亥宮

八日 上午十一時50分月過戌宮零度

九日 月尚在戌宮

【天帝臨幸癸子】

十日 上午五時40分月過酉宮零度

十一日 月尚在酉宮

十二日 月尚在酉宮

十三日 上午一時47分月過申宮零度

十四日 月尚在申宮

十五日 中午十二時一分月過未宮零度

十六日 月尚在未宮

十七日 下午十一時49分月過午宮零度

【天尊臨幸子癸】

十八日 月尚在午宮

十九日 月尚在午宮

二十日 中午十二時25分月過巳宮零度

廿一日 月尚在巳宮

廿二日 上午十二時21分月過辰宮零度

廿三日 月尚在辰宮

廿四日 月尚在辰宮

廿五日 上午九時12分月過卯宮零度

廿六日 月尚在卯宮

廿七日 下午一時53分月過寅宮零度

廿八日 月尚在寅宮

廿九日 下午三時18分月過丑宮零度

三十日 月尚在丑宮

卅一日 下午三時25分月過子宮零度

一九七九年　每天月過各宮曆表

日食月食黃經度分・三垣列宿臨幸吉位

一月

日	
一日	月尚在子宮
二日	下午三時40分月過亥宮零度
三日	月尚在亥宮
四日	下午六時月過戌宮零度
五日	月尚在戌宮
六日	下午十一時12分月過酉宮零度
七日	月尚在酉宮
	【天廚臨幸壬方】
八日	月尚在酉宮
九日	上午八時13分月過申宮零度
十日	月尚在申宮
十一日	下午七時37分月過未宮零度
十二日	月尚在未宮
十三日	月尚在未宮
十四日	上午七時24分月過午宮零度
十五日	月尚在午宮
	【司祿臨幸亥方】
十六日	下午七時14分月過巳宮零度
十七日	月尚在巳宮
十八日	月尚在巳宮
十九日	下午七時31分月過辰宮零度
二十日	月尚在辰宮
廿一日	上午五時42分月過卯宮零度
廿二日	月尚在卯宮
廿三日	下午十一時39分月過寅宮零度
廿四日	月尚在寅宮
廿五日	月尚在寅宮
廿六日	上午二時24分月過丑宮零度
廿七日	月尚在丑宮
廿八日	上午二時12分月過子宮零度
廿九日	月尚在子宮
三十日	上午一時45分月過亥宮零度
卅一日	月尚在亥宮

二月

日	
一日	上午二時25分月過戌宮零度
二日	月尚在戌宮
三日	上午六時六分月過酉宮零度
四日	月尚在酉宮
	【天皇臨幸乾亥】
五日	下午一時33分月過申宮零度
六日	月尚在申宮
七日	上午十二時37分月過未宮零度
八日	月尚在未宮
九日	月尚在未宮
十日	中午十二時44分月過午宮零度
十一日	月尚在午宮
十二日	月尚在午宮
十三日	上午一時37分月過巳宮零度
十四日	月尚在巳宮
十五日	下午一時37分月過辰宮零度
十六日	月尚在辰宮
十七日	上午十二時三分月過卯宮零度
十八日	月尚在卯宮
十九日	月尚在卯宮
二十日	上午七時36分月過寅宮零度
廿一日	月尚在寅宮
廿二日	中午十二時月過丑宮零度
廿三日	月尚在丑宮
廿四日	下午一時二分月過子宮零度
廿五日	月尚在子宮
廿六日	下午一時三分月過亥宮零度
廿七日	**日環食亥宮七度29分** 見食地區 美國、加拿大
廿八日	中午十二時50分月過戌宮零度

三月

日	
一日	月尚在戌宮
二日	下午二時46分月過酉宮零度
三日	月尚在酉宮
四日	下午八時46分月過申宮零度
	【天廩臨幸辛戌】
五日	月尚在申宮
六日	月尚在申宮
七日	下午六時59分月過未宮零度
八日	月尚在未宮
九日	下午七時23分月過午宮零度
十日	月尚在午宮
十一日	月尚在午宮
十二日	上午八時13分月過巳宮零度
十三日	月尚在巳宮
十四日	下午七時37分月過辰宮零度
	月偏食巳宮22度50分 初虧三時36分食甚五時10分復圓六時44分
十五日	月尚在辰宮
	【玉井太陽臨幸酉辛】
十六日	月尚在辰宮
十七日	下午五時38分月過卯宮零度
十八日	月尚在卯宮
十九日	下午一時39分月過寅宮零度
二十日	月尚在寅宮
廿一日	下午七時19分月過丑宮零度
廿二日	月尚在子宮
廿三日	下午九時59分月過宮子零度
廿四日	月尚在子宮
廿五日	上午十二時四分月過戌宮零度
廿六日	月尚在亥宮
廿七日	下午十一時28分月過戌宮零度
廿八日	月尚在戌宮
廿九日	月尚在戌宮
三十日	上午一時18分月過酉宮零度
卅一日	月尚在酉宮

一九七九年　每天月過各宮表

日食月食黃經度分・三垣列宿臨幸吉位

四月

一日　上午五時58分月過申宮零度
二日　月尚在申宮
三日　下午二時30分月過未宮零度
四日　月尚在未宮
五日　月尚在未宮
六日　下午二時22分月過午宮零度
七日　月尚在午宮
八日　下午三時23分月過巳宮零度
九日　月尚在巳宮
十日　月尚在巳宮
十一日　上午二時30分月過辰宮零度
【文昌臨幸申方】
十二日　月尚在辰宮
十三日　中午十二時八分月過卯宮零度
十四日　月尚在卯宮
【老人太陽臨幸酉庚】
十五日　下午七時29分月過寅宮零度
十六日　月尚在寅宮
十七日　上午十二時44分月過丑宮零度
十八日　月尚在丑宮
十九日　月尚在丑宮
二十日　下午六時23分月過子宮零度
廿一日　月尚在子宮
廿二日　下午七時六分月過亥宮零度
廿三日　月尚在亥宮
廿四日　上午八時56分月過戌宮零度
廿五日　月尚在戌宮
廿六日　上午十一時40分月過酉宮零度
廿七日　月尚在酉宮
廿八日　下午三時42分月過申宮零度
廿九日　月尚在申宮
三十日　下午十一時五分月過未宮零度

五月

一日　月尚在未宮
二日　月尚在未宮
三日　上午九時56分月過午宮零度
四日　月尚在午宮
五日　上午十時47分月過巳宮零度
【尊帝臨幸坤申】
六日　月尚在巳宮
七日　月尚在巳宮
八日　上午十時24分月過辰宮零度
九日　月尚在辰宮
十日　下午七時27分月過卯宮零度
十一日　月尚在卯宮
十二日　月尚在卯宮
【朱門太陽臨幸坤方】
十三日　上午二時16分月過寅宮零度
十四日　月尚在寅宮
十五日　下午七時16分月過丑宮零度
十六日　月尚在丑宮
十七日　上午九時47分月過子宮零度
十八日　月尚在子宮
十九日　中午十二時30分月過亥宮零度
【左輔臨幸未坤】
二十日　月尚在亥宮
廿一日　下午三時37分月過戌宮零度
廿二日　月尚在戌宮
廿三日　上午七時19分月過酉宮零度
廿四日　月尚在酉宮
廿五日　上午十二時33分月過申宮零度
廿六日　月尚在申宮
廿七日　月尚在申宮
廿八日　下午七時55分月過未宮零度
【天牀臨幸丁未】
廿九日　月尚在未宮
三十日　下午六時三分月過午宮零度
卅一日　月尚在午宮

六月

一日　月尚在午宮
二日　上午六時41分月過巳宮零度
三日　月尚在巳宮
四日　下午七時月過辰宮零度
五日　月尚在辰宮
六日　月尚在辰宮
七日　下午四時47分月過卯宮零度
八日　月尚在卯宮
九日　上午十一時一分月過寅宮零度
【天帝臨幸丁午】
十日　月尚在寅宮
十一日　下午二時25分月過丑宮零度
十二日　月尚在丑宮
十三日　下午四時23分月過子宮零度
十四日　月尚在子宮
十五日　下午六時11分月過亥宮零度
十六日　月尚在亥宮
【天尊太陽臨幸午丁】
十七日　下午九時二分月過戌宮零度
十八日　月尚在戌宮
十九日　月尚在戌宮
二十日　上午一時31分月過酉宮零度
廿一日　月尚在酉宮
廿二日　下午七時38分月過申宮零度
廿三日　月尚在申宮
廿四日　下午三時49分月過未宮零度
廿五日　月尚在未宮
廿六日　月尚在未宮
廿七日　上午二時七分月過午宮零度
廿八日　月尚在午宮
廿九日　下午二時21分月過巳宮零度
三十日　月尚在巳宮

一九七五年　每天月過各宮表

日食月食黃經度分・三垣列宿臨幸吉位

七月

一日	月尚在巳宮
二日	上午二時49分月過辰宮零度
三日	月尚在辰宮
四日	下午一時52分月過卯宮零度
五日	月尚在卯宮
六日	下午八時53分月過寅宮零度
七日	月尚在寅宮
八日	上午十二時18分月過丑宮零度
九日	月尚在丑宮
	【天廚太陽臨幸丙方】
十日	月尚在丑宮
十一日	上午一時12分月過子宮零度
十二日	月尚在子宮
十三日	上午一時41分月過亥宮零度
十四日	月尚在亥宮
十五日	上午三時三分月過戌宮零度
十六日	月尚在戌宮
十七日	上午六時39分月過酉宮零度
十八日	月尚在酉宮
十九日	上午一時二分月過申宮零度
二十日	月尚在申宮
廿一日	下午十時八分月過未宮零度
廿二日	月尚在未宮
	【司祿太陽臨幸巳方】
廿三日	月尚在未宮
廿四日	上午八時49分月過午宮零度
廿五日	月尚在午宮
廿六日	下午九時一分月過巳宮零度
廿七日	月尚在巳宮
廿八日	月尚在巳宮
廿九日	上午九時56分月過辰宮零度
三十日	月尚在辰宮
卅一日	下午九時44分月過卯宮零度

八月

一日	月尚在卯宮
二日	下午六時一分月過寅宮零度
三日	月尚在寅宮
四日	月尚在寅宮
五日	上午十時16分月過丑宮零度
	【天皇臨幸巽巳】
六日	月尚在丑宮
七日	上午十一時38分月過子宮零度
八日	月尚在子宮
九日	上午十一時17分月過亥宮零度
十日	月尚在亥宮
十一日	上午十一時21分月過戌宮零度
十二日	月尚在戌宮
十三日	下午一時16分月過酉宮零度
十四日	月尚在酉宮
十五日	下午六時33分月過申宮零度
十六日	月尚在申宮
十七日	月尚在申宮
十八日	上午三時28分月過未宮零度
十九日	月尚在未宮
二十日	下午二時51分月過午宮零度
廿一日	月尚在午宮
廿二日	月尚在午宮
廿三日	上午三時13分月過巳宮零度
	日環食午宮29度四分 見食地區 太平洋 南極區
廿四日	月尚在巳宮
廿五日	下午三時46分月過辰宮零度
廿六日	月尚在辰宮
廿七日	月尚在辰宮
廿八日	上午三時37分月過卯宮零度
廿九日	月尚在卯宮
三十日	下午一時27分月過寅宮零度
卅一日	月尚在寅宮

九月

一日	下午七時49分月過丑宮零度
二日	月尚在丑宮
三日	下午十時八分月過子宮零度
四日	月尚在子宮
五日	下午十時12分月過亥宮零度
六日	
	月全食亥宮13度廿分 初虧17時11分 食甚18時54分 復圓20時31分 【天廩太陽臨幸乙辰】
七日	下午九時45分月過戌宮零度
八日	月尚在戌宮
九日	下午十一時21分月過酉宮零度
十日	月尚在酉宮
十一日	月尚在酉宮
十二日	上午二時二分月過申宮零度
十三日	月尚在申宮
十四日	上午九時31分月過未宮零度
十五日	月尚在未宮
十六日	下午八時48分月過午宮零度
十七日	月尚在午宮
	【玉井太陽臨幸卯巳】
十八日	月尚在午宮
十九日	上午九時26分月過巳宮零度
二十日	月尚在巳宮
廿一日	下午九時59分月過辰宮零度
廿二日	月尚在辰宮
廿三日	月尚在辰宮
廿四日	上午九時24分月過卯宮零度
廿五日	月尚在卯宮
廿六日	下午七時15分月過寅宮零度
廿七日	月尚在寅宮
廿八日	月尚在寅宮
廿九日	上午二時46分月過丑宮零度
三十日	月尚在丑宮

一九七九年　每天月過各宮表

日食月食黃經度分・三垣列宿臨幸吉位

十月

一日　上午三時52分月過子宮零度
二日　月尚在子宮
三日　上午八時24分月過亥宮零度
四日　月尚在亥宮
五日　上午八時28分月過戌宮零度
六日　月尚在戌宮
七日　上午八時56分月過酉宮零度
八日　月尚在酉宮
九日　上午十一時26分月過申宮零度
十日　月尚在申宮
十一日　下午五時23分月過未宮零度
十二日　月尚在未宮
十三日　月尚在未宮
十四日　上午三時30分月過午宮零度
十五日　月尚在午宮
【文昌太陽臨幸寅方】
十六日　下午四時19分月過巳宮零度
十七日　月尚在巳宮
十八日　月尚在巳宮
【老人太陽臨幸卯甲】
十九日　上午四時36分月過辰宮零度
二十日　月尚在辰宮
廿一日　下午三時43分月過卯宮零度
廿二日　月尚在卯宮
廿三日　上午十二時56分月過寅宮零度
廿四日　月尚在寅宮
廿五日　上午八時月過丑宮零度
廿六日　月尚在丑宮
廿七日　月尚在丑宮
廿八日　下午一時18分月過子宮零度
廿九日　月尚在子宮
三十日　下午四時27分月過亥宮零度
卅一日　月尚在亥宮

十一月

一日　上午五時53分月過戌宮零度
二日　月尚在戌宮
三日　下午七時21分月過酉宮零度
四日　月尚在酉宮
五日　下午九時35分月過申宮零度
六日　月尚在申宮
七日　月尚在申宮
八日　上午二時48分月過未宮零度
九日　月尚在未宮
十日　上午十一時36分月過午宮零度
十一日　月尚在午宮
十二日　下午十一時39分月過巳宮零度
十三日　月尚在巳宮
十四日　月尚在巳宮
【朱門太陽臨幸艮方】
十五日　中午十二時20分月過辰宮零度
十六日　月尚在辰宮
十七日　下午十一時37分月過卯宮零度
十八日　月尚在卯宮
十九日　月尚在卯宮
二十日　上午七時53分月過寅宮零度
廿一日　月尚在寅宮
【左輔太陽臨幸丑艮】
廿二日　下午二時十分月過丑宮零度
廿三日　月尚在丑宮
【尊帝太陽臨幸寅艮】
廿四日　下午七時八分月過子宮零度
廿五日　月尚在子宮
廿六日　下午十時三分月過亥宮零度
廿七日　月尚在亥宮
廿八日　月尚在亥宮
廿九日　上午一時三分月過戌宮零度
【天牀臨幸癸丑】
三十日　月尚在戌宮

十二月

一日　上午三時35分月過酉宮零度
二日　月尚在酉宮
三日　下午七時六分月過申宮零度
四日　月尚在申宮
五日　中午十二時21分月過未宮零度
六日　月尚在未宮
七日　下午八時35分月過午宮零度
八日　月尚在午宮
九日　月尚在午宮
十日　下午七時30分月過巳宮零度
【天帝臨幸子癸】
十一日　月尚在巳宮
十二日　下午八時25分月過辰宮零度
十三日　月尚在辰宮
十四日　月尚在辰宮
十五日　上午八時18分月過卯宮零度
十六日　月尚在卯宮
十七日　下午四時51分月過寅宮零度
十八日　月尚在寅宮
【天尊太陽臨幸子癸】
十九日　下午十時15分月過丑宮零度
二十日　月尚在丑宮
廿一日　月尚在丑宮
廿二日　上午一時33分月過子宮零度
廿三日　月尚在子宮
廿四日　下午四時一分月過亥宮零度
廿五日　月尚在亥宮
廿六日　上午六時31分月過戌宮零度
廿七日　月尚在戌宮
廿八日　上午九時59分月過酉宮零度
廿九日　月尚在酉宮
三十日　下午二時30分月過申宮零度
卅一日　月尚在申宮

一九八〇年　每天月過各宮表

日食月食黃經度分・三垣列宿臨幸吉位

一月

日	
一日	下午八時56分月過未宮零度
二日	月尚在未宮
三日	月尚在未宮
四日	上午五時07分月過午宮零度
五日	月尚在午宮
六日	下午四時月過巳宮零度
七日	月尚在巳宮
	【天厨臨幸壬方】
八日	月尚在巳宮
九日	上午四時39分月過辰宮零度
十日	月尚在辰宮
十一日	下午四時52分月過卯宮零度
十二日	月尚在卯宮
十三日	月尚在卯宮
十四日	上午二時37分月過寅宮零度
十五日	月尚在寅宮
十六日	上午八時06分月過丑宮零度
十七日	月尚在丑宮
十八日	上午十時12分月過子宮零度
十九日	月尚在子宮
二十日	上午11時11分月過亥宮零度
	【司祿臨幸亥方】
廿一日	月尚在亥宮
廿二日	中午12時27分月過戌宮零度
廿三日	月尚在戌宮
廿四日	下午二時56分月過酉宮零度
廿五日	月尚在酉宮
廿六日	下午八時11分月過申宮零度
廿七日	月尚在申宮
廿八日	月尚在申宮
廿九日	下午三時21分月過未宮零度
三十日	月尚在未宮
卅一日	中午12時56分月過午宮零度

二月

日	
一日	月尚在午宮
二日	下午11時26分月過巳宮零度
三日	月尚在巳宮
四日	月尚在巳宮
五日	上午11時56分月過辰宮零度
六日	月尚在辰宮
七日	上午12時48分月過卯宮零度
八日	月尚在卯宮
	【天皇太陽臨幸乾亥】
九日	月尚在卯宮
十日	上午11時27分月過寅宮零度
十一日	月尚在寅宮
十二日	下午六時23分月過丑宮零度
十三日	月尚在丑宮
十四日	下午九時28分月過子宮零度
十五日	月尚在子宮
十六日	下午九時55分月過亥宮零度
	日全食子宮27度1分 見食地區：非洲、中國：雲南、貴州
十七日	月尚在亥宮
十八日	下午九時46分月過戌宮零度
十九日	月尚在戌宮
二十日	下午十時43分月過酉宮零度
廿一日	月尚在酉宮
廿二日	月尚在酉宮
廿三日	上午二時28分月過申宮零度
廿四日	月尚在申宮
廿五日	上午九時08分月過未宮零度
廿六日	月尚在未宮
廿七日	下午六時39分月過午宮零度
廿八日	月尚在午宮
廿九日	月尚在午宮

三月

日	
一日	上午六時13分月過巳宮零度
二日	月尚在巳宮
三日	下午六時36分月過辰宮零度
	【天稟臨幸辛戌】
四日	月尚在辰宮
五日	上午七時18分月過卯宮零度
六日	月尚在卯宮
七日	月尚在卯宮
八日	下午六時50分月過寅宮零度
九日	月尚在寅宮
十日	月尚在寅宮
十一日	下午三時18分月過丑宮零度
十二日	月尚在丑宮
十三日	下午七時35分月過子宮零度
十四日	月尚在子宮
	【玉井太陽臨幸酉辛】
十五日	上午八時58分月過亥宮零度
十六日	月尚在亥宮
十七日	上午八時19分月過戌宮零度
十八日	月尚在戌宮
十九日	上午八時04分月過酉宮零度
二十日	月尚在酉宮
廿一日	上午十時04分月過申宮零度
廿二日	月尚在申宮
	【老人太陽臨幸酉方】
廿三日	下午三時15分月過未宮零度
廿四日	月尚在未宮
廿五日	上午12時32分月過午宮零度
廿六日	月尚在午宮
廿七日	月尚在午宮
廿八日	中午12時28分月過巳宮零度
廿九日	月尚在巳宮
三十日	上午12時53分月過辰宮零度
卅一日	月尚在辰宮

一九八〇年　每天月過各宮表

日食月食黃經度分・三垣列宿臨幸吉位

四月

一日　月尚在辰宮
二日　下午一時24分月過卯宮零度
三日　月尚在卯宮
四日　月尚在卯宮
五日　下午一時月過寅宮零度
六日　月尚在寅宮
七日　上午十時27分月過丑宮零度
八日　月尚在丑宮
九日　下午四時22分月過子宮零度
十日　月尚在子宮
【文昌太陽臨幸申方】
十一日　下午七時12分月過亥宮零度
十二日　月尚在亥宮
十三日　上午七時23分月過戌宮零度
十四日　月尚在戌宮
十五日　下午七時04分月過酉宮零度
十六日　月尚在酉宮
十七日　下午七時50分月過申宮零度
十八日　月尚在申宮
十九日　下午11時18分月過未宮零度
二十日　月尚在未宮
廿一日　月尚在未宮
廿二日　上午七時19分月過午宮零度
廿三日　月尚在午宮
廿四日　下午六時47分月過巳宮零度
廿五日　月尚在巳宮
廿六日　月尚在巳宮
廿七日　上午七時30分月過辰宮零度
廿八日　月尚在辰宮
廿九日　下午七時48分月過卯宮零度
三十日　月尚在卯宮

五月

一日　月尚在卯宮
二日　下午六時29分月過寅宮零度
三日　月尚在寅宮
四日　下午三時30分月過丑宮零度
【尊帝臨幸坤申】
五日　月尚在丑宮
六日　下午十時30分月過子宮零度
七日　月尚在子宮
八日　月尚在子宮
九日　上午二時45分月過亥宮零度
十日　月尚在亥宮
十一日　下午四時39分月過戌宮零度
【朱門臨幸坤方】
十二日　月尚在戌宮
十三日　上午五時23分月過酉宮零度
十四日　月尚在酉宮
十五日　上午六時07分月過申宮零度
十六日　月尚在申宮
十七日　上午九分06分月過未宮零度
【左輔太陽臨幸未坤】
十八日　月尚在未宮
十九日　下午三時25分月過午宮零度
二十日　月尚在午宮
廿一日　月尚在午宮
廿二日　上午一時45分月過巳宮零度
廿三日　月尚在巳宮
廿四日　下午二時21分月過辰宮零度
廿五日　月尚在辰宮
廿六日　月尚在辰宮
廿七日　上午二時51分月過卯宮零度
廿八日　月尚在卯宮
廿九日　下午一時15分月過寅宮零度
三十日　月尚在寅宮
卅一日　下午九時39分月過丑宮零度

六月

一日　月尚在丑宮
二日　上午三時43分月過子宮零度
三日　月尚在子宮
四日　上午八時26分月過亥宮零度
五日　月尚在亥宮
六日　上午11時38分月過戌宮零度
七日　月尚在戌宮
【天帝太陽臨幸午丁】
八日　下午一時40分月過酉宮零度
九日　月尚在酉宮
十日　下午三時50分月過申宮零度
十一日　月尚在申宮
十二日　下午六時58分月過未宮零度
十三日　月尚在未宮
十四日　上午12時49分月過午宮零度
【天尊臨幸午丁】
十五日　月尚在午宮
十六日　月尚在午宮
十七日　上午九時46分月過巳宮零度
十八日　月尚在巳宮
十九日　月尚在巳宮
二十日　下午十時02分月過辰宮零度
廿一日　月尚在辰宮
廿二日　月尚在辰宮
廿三日　上午十時50分月過卯宮零度
廿四日　月尚在卯宮
廿五日　下午九時13分月過寅宮零度
廿六日　月尚在寅宮
廿七日　月尚在寅宮
廿八日　上午五時04分月過丑宮零度
廿九日　月尚在丑宮
三十日　上午十時22分月過子宮零度

一九八〇年　每天月過各宮表

日食月食黃經度分・三垣列宿臨幸吉位

七月

一日　月尚在子宮
二日　下午一時42分月過亥宮零度
三日　月尚在亥宮
四日　下午四時56分月過戌宮零度
五日　月尚在戌宮
六日　下午七時31分月過酉宮零度
七日　月尚在酉宮
八日　下午十時56分月過申宮零度
【天廚臨幸丙方】
九日　月尚在申宮
十日　月尚在申宮
十一日　上午三時20分月過未宮零度
十二日　月尚在未宮
【天皇太陽臨幸巽巳】
十三日　上午九時28分月過午宮零度
十四日　月尚在午宮
十五日　下午六時28分月過巳宮零度
十六日　月尚在巳宮
十七日　月尚在巳宮
十八日　下午五時41分月過辰宮零度
十九日　月尚在辰宮
二十日　下午六時36分月過卯宮零度
廿一日　月尚在卯宮
【司祿太陽臨幸巳方】
廿二日　月尚在卯宮
廿三日　上午六時04分月過寅宮零度
廿四日　月尚在寅宮
廿五日　下午二時12分月過丑宮零度
廿六日　月尚在丑宮
廿七日　下午六時38分月過子宮零度
廿八日　月尚在子宮
廿九日　下午九時29分月過亥宮零度
三十日　月尚在亥宮
卅一日　下午十時49分月過戌宮零度

八月

一日　月尚在戌宮
二日　上午12時53分月過酉宮零度
三日　月尚在酉宮
四日　月尚在酉宮
五日　上午四時21分月過申宮零度
【天皇臨幸巽巳】
六日　月尚在申宮
七日　上午九時32分月過未宮零度
八日　月尚在未宮
九日　下午四時51分月過午宮零度
十日　月尚在午宮
十一日

日環食午宮18度20分
見食地區　南美中部

十二日　上午二時07分月過巳宮零度
十三日　月尚在巳宮
十四日　下午一時12分月過辰宮零度
十五日　月尚在辰宮
十六日　月尚在辰宮
【玉井臨幸卯乙】
十七日　下午二時04分月過卯宮零度
十八日　月尚在卯宮
十九日　下午二時26分月過寅宮零度
二十日　月尚在寅宮
廿一日　上午12時40分月過丑宮零度
廿二日　月尚在丑宮
廿三日　月尚在丑宮
廿四日　下午四時38分月過子宮零度
廿五日　月尚在子宮
廿六日　下午六時50分月過亥宮零度
廿七日　月尚在亥宮
廿八日　下午七時18分月過戌宮零度
廿九日　月尚在戌宮
三十日　上午七時56分月過酉宮零度
卅一日　月尚在酉宮

九月

一日　上午九時58分月過申宮零度
二日　月尚在申宮
三日　下午三時07分月過未宮零度
四日　月尚在未宮
五日　下午十時41分月過午宮零度
【天廩臨幸乙辰】
六日　月尚在午宮
七日　月尚在午宮
八日　上午八時41分月過巳宮零度
九日　月尚在巳宮
十日　下午八時月過辰宮零度
十一日　月尚在辰宮
十二日　月尚在辰宮
十三日　上午八時49分月過卯宮零度
十四日　月尚在卯宮
十五日　下午九時24分月過寅宮零度
十六日　月尚在寅宮
十七日　月尚在寅宮
十八日　上午七時49分月過丑宮零度
十九日　月尚在丑宮
二十日　下午二時41分月過子宮零度
廿一日　月尚在子宮
廿二日　下午五時34分月過亥宮零度
廿三日　月尚在亥宮
廿四日　下午五時54分月過戌宮零度
廿五日　月尚在戌宮
【子星臨幸卯方】
廿六日　下午五時04分月過酉宮零度
廿七日　月尚在酉宮
廿八日　下午五時53分月過申宮零度
廿九日　月尚在申宮
三十日　下午九時26分月過未宮零度

一九八〇年 每天月過各宮表

日食月食黃經度分・三垣列宿臨幸吉位

十月

一日	月尚在未宮
二日	月尚在未宮
三日	上午四時07分月過午宮零度
四日	月尚在午宮
五日	下午二時27分月過巳宮零度
六日	月尚在巳宮
七日	月尚在巳宮
八日	下午二時31分月過辰宮零度
九日	月尚在辰宮
十日	下午二時51分月過卯宮零度
十一日	月尚在卯宮
十二日	月尚在卯宮
十三日	下午三時27分月過寅宮零度
十四日	月尚在寅宮
	【文昌臨幸寅方】
十五日	下午二時43分月過丑宮零度
十六日	月尚在丑宮
十七日	下午十時52分月過子宮零度
十八日	月尚在子宮
十九日	月尚在子宮
二十日	下午三時22分月過亥宮零度
廿一日	月尚在亥宮
廿二日	下午四時33分月過戌宮零度
廿三日	月尚在戌宮
廿四日	下午四時06分月過酉宮零度
廿五日	月尚在酉宮
廿六日	下午三時59分月過申宮零度
廿七日	月尚在申宮
廿八日	下午五時46分月過未宮零度
廿九日	月尚在未宮
三十日	上午11時09分月過午宮零度
卅一日	月尚在午宮

十一月

一日	下午八時36分月過巳宮零度
二日	月尚在巳宮
三日	月尚在巳宮
四日	上午八時43分月過辰宮零度
五日	月尚在辰宮
六日	下午九時14分月過卯宮零度
	【尊帝臨幸艮寅】
七日	月尚在卯宮
八日	月尚在卯宮
九日	上午九時35分月過寅宮零度
十日	月尚在寅宮
十一日	下午八時35分月過丑宮零度
十二日	月尚在丑宮
	【朱門太陽臨幸艮方】
十三日	月尚在丑宮
十四日	上午五時04分月過子宮零度
十五日	月尚在子宮
十六日	上午11時22分月過亥宮零度
十七日	月尚在亥宮
十八日	下午二時01分月過戌宮零度
十九日	月尚在戌宮
二十日	下午二時59分月過酉宮零度
	【左輔臨幸丑艮】
廿一日	月尚在酉宮
廿二日	下午二時44分月過申宮零度
廿三日	月尚在申宮
廿四日	下午四時02分月過未宮零度
廿五日	月尚在未宮
廿六日	下午七時49分月過午宮零度
廿七日	月尚在午宮
廿八日	月尚在未宮
廿九日	上午三時53分月過巳宮零度
三十日	月尚在巳宮

十二月

一日	下午三時23分月過辰宮零度
二日	月尚在辰宮
三日	月尚在辰宮
四日	上午四時28分月過卯宮零度
五日	月尚在卯宮
六日	下午四時03分月過寅宮零度
七日	月尚在寅宮
八日	月尚在寅宮
九日	上午二時38分月過丑宮零度
	【天帝臨幸子癸】
十日	月尚在丑宮
十一日	上午十時53分月過子宮零度
十二日	月尚在子宮
十三日	下午四時58分月過亥宮零度
十四日	月尚在亥宮
十五日	下午九時一分月過戌宮零度
十六日	月尚在戌宮
十七日	下午11時36分月過酉宮零度
	【天尊臨幸子癸】
十八日	月尚在酉宮
十九日	上午12時38分月過申宮零度
二十日	月尚在申宮
廿一日	月尚在申宮
廿二日	上午二時40分月過未宮零度
廿三日	月尚在未宮
廿四日	上午六時07分月過午宮零度
廿五日	月尚在午宮
廿六日	中午12時35分月過巳宮零度
廿七日	月尚在巳宮
廿八日	下午11時25分月過辰宮零度
廿九日	月尚在辰宮
三十日	月尚在辰宮
卅一日	上午11時48分月過卯宮零度

一九八一年　每天月過各宮表

日食月食黃經度分・三垣列宿臨幸吉位

一月

一日　月尚在卯宮
二日　上午十二時九分月過寅宮零度
三日　月尚在寅宮
四日　月尚在寅宮
五日　上午十時11分月過丑宮零度
六日　月尚在丑宮
【天廚太陽臨幸壬方】
七日　下午五時38分月過子宮零度
八日　月尚在子宮
九日　下午十時47分月過亥宮零度
十日　月尚在亥宮
十一日　月尚在亥宮
十二日　上午二時48分月過戌宮零度
十三日　月尚在戌宮
十四日　下午五時37分月過酉宮零度
十五日　月尚在酉宮
十六日　上午八時26分月過申宮零度
十七日　月尚在申宮
十八日　上午十一時23分月過未宮零度
十九日　月尚在未宮
【司祿太陽臨幸亥方】
二十日　下午三時36分月過午宮零度
廿一日　月尚在午宮
廿二日　下午十時三分月過巳宮零度
廿三日　月尚在巳宮
廿四日　月尚在巳宮
廿五日　下午七時47分月過辰宮零度
廿六日　月尚在辰宮
廿七日　下午七時48分月過卯宮零度
廿八日　月尚在卯宮
廿九日　月尚在卯宮
三十日　上午八時30分月過寅宮零度
卅一日　月尚在寅宮

二月

一日　下午七時三分月過丑宮零度
二日　月尚在丑宮
三日　月尚在丑宮
四日　上午二時二分月過子宮零度
【天皇太陽臨幸乾亥】
五日
日環食子宮16度13分
見食地區　澳洲之南　南美
六日　上午六時12分月過亥宮零度
七日　月尚在亥宮
八日　上午九時六分月過戌宮零度
九日　月尚在戌宮
十日　上午11時27分月過酉宮零度
十一日　月尚在酉宮
十二日　下午一時36分月過申宮零度
十三日　月尚在申宮
十四日　下午五時55分月過未宮零度
十五日　月尚在未宮
十六日　下午11時26分月過午宮零度
十七日　月尚在午宮
十八日　月尚在午宮
十九日　下午六時38分月過巳宮零度
二十日　月尚在巳宮
廿一日　下午四時六分月過辰宮零度
廿二日　月尚在辰宮
廿三日　月尚在辰宮
廿四日　上午三時44分月過卯宮零度
廿五日　月尚在卯宮
廿六日　下午四時56分月過寅宮零度
廿七日　月尚在寅宮
廿八日　月尚在寅宮

三月

一日　上午四時12分月過丑宮零度
二日　月尚在丑宮
三日　上午11時50分月過子宮零度
四日　月尚在子宮
五日　下午三時50分月過亥宮零度
六日　月尚在亥宮
七日　下午五時34分月過戌宮零度
八日　月尚在戌宮
九日　下午六時32分月過酉宮零度
十日　月尚在酉宮
十一日　下午八時月過申宮零度
十二日　月尚在申宮
十三日　下午11時24分月過未宮零度
十四日　月尚在未宮
十五日　月尚在未宮
十六日　下午五時31分月過午宮零度
十七日　月尚在午宮
十八日　下午一時22分月過巳宮零度
十九日　月尚在巳宮
二十日　下午11時41分月過辰宮零度
廿一日　月尚在辰宮
廿二日　月尚在辰宮
廿三日　上午11時13分月過卯宮零度
廿四日　月尚在卯宮
廿五日　下午十一時52分月過寅宮零度
廿六日　月尚在寅宮
廿七日　月尚在寅宮
廿八日　中午12時三分月過丑宮零度
廿九日　月尚在丑宮
三十日　下午九時17分月過子宮零度
卅一日　月尚在子宮

一九八一年 每天月過各宮表

日食月食黃經度分・三垣列宿臨幸吉位

四月

一日 月尚在子宮
二日 上午二時16分月過亥宮零度
三日 月尚在亥宮
四日 上午四時九分月過戌宮零度
五日 月尚在戌宮
六日 上午三時50分月過酉宮零度
七日 月尚在酉宮
八日 上午四時九分月過申宮零度
九日 月尚在申宮
十日 上午六時八分月過未宮零度
十一日 月尚在未宮
十二日 上午11時五分月過午宮零度
十三日 月尚在午宮
十四日 下午七時三分月過巳宮零度
【老人臨幸庚酉】
十五日 月尚在巳宮
十六日 月尚在巳宮
十七日 上午六時七分月過辰宮零度
【文昌臨幸申方】
十八日 月尚在辰宮
十九日 下午五時49分月過卯宮零度
二十日 月尚在卯宮
廿一日 月尚在卯宮
廿二日 上午六時30分月過寅宮零度
廿三日 月尚在寅宮
廿四日 下午七時月過丑宮零度
廿五日 月尚在丑宮
廿六日 月尚在丑宮
廿七日 上午五時九分月過子宮零度
廿八日 月尚在子宮
廿九日 上午十一時56分月過亥宮零度
三十日 月尚在亥宮

五月

一日 下午二時26分月過戌宮零度
二日 月尚在戌宮
三日 下午二時44分月過酉宮零度
四日 月尚在酉宮
【尊帝太陽臨幸坤申】
五日 下午二時二分月過申宮零度
六日 月尚在申宮
七日 下午二時33分月過未宮零度
八日 月尚在未宮
九日 下午五時45分月過午宮零度
十日 月尚在午宮
十一日 月尚在午宮
【朱門太陽臨幸坤方】
十二日 上午一時月過巳宮零度
十三日 月尚在巳宮
十四日 上午十一時36分月過辰宮零度
十五日 月尚在辰宮
十六日 上午十二時二分月過卯宮零度
十七日 月尚在卯宮
十八日 月尚在卯宮
【左輔太陽臨幸坤未】
十九日 中午十二時24分月過寅宮零度
二十日 月尚在寅宮
廿一日 上午十二時25分月過丑宮零度
廿二日 月尚在丑宮
廿三日 月尚在丑宮
廿四日 上午十一時14分月過子宮零度
廿五日 月尚在子宮
廿六日 下午七時16分月過亥宮零度
廿七日 月尚在亥宮
【天牀太陽臨幸丁未】
廿八日 下午十一時52分月過戌宮零度
廿九日 月尚在戌宮
三十日 月尚在戌宮
卅一日 上午一時25分月過酉宮零度

六月

一日 上午12時57分月過申宮零度
二日 月尚在申宮
三日 月尚在申宮
四日 下午一時11分月過未宮零度
五日 月尚在未宮
六日 下午二時54分月過午宮零度
七日 月尚在午宮
八日 上午八時40分月過巳宮零度
九日 月尚在巳宮
【天帝太陽臨幸丁午】
十日 下午五時39分月過辰宮零度
十一日 月尚在辰宮
十二日 月尚在辰宮
十三日 下午六時23分月過卯宮零度
十四日 月尚在卯宮
十五日 下午七時12分月過寅宮零度
十六日 月尚在寅宮
【天尊臨幸丁午】
十七日 月尚在寅宮
十八日 上午六時43分月過丑宮零度
十九日 月尚在丑宮
二十日 下午四時44分月過子宮零度
廿一日 月尚在子宮
廿二日 上午十二時47分月過亥宮零度
廿三日 月尚在亥宮
廿四日 月尚在亥宮
廿五日 上午六時30分月過戌宮零度
廿六日 月尚在戌宮
廿七日 上午九時40分月過酉宮零度
廿八日 月尚在酉宮
廿九日 上午十時55分月過申宮零度
三十日 月尚在申宮

一九八一年　每天月過各宮表

日食月食黃經度分・三垣列宿臨幸吉位

七月

日	
一日	上午十一時26分月過未宮零度
二日	月尚在未宮
三日	下午一時12分月過午宮零度
四日	月尚在午宮
五日	下午五時21分月過巳宮零度
六日	月尚在巳宮
七日	月尚在巳宮
八日	上午一時31分月過辰宮零度
	【天廚臨幸丙方】
九日	月尚在辰宮
十日	下午一時一分月過卯宮零度
十一日	月尚在卯宮
十二日	月尚在卯宮
十三日	上午二時四分月過寅宮零度
十四日	月尚在寅宮
十五日	下午一時43分月過丑宮零度
十六日	月尚在丑宮
十七日	下午11時十分月過子宮零度
	月偏食丑宮24度32分　初虧11時28分、食甚12時48分、復圓14時8分
十八日	月尚在子宮
十九日	月尚在子宮
二十日	上午六時14分月過亥宮零度
廿一日	月尚在亥宮
	【司祿太陽臨幸巳方】
廿二日	上午十一時43分月過戌宮零度
廿三日	月尚在戌宮
廿四日	下午三時41分月過酉宮零度
廿五日	月尚在酉宮
廿六日	下午六時19分月過申宮零度
廿七日	月尚在申宮
廿八日	下午八時30分月過未宮零度
廿九日	月尚在未宮
三十日	下午十時54分月過午宮零度
卅一日	日全食午宮七度55分　見食地區　中國黑龍江，西伯利亞

八月

日	
一日	月尚在午宮
二日	上午二時55分月過巳宮零度
三日	月尚在巳宮
四日	上午九時59分月過辰宮零度
五日	月尚在辰宮
	【天皇太陽臨幸癸子】
六日	下午八時37分月過卯宮零度
七日	月尚在卯宮
八日	月尚在卯宮
九日	上午九時38分月過寅宮零度
十日	月尚在寅宮
十一日	下午九時34分月過丑宮零度
十二日	月尚在丑宮
十三日	月尚在丑宮
十四日	上午六時48分月過子宮零度
十五日	月尚在子宮
十六日	下午一時28分月過亥宮零度
十七日	月尚在亥宮
十八日	下午五時31分月過戌宮零度
十九日	月尚在戌宮
二十日	下午八時51分月過酉宮零度
廿一日	月尚在酉宮
廿二日	下午11時35分月過申宮零度
廿三日	月尚在申宮
廿四日	月尚在申宮
廿五日	上午二時39分月過未宮零度
廿六日	月尚在未宮
廿七日	上午六時21分月過午宮零度
廿八日	月尚在午宮
廿九日	上午11時46分月過午宮零度
三十日	月尚在巳宮
卅一日	下午六時53分月過辰宮零度

九月

日	
一日	月尚在辰宮
二日	月尚在宮辰
三日	下午四時57分月過卯宮度零
四日	月尚在卯宮
五日	下午五時22分月過寅宮零度
	【天廪臨幸乙辰】
六日	月尚在寅宮
七日	月尚在寅宮
八日	上午五時55分月過丑宮零度
九日	月尚在丑宮
十日	下午四時14分月過子宮零度
十一日	月尚在子宮
十二日	下午十時36分月過亥宮零度
十三日	月尚在亥宮
十四日	月尚在亥宮
十五日	上午一時47分月過戌宮零度
十六日	月尚在戌宮
十七日	上午三時54分月過酉宮零度
	【老人臨幸甲卯】
十八日	月尚在酉宮
十九日	下午五時21分月過申宮零度
二十日	上午八時月過未宮零度
廿一日	月尚在未宮
廿二日	月尚在未宮
廿三日	中午十二時21分月過午宮零度
廿四日	月尚在午宮
廿五日	下午六時23分月過巳宮零度
	【子星臨幸卯方】
廿六日	月尚在巳宮
廿七日	月尚在巳宮
廿八日	上午二時14分月過辰宮零度
廿九日	月尚在辰宮
三十日	中午十二時59分月過卯宮零度

一九八一年 每天月過各宮表

日食月食黃經度分・三垣列宿臨幸吉星位

十月

一日 月尚在卯宮
二日 上午12時56分月過寅宮零度
三日 月尚在寅宮
四日 月尚在寅宮
五日 下午一時37分月過丑宮零度
六日 月尚在丑宮
七日 月尚在丑宮
八日 上午一時四分月過子宮零度
九日 月尚在子宮
十日 上午八時20分月過亥宮零度
十一日 月尚在亥宮
十二日 中午12時四分月過戌宮零度
十三日 月尚在戌宮
十四日 下午一時七分月過酉宮零度
【文昌臨幸寅方】
十五日 月尚在酉宮
十六日 下午一時25分月過申宮零度
十七日 月尚在申宮
【老人臨幸卯申】
十八日 下午二時33分月過未宮零度
【老人臨幸卯甲】
十九日 月尚在未宮
二十日 下午五時43分月過午宮零度
廿一日 月尚在午宮
廿二日 下午11時47分月過巳宮零度
廿三日 月尚在巳宮
廿四日 月尚在巳宮
廿五日 上午八時57分月過辰宮零度
廿六日 月尚在辰宮
廿七日 下午七時37分月過卯宮零度
廿八日 月尚在卯宮
廿九日 下午七時54分月過寅宮零度
三十日 月尚在寅宮
卅一日 月尚在寅宮

十一月

一日 下午八時48分月過丑宮零度
二日 月尚在丑宮
三日 月尚在丑宮
四日 上午八時47分月過子宮零度
五日 月尚在子宮
六日 下午五時38分月過亥宮零度
【尊帝臨幸艮寅】
七日 月尚在亥宮
八日 下午十時31分月過戌宮零度
九日 目尚在戌宮
十日 中午12時八分月過酉宮零度
十一日 月尚在酉宮
十二日 下午11時48分月過申宮零度
十三日 月尚在申宮
【朱門太陽臨幸艮方】
十四日 下午11時34分月過未宮零度
十五日 月尚在未宮
十六日 月尚在未宮
十七日 下午一時一分月過午宮零度
十八日 月尚在午宮
十九日 上午六時一分月過巳宮零度
二十日 月尚在巳宮
【遷官太陽臨幸丑方】
廿一日 下午二時29分月過辰宮零度
廿二日 月尚在辰宮
廿三日 月尚在辰宮
廿四日 下午二時月過卯宮零度
廿五日 月尚在卯宮
廿六日 下午二時21分月過寅宮零度
廿七日 月尚在寅宮
廿八日 月尚在寅宮
【天牀臨幸癸丑】
廿九日 上午二時49分月過丑宮零度
三十日 月尚在丑宮

十二月

一日 下午三時一分月過子宮零度
二日 月尚在子宮
三日 月尚在子宮
四日 下午一時四分月過亥宮零度
五日 月尚在亥宮
六日 下午七時27分月過戌宮零度
七日 月尚在戌宮
八日 下午十時28分月過酉宮零度
九日 月尚在酉宮
【天帝太陽臨幸癸子】
十日 上午十時48分月過申宮零度
十一日 月尚在申宮
十二日 上午十時24分月過未宮零度
十三日 月尚在未宮
十四日 上午十時55分月過午宮零度
十五日 月尚在午宮
十六日 下午二時三分月過巳宮零度
十七日 月尚在巳宮
【天尊太陽臨幸癸子】
十八日 下午八時58分月過辰宮零度
十九日 月尚在辰宮
二十日 月尚在辰宮
廿一日 上午八時七分月過卯宮零度
廿二日 月尚在卯宮
廿三日 下午八時49分月過寅宮零度
廿四日 月尚在寅宮
廿五日 月尚在寅宮
廿六日 上午九時19分月過丑宮零度
廿七日 月尚在丑宮
廿八日 下午八時47分月過子宮零度
廿九日 月尚尚子宮
三十日 月尚尚子宮
卅一日 下午六時47分月過亥宮零度

一九八二年 每天月過各宮表

日食月食黃經度分・三垣列宿臨幸吉位

一月

一日	月尚在亥宮
二日	下午二時卅一分月過戌宮零度
三日	月尚在戌宮
四日	下午七時月過酉宮零度
五分	月尚在酉宮
六日	下午八時49分月過申宮零度
七日	月尚在申宮
八日	下午九時08分月過未宮零度
九日	月尚在未宮
十日	下午九時19分月過午宮零度
	月全食未宮19度30分 初虧二時三分、食甚三時56分、復圓五時43分
十一日	月尚在午宮
十二日	下午11時50分月過巳宮零度
十三日	月尚在巳宮
十四日	月尚在巳宮
十五日	上午五時22分月過辰宮零度
十六日	月尚在辰宮
十七日	下午三時15分月過卯宮零度
十八日	月尚在卯宮
十九日	月尚在卯宮
二十日	上午三時36分月過寅宮零度
	【司祿臨幸亥方】
廿一日	月尚在寅宮
廿二日	下午四時12分月過丑宮零度
廿三日	月尚在丑宮
廿四日	月尚在丑宮
廿五日	上午三時32分月過子宮零度
	日偏食子宮五度五分 見食地區 南極區
廿六日	月尚在子宮
廿七日	中午12時35分月過亥宮零度
廿八日	月尚在亥宮
廿九日	下午八時月過戌宮零度
三十日	月尚在戌宮
卅一日	月尚在戌宮

二月

一日	上午一時03分月過酉宮零度
二日	月尚在酉宮
三日	上午四時31分月過申宮零度
	【天皇臨幸丁午】
四日	月尚在申宮
五日	下午六時14分月過未宮零度
六日	月尚在未宮
七日	下午七時40分月過午宮零度
八日	月尚在未宮
九日	上午十時08分月過巳宮零度
十日	月尚在巳宮
十一日	下午二時55分月過辰宮零度
	【天皇臨幸乾亥】
十二日	月尚在辰宮
十三日	下午11時21分月過卯宮零度
十四日	月尚在卯宮
十五日	月尚在卯宮
十六日	上午11時20分月過寅宮零度
十七日	月尚在寅宮
十八日	下午11時51分月過丑宮零度
十九日	月尚在丑宮
二十日	月尚在丑宮
廿一日	上午11時18分月過子宮零度
廿二日	月尚在子宮
廿三日	下午七時49分月過亥宮零度
廿四日	月尚在亥宮
廿五日	月尚在亥宮
廿六日	上午二時十分月過戌宮零度
廿七日	月尚在戌宮
廿八日	上午六時46分月過酉宮零度

三月

一日	月尚在酉宮
二日	上午十時12分月過申宮零度
三日	月尚在申宮
四日	中午12時58分月過未宮零度
	【天廩臨幸辛戌】
五日	月尚在未宮
六日	下午三時29分月過午宮零度
七日	月尚在午宮
八日	下午七時20分月過巳宮零度
九日	月尚在巳宮
十日	上午12時25分月過辰宮零度
十一日	月尚在辰宮
十二日	月尚在辰宮
十三日	上午八時17分月過卯宮零度
十四日	月尚在卯宮
十五日	下午七時月過寅宮零度
	【玉井臨幸酉辛】
十六日	月尚在寅宮
十七日	月尚在寅宮
十八日	上午七時54分月過丑宮零度
十九日	月尚在丑宮
二十日	下午八時月過子宮零度
廿一日	月尚在子宮
廿二日	月尚在子宮
廿三日	下午四時51分月過亥宮零度
	【子星臨幸酉方】
廿四日	月尚在亥宮
廿五日	上午十時26分月過戌宮零度
廿六日	月尚在戌宮
廿七日	下午一時39分月過酉宮零度
廿八日	月尚在酉宮
廿九日	下午四時11分月過申宮零度
三十日	月尚在申宮
卅一日	下午六時19分月過未宮零度

一九八二年 每天月過各宮表

日食月食黃經度分・三垣列宿臨幸吉位

四月

日	
一日	月尚在未宮
二日	下午九時45分月過午宮零度
三日	月尚在午宮
四日	月尚在午宮
五日	上午二時25分月過巳宮零度
六日	月尚在巳宮
七日	上午八時48分月過辰宮零度
八日	月尚在辰宮
九日	下午四時46分月過卯宮零度
十日	月尚在卯宮
十一日	月尚在卯宮
	【文昌臨幸申方】
十二日	上午三時30分月過寅宮零度
十三日	月尚在寅宮
十四日	下午三時48分月過丑宮零度
	【老人臨幸庚酉】
十五日	月尚在丑宮
十六日	月尚在丑宮
十七日	上午四時32分月過子宮零度
十八日	月尚在子宮
十九日	下午二時08分月過亥宮零度
二十日	月尚在亥宮
廿一日	下午八時21分月過戌宮零度
廿二日	月尚在戌宮
廿三日	下午十時57分月過酉宮零度
廿四日	月尚在酉宮
廿五日	上午12時05分月過申宮零度
廿六日	月尚在申宮
廿七日	月尚在申宮
廿八日	上午一時07分月過未宮零度
廿九日	月尚在未宮
三十日	上午三時20分月過午宮零度

五月

日	
一日	月尚在午宮
二日	下午七時45分月過巳宮零度
三日	月尚在巳宮
四日	下午二時37分月過辰宮零度
	【尊帝臨幸坤申】
五日	月尚在辰宮
六日	下午11時33分月過巳宮零度
七日	月尚在巳宮
八日	月尚在巳宮
九日	上午十時36分月過寅宮零度
十日	月尚在寅宮
十一日	下午11時02分月過丑宮零度
十二日	月尚在丑宮
	【朱門臨幸坤初】
十三日	月尚在丑宮
九四日	上午11時44分月過子宮零度
十五日	月尚在子宮
十六日	下午十時51分月過亥宮零度
十七日	月尚在亥宮
十八日	月尚在亥宮
十九日	上午五時59分月過戌宮零度
	【左輔臨幸未坤】
二十日	月尚在戌宮
	【遷官臨幸未方】
廿一日	上午九時14分月過酉宮零度
廿二日	月尚在酉宮
廿三日	上午十時04分月過申宮零度
廿四日	月尚在申宮
廿五日	上午九時45分月過未宮零度
廿六日	月尚在未宮
廿七日	上午十時24分月過午宮零度
	【天牀臨幸丁未】
廿八日	月尚在午宮
廿九日	下午一時45分月過巳宮零度
三十日	月尚在巳度
卅一日	下午八時月過辰宮零度

六月

日	
一日	月尚在辰宮
二日	月尚在辰宮
三日	上午五時31分月過卯宮零度
四日	月尚在卯宮
五日	下午五時02分月過寅宮零度
六日	月尚在寅宮
七日	月尚在寅宮
八日	上午五時29分月過丑宮零度
九日	月尚在丑宮
	【天帝臨幸丁午】
十日	下午六時月過子宮零度
十一日	月尚在子宮
十二日	月尚在子宮
十三日	上午五時41分月過亥宮零度
十四日	月尚在亥宮
十五日	下午二時45分月過戌宮零度
十六日	月尚在戌宮
	【天尊臨幸午丁】
十七日	下午七時20分月過酉宮零度
十八日	月尚在酉宮
十九日	下午八時48分月過申宮零度
二十日	月尚在申宮
廿一日	下午八時29分月過未宮零度
	日偏食申宮29度45分 見食地區 南極區
廿二日	月尚在未宮
廿三日	下午八時月過午宮零度
廿四日	月尚在午宮
廿五日	下午九時34分月過巳宮零度
廿六日	月尚在巳宮
廿七日	上午二時19分月過辰宮零度
廿八日	月尚在辰宮
廿九日	月尚在辰宮
三十日	上午11時18分月過卯宮零度

一九八二年　每天月過各宮表

日食月食黃經度分・三垣列宿臨幸吉位

七月

日	
一日	月尚在卯宮
二日	下午十時48分月過寅宮零度
三日	月尚在寅宮
四日	月尚在寅宮
五日	上午11時32分月過丑宮零度
六日	月全食丑宮13度56分　初虧13時38分　食甚15時30分　復圓17時22分
七日	上午12時月過子宮零度
八日	月尚在子宮
	【天廚太陽臨幸丙方】
九日	月尚在子宮
十日	上午11時14分月過亥宮零度
十一日	月尚在亥宮
	【司祿太陽臨幸巳方】
十二日	下午九時07分月過戌宮零度
十三日	月尚在戌宮
十四日	月尚在戌宮
十五日	上午三時14分月過酉宮零度
十六日	月尚在酉宮
十七日	上午六時29分月過申宮零度
	【天皇臨幸巽巳】
十八日	月尚在申宮
十九日	上午七時02分月過未宮零度
二十日	月尚在未宮
廿一日	上午六時47分月過午宮零度
	日偏食未宮27度47分　見食地區　北極區
廿二日	月尚在午宮
廿三日	上午七時20分月過巳宮零度
廿四日	月尚在巳宮
廿五日	上午十時53分月過辰宮零度
廿六日	月尚在辰宮
廿七日	下午五時27分月過卯宮零度
廿八日	月尚在卯宮
廿九日	月尚在卯宮
三十日	上午五時13分月過寅宮零度
卅一日	月尚在寅宮

八月

日	
一日	上午五時49分月過丑宮零度
二日	月尚在丑宮
三日	月尚在丑宮
四日	上午六時15分月過子宮零度
五日	月尚在子宮
	【天皇臨幸巽巳】
六日	下午四時53分月過亥宮零度
七日	月尚在亥宮
八日	月尚在亥宮
九日	上午二時12分月過戌宮零度
十日	月尚在戌宮
十一日	上午九時06分月過酉宮零度
十二日	月尚在酉宮
十三日	下午一時39分月過申宮零度
十四日	月尚在申宮
十五日	下午四時02分月過未宮零度
十六日	月尚在未宮
十七日	下午四時58分月過午宮零度
十八日	月尚在午宮
十九日	下午五時34分月過巳宮零度
二十日	月尚在巳宮
廿一日	下午八時21分月過辰宮零度
廿二日	月尚在辰宮
廿三日	月尚在辰宮
廿四日	上午二時25分月過卯宮零度
廿五日	月尚在卯宮
廿六日	中午12時19分月過寅宮零度
廿七日	月尚在寅宮
廿八日	月尚在寅宮
廿九日	上午一時月過丑宮零度
三十日	月尚在丑宮
卅一日	下午一時33分月過子宮零度

九月

日	
一日	月尚在子宮
二日	下午11時51分月過亥宮零度
三日	月尚在亥宮
四日	月尚在亥宮
五日	上午八時17分月過戌宮零度
	【天廩臨幸乙辰】
六日	月尚在戌宮
七日	下午二時38分月過酉宮零度
八日	月尚在酉宮
九日	下午七時十分月過申宮零度
十日	月尚在申宮
十一日	下午十時31分月過未宮零度
十二日	月尚在未宮
十三日	上午12時42分月過午宮零度
十四日	月尚在午宮
十五日	月尚在午宮
十六日	上午三時06分月過巳宮零度
十七日	月尚在巳宮
	【玉井臨幸卯乙】
十八日	上午六時16分月過辰宮零度
十九日	月尚在辰宮
二十日	中午12時18分月過卯宮零度
廿一日	月尚在卯宮
廿二日	下午八時24分月過寅宮零度
廿三日	月尚在寅宮
廿四日	月尚在寅宮
廿五日	上午八時36分月過丑宮零度
	【子星臨幸卯方】
廿六日	月尚在丑宮
廿七日	下午九時24分月過子宮零度
廿八日	月尚在子宮
廿九日	月尚在子宮
三十日	上午八時11分月過亥宮零度

一九八二年　每天月過各宮表

日食月食黃經度分・三垣列宿臨幸吉位

十月

一日	月尚在亥宮
二日	下午四時08分月過戌宮零度
三日	月尚在戌宮
四日	下午九時35分月過酉宮零度
五日	月尚在酉宮
六日	月尚在酉宮
七日	上午一時28分月過申宮零度
八日	月尚在申宮
	【天廚會吉臨幸壬方】
九日	上午四時27分月過未宮零度
十日	月尚在未宮
十一日	上午七時08分月過午宮零度
十二日	月尚在午宮
十三日	上午十時24分月過巳宮零度
十四日	月尚在巳宮
十五日	下午二時50分月過辰宮零度
	【文昌臨幸寅方】
十六日	月尚在辰宮
十七日	下午八時33分月過卯宮零度
十八日	月尚在卯宮
	【老人臨幸甲卯】
十九日	月尚在卯宮
二十日	上午四時59分月過寅宮零度
廿一日	月尚在寅宮
廿二日	下午四時月過丑宮零度
廿三日	月尚在丑宮
廿四日	月尚在丑宮
廿五日	上午四時52分月過子宮零度
廿六日	月尚在子宮
廿七日	下午四時29分月過亥宮零度
廿八日	月尚在亥宮
廿九日	月尚在亥宮
三十日	上午一時39分月過戌宮零度
卅一日	月尚在戌宮

十一月

一日	上午六時17分月過酉宮零度
二日	月尚在酉宮
三日	上午九時月過申宮零度
四日	月尚在申宮
五日	上午十時28分月過未宮零度
六日	月尚在未宮
七日	中午12時17分月過午宮零度
	【尊帝臨幸艮寅】
八日	月尚在午宮
九日	下午三時42分月過巳宮零度
十日	月尚在巳宮
十一日	下午九時05分月過辰宮零度
十二日	月尚在辰宮
十三日	月尚在辰宮
十四日	上午三時56分月過卯宮零度
	【朱門臨幸艮初】
十五日	月尚在卯宮
十六日	下午一時十分月過寅宮零度
十七日	月尚在寅宮
十八日	上午12時18分月過丑宮零度
十九日	月尚在丑宮
二十日	月尚在丑宮
廿一日	下午一時42分月過子宮零度
	【遷官臨幸丑方】
廿二日	月尚在子宮
	【左輔臨幸丑艮】
廿三日	月尚在子宮
廿四日	上午一時12分月過亥宮零度
廿五日	月尚在亥宮
廿六日	上午11時06分月過戌宮零度
廿七日	月尚在戌宮
廿八日	下午四時50分月過酉宮零度
廿九日	月尚在酉宮
	【天牀臨幸癸丑】
三十日	下午七時01分月過申宮零度

十二月

一日	月尚在申宮
二日	下午七時23分月過未宮零度
三日	月尚在未宮
四日	下午七時50分月過午宮零宮
五日	月尚在午宮
六日	下午九時44分月過巳宮零度
七日	月尚在巳宮
八日	月尚在巳宮
九日	上午二時31分月過辰宮零度
	【天帝臨幸癸丁】
十日	月尚在辰宮
十一日	上午十時06分月過卯宮零度
十二日	月尚在卯宮
十三日	下午七時47分月過寅宮零度
十四日	月尚在寅宮
十五日	**日偏食寅宮23度16分**　見食地區　北極區
十六日	下午七時30分月過丑宮零度
十七日	月尚在丑宮
	【天尊臨幸子癸】
十八日	下午七時48分月過子宮零度
十九日	月尚在子宮
二十日	月尚在子宮
廿一日	上午八時30分月過亥宮零度
廿二日	月尚在亥宮
廿三日	下午七時27分月過戌宮零度
廿四日	月尚在戌宮
廿五日	月尚在戌宮
廿六日	上午二時29分月過酉宮零度
廿七日	月尚在酉宮
廿八日	上午五時51分月過申宮零度
廿九日	月尚在申宮
三十日	下午二時09分月過未宮零度
	月全食未宮8度29分　初虧17時41分　食甚19時26分　復圓21時11分
卅一日	月尚在未宮

一九八三年 每天月過各宮表

日食月食黃經度分・三垣列宿臨幸吉位

一月

一日 上午五時41分月過午宮零度
二日 月尚在午宮
三日 上午六時13分月過巳宮零度
四日 月尚在巳宮
【天廚臨幸辛戌】
五日 上午九時14分月過辰宮零度
六日 月尚在辰宮
七日 下午三時47分月過卯宮零度
八日 月尚在卯宮
【天廚臨幸壬方】
九日 上午十二32分月過寅宮零度
十日 月尚在寅宮
十一日 月尚在寅宮
十二日 中午十二時八分月過丑宮零度
十三日 月尚在丑宮
十四日 上午十二時29分月過子宮零度
十五日 月尚在子宮
十六日 月尚在子宮
十七日 下午二時39分月過亥宮零度
十八日 月尚在亥宮
十九日 月尚在亥宮
二十日 上午二時月過戌宮零度
廿一日 月尚在戌宮
廿二日 上午十時32分月過酉宮零度
廿三日 月尚在酉宮
廿四日 下午三時32分月過申宮零度
廿五日 月尚在申宮
廿六日 下午五時七分月過未宮零度
廿七日 月尚在未宮
廿八日 下午四時53分月過午宮零度
廿九日 月尚在午宮
三十日 下午四時32分月過巳宮零度

二月

一日 下午六時10分月過辰宮零度
二日 月尚在辰宮
三日 下午十一時九分月過卯宮零度
【天皇臨幸乾亥】
四日 月尚在卯宮
五日 月尚在卯宮
六日 上午八時一分月過寅宮零度
七日 月尚在寅宮
八日 下午八時月過丑宮零度
九日 月尚在丑宮
十日 月尚在丑宮
十一日 上午八時35分月過子宮零度
十二日 月尚在子宮
十三日 下午八時59分月過亥宮零度
十四日 月尚在亥宮
十五日 月尚在亥宮
十六日 上午七時43分月過戌宮零度
十七日 月尚在戌宮
十八日 下午四時51分月過酉宮零度
十九日 月尚在酉宮
二十日 下午十時59分月過申宮零度
廿一日 月尚在申宮
廿二日 月尚在申宮
廿三日 上午二時六分月過未宮零度
廿四日 月尚在未宮
廿五日 上午三時十七分月過午宮零度
廿六日 月尚在午宮
廿七日 上午三時20分月過巳宮零度
廿八日 月尚在巳宮

三月

一日 上午四時30分月過辰宮零度
二日 月尚在辰宮
三日 上午八時十分月過卯宮零度
四日 月尚在卯宮
五日 下午三時37分月過寅宮零度
六日 月尚在寅宮
七日 月尚在寅宮
八日 上午三時四分月過丑宮零度
九日 月尚在丑宮
十日 下午三時46分月過子宮零度
十一日 月尚在子宮
十二日 月尚在子宮
十三日 上午三時50分月過亥宮零度
十四日 月尚在亥宮
十五日 下午二時12分月過戌宮零度
【玉井臨幸酉辛】
十六日 月尚在戌宮
十七日 下午十時22分月過酉宮零度
十八日 月尚在酉宮
十九日 月尚在酉宮
二十日 上午四時31分月過申宮零度
廿一日 月尚在申宮
廿二日 上午九時月過未宮零度
廿三日 月尚在未宮
【子星臨幸酉方】
廿四日 上午十一時27分月過午宮零度
廿五日 月尚在午宮
廿六日 中午十二時50分月過巳宮零度
廿七日 月尚在巳宮
廿八日 下午二時46分月過辰宮零度
廿九日 月尚在辰宮
三十日 下午五時59分月過卯宮零度

一九八三年　每天月過各宮表

日食月食黃經度分・三垣列宿臨幸吉位

四月

一日 上午12時33分月過寅宮零度
二日 月尚在寅宮
三日 月尚在寅宮
四日 上午十時41分月過丑宮零度
五日 月尚在丑宮
六日 下午11時28分月過子宮零度
七日 月尚在子宮
八日 月尚在子宮
九日 上午11時44分月過亥宮零度
十日 月尚在亥宮
十一日 下午十時二分月過戌宮零度
【文昌臨幸申方】
十二日 月尚在戌宮
十三日 月尚在戌宮
十四日 下午五時13分月過酉宮零度
十五日 月尚在酉宮
十六日 上午十時27分月過申宮零度
十七日 月尚在申宮
十八日 上午二時30分月過未宮零度
十九日 月尚在未宮
二十日 上午五時26分月過午宮零度
廿一日 月尚在午宮
廿二日 下午八時十分月過巳宮零度
廿三日 月尚在巳宮
廿四日 下午11時19分月過辰宮零度
廿五日 月尚在辰宮
廿六日 月尚在辰宮
廿七日 上午三時25分月過卯宮零度
廿八日 月尚在卯宮
廿九日 上午九時53分月過寅宮零度
三十日 月尚在寅宮

五月

一日 下午七時二分月過丑宮零度
二日 月尚在丑宮
三日 月尚在丑宮
四日 下午七時五分月過子宮零度
【脊帝臨幸坤申】
五日 月尚在子宮
六日 下午八時月過亥宮零度
七日 月尚在亥宮
八日 月尚在亥宮
九日 下午六時24分月過戌宮零度
十日 月尚在戌宮
十一日 下午一時40分月過酉宮零度
十二日 月尚在酉宮
【朱門臨幸坤初】
十三日 下午六時八分月過申宮零度
【老人臨幸酉庚】
十四日 月尚在申宮
十五日 下午八時41分月過未宮零度
十六日 月尚在未宮
十七日 下午十時50分月過午宮零度
十八日 月尚在午宮
十九日 月尚在午宮
【遷宮左輔臨幸未坤】
二十日 上午一時32分月過巳宮零度
廿一日 月尚在巳宮
廿二日 下午五時19分月過辰宮零度
廿三日 月尚在辰宮
廿四日 上午十時38分月過卯宮零度
廿五日 月尚在卯宮
廿六日 下午五時39分月過寅宮零度
廿七日 月尚在寅宮
【天牀臨幸丁未】
廿八日 月尚在寅宮
廿九日 上午三時27分月過丑宮零度
三十日 月尚在丑宮
卅一日 下午三時二分月過子宮零度

六月

一日 月尚在子宮
二日 月尚在子宮
三日 上午三時33分月過亥宮零度
四日 月尚在亥宮
五日 下午三時16分月過戌宮零度
六日 月尚在戌宮
七日 下午十一時25分月過酉宮零度
八日 月尚在酉宮
九日 月尚在酉宮
【天帝臨幸丁午】
十日 上午三時33分月過申宮零度
十一日 **日全食申宮19度45分**
見食地區　印尼
十二日 下午五時23分月過未宮零度
十三日 月尚在未宮
十四日 下午六時七分月過午宮零度
十五日 月尚在午宮
十六日 上午七時32分月過巳宮零度
【天脊臨幸丁未】
十七日 月尚在巳宮
十八日 上午十時43分月過辰宮零度
十九日 月尚在辰宮
二十日 下午四時23分月過卯宮零度
廿一日 月尚在卯宮
廿二日 上午十二時23分月過寅宮零度
廿三日 月尚在寅宮
廿四日 月尚在寅宮
廿五日 上午十時25分月過丑宮零度
月偏食丑宮三度16分
初虧15時02分　食甚16時25分　復圓17時30分
廿六日 月尚在丑宮
廿七日 下午十時二分月過子宮零度
廿八日 月尚在子宮
廿九日 月尚在子宮
三十日 上午十時15分月過亥宮零度

一九八三年　每天月過各宮表

日食月食黃經度分・三垣列宿臨幸吉位

七月

一日	月尚在亥宮
二日	下午十時58分月過戌宮零度
三日	月尚在戌宮
四日	月尚在戌宮
五日	上午八時23分月過酉宮零度
六日	月尚在酉宮
七日	下午一時55分月過申宮零度
八日	月尚在申宮
九日	下午三時47分月過未宮零度
	【天厨臨幸丙方】
十日	月尚在未宮
十一日	下午四時月過子宮零度
十二日	月尚在午宮
十三日	下午三時34分月過巳宮零度
十四日	月尚在巳宮
十五日	下午五時18分月過辰宮零度
十六日	月尚在辰宮
十七日	下午九時39分月過卯宮零度
十八日	月尚在卯宮
十九日	月尚在卯宮
二十日	上午五時48分月過寅宮零度
廿一日	月尚在寅宮
廿二日	下午四時15分月過丑宮零度
	【司祿臨幸巳方】
廿三日	月尚在丑宮
廿四日	月尚在丑宮
廿五日	上午四時37分月過子宮零度
廿六日	月尚在子宮
廿七日	上午五時34分月過亥宮零度
廿八日	月尚在亥宮
廿九日	月尚在亥宮
三十日	上午五時46分月過戌宮零度
卅一日	月尚在戌宮

八月

一日	下午三時41分月過酉宮零度
二日	月尚在酉宮
三日	下午十時56分月過申宮零度
四日	月尚在申宮
五日	月尚在申宮
	【天皇臨幸巽巳】
六日	上午二時三分月過未宮零度
七日	月尚在未宮
八日	上午二時29分月過午宮零度
九日	月尚在午宮
十日	上午一時45分月過巳宮零度
十一日	月尚在巳宮
十二日	上午二時八分月過辰宮零度
十三日	月尚在辰宮
十四日	上午四時56分月過卯宮零度
十五日	月尚在卯宮
十六日	上午十一時4[illegible]分月過寅宮零度
十七日	月尚在寅宮
十八日	下午十時月過丑宮零度
十九日	月尚在丑宮
二十日	月尚在丑宮
廿一日	上午十時21分月過子宮零度
廿二日	月尚在子宮
廿三日	下午十時51分月過亥宮零度
廿四日	月尚在亥宮
廿五日	月尚在亥宮
廿六日	上午十時50分月過戌宮零度
廿七日	月尚在戌宮
廿八日	上午九時54分月過酉宮零度
廿九日	月尚在酉宮
三十日	月尚在酉宮
卅一日	上午五時56分月過申宮零度

九月

一日	月尚在申宮
二日	上午十時41分月過未宮零度
三日	月尚在未宮
四日	中午十二時50分月過午宮零度
五日	月尚在午宮
六日	中午十二時35分月過巳宮零度
	【天廪臨幸乙辰】
七日	月尚在巳宮
八日	中午十二時32分月過辰宮零度
九日	月尚在辰宮
十日	下午二時18分月過卯宮零度
十一日	月尚在卯宮
十二日	下午七時29分月過寅宮零度
十三日	月尚在寅宮
十四日	月尚在寅宮
十五日	上午四時20分月過丑宮零度
十六日	月尚在丑宮
十七日	下午四時58分月過子宮零度
十八日	月尚在子宮
	【玉井臨幸卯乙】
十九日	月尚在子宮
二十日	下午五時22分月過亥宮零度
廿一日	月尚在亥宮
廿二日	下午五時四分月過戌宮零度
廿三日	月尚在戌宮
廿四日	月尚在戌宮
廿五日	上午三時25分月過酉宮零度
	【子星臨幸卯方】
廿六日	月尚在酉宮
廿七日	上午十一時12分月過宮零度
廿八日	月尚在申宮
廿九日	下午五時21分月過未宮零度
三十日	月尚在未宮

一九八三年 每月天過各宮表

日食月食黃經度分・三垣列宿臨幸吉位

十月

一日 下午八時40分月過午宮零度
二日 月尚在午宮
三日 下午十時16分月過巳宮零度
四日 月尚在巳宮
五日 下午11時16分月過辰宮零度
六日 月尚在辰宮
七日 中午12時52分月過卯宮零度
八日 月尚在卯宮
九日 月尚在卯宮
十日 上午五時48分月過寅宮零度
十一日 月尚在寅宮
十二日 上午12時24分月過丑宮零度
十三日 月尚在丑宮
十四日 下午11時54分月過子宮零度
十五日 月尚在子宮
【文昌臨幸寅方】
十六日 月尚在子宮
十七日 中午12時44分月過亥宮零度
十八日 月尚在亥宮
【老人臨幸卯甲】
十九日 上午12時32分月過戌宮零度
二十日 月尚在戌宮
廿一日 月尚在戌宮
廿二日 上午九時59分月過酉宮零度
廿三日 月尚在酉宮
廿四日 下午六時17分月過申宮零度
廿五日 月尚在申宮
廿六日 下午十時48分月過未宮零度
廿七日 月尚在未宮
廿八日 月尚在未宮
廿九日 上午二時28分月過午宮零度
三十日 月尚在午宮
卅一日 下午五時11分月過巳宮零度

十一月

一日 月尚在巳宮
二日 下午七時45分月過辰宮零度
三日 月尚在辰宮
四日 上午十時29分月過卯宮零度
五日 月尚在卯宮
六日 下午二時41分月過寅宮零度
七日 月尚在寅宮
【聲帝臨幸艮寅】
八日 下午九時22分月過丑宮零度
九日 月尚在丑宮
十日 下午八時月過子宮零度
十一日 月尚在子宮
十二日 月尚在子宮
十三日 下午八時37分月過亥宮零度
十四日 月尚在亥宮
【朱門臨幸艮初】
十五日 月尚在亥宮
十六日 上午八時53分月過戌宮零度
十七日 月尚在戌宮
十八日 下午六時30分月過酉宮零度
十九日 月尚在酉宮
二十日 月尚在酉宮
廿一日 上午一時六分月過申宮零度
廿二日 月尚在申宮
【遷官左輔臨幸丑艮】
廿三日 上午五時七分月過未宮零度
廿四日 月尚在未宮
廿五日 上午八時26分月過午宮零度
廿六日 月尚在午宮
廿七日 上午十一時三分月過巳宮零度
廿八日 月尚在巳宮
廿九日 下午二時一分月過辰宮零度
【天牀臨幸癸丑】
三十日 月尚在辰宮

十二月

一日 下午六時四分月過卯宮零度
二日 月尚在卯宮
三日 下午十一時26分月過寅宮零度
四日 日環食寅宮11度58分 見食地區 大西洋，非洲中部
五日 月尚在寅宮
六日 下午六時24分月過丑宮零度
七日 月尚在丑宮
八日 下午四時卅分月過子宮零度
九日 月尚在子宮
十日 月尚在子宮
【天帝臨幸癸子】
十一日 上午四時37分月過亥宮零度
十二日 月尚在亥宮
十三日 下午五時34分月過戌宮零度
十四日 月尚在戌宮
十五日 月尚在戌宮
十六日 上午三時53分月過酉宮零度
十七日 月尚在酉宮
十八日 上午十時39分月過申宮零度
【天聲臨幸癸子】
十九日 月尚在申宮
二十日 下午一時54分月過未宮零度
廿一日 月尚在未宮
廿二日 下午三時47分月過午宮零度
廿三日 月尚在午宮
廿四日 下午五時24分月過巳宮零度
廿五日 月尚在巳宮
廿六日 下午七時31分月過辰宮零度
廿七日 月尚在辰宮
廿八日 下午十一時47分月過卯宮零度
廿九日 月尚在卯宮
三十日 月尚在卯宮
卅一日 上午五時55分月過寅宮零度

一九八四年　每天月過各宮表

日食月食黃經度分・三垣列宿臨幸吉位

一月

一日　月尚在寅宮
二日　下午二時20分月過丑宮零度
三日　月尚在丑宮
四日　上午十二時42分月過子宮零度
五日　月尚在子宮
六日　月尚在子宮
七日　中午十二時20分月過亥宮零度
八日　月尚在亥宮
九日　月尚在亥宮
十日　上午一時15分月過戌宮零度
十一日　月尚在戌宮
十二日　中午十二時56分月過酉宮零度
十三日　月尚在酉宮
十四日　下午八時43分月過申宮零度
十五日　月尚在申宮
十六日　上午12時38分月過未宮零度
十七日　月尚在未宮
十八日　月尚在未宮
十九日　上午一時41分月過午宮零度
二十日　月尚在午宮
廿一日　上午一時58分月過巳宮零度
廿二日　月尚在巳宮
廿三日　下午二時40分過辰宮零度
廿四日　月尚在辰宮
廿五日　下午五時38分月過卯宮零度
廿六日　月尚在卯宮
廿七日　上午11時53分月過寅宮零度
廿八日　月尚在寅宮
廿九日　下午八時35分月過丑宮零度
三十日　月尚在丑宮
卅一日　月尚在丑宮

二月

一日　下午七時18分月過子宮零度
二日　月尚在子宮
三日　下午七時36分月過亥宮零度
四日　月尚在亥宮
五日　月尚在亥宮
【天皇臨幸亥乾】
六日　上午八時19分月過戌宮零度
七日　月尚在戌宮
八日　下午八時35分月過酉宮零度
九日　月尚在酉宮
十日　月尚在酉宮
十一日　下午四時57分月過申宮零度
十二日　月尚在申宮
十三日　上午十時39分月過未宮零度
十四日　月尚在未宮
十五日　中午12時零07月過午宮零度
十六日　月尚在午宮
十七日　中午12時35分月過巳宮零度
十八日　月尚在巳宮
十九日　中午12時01分月過辰宮零度
二十日　月尚在辰宮
廿一日　下午一時24分月過卯宮零度
廿二日　月尚在卯宮
廿三日　下午五時51分月過寅宮零度
廿四日　月尚在寅宮
廿五日　月尚在寅宮
廿六日　上午二時14分月過丑宮零度
廿七日　月尚在丑宮
廿八日　下午一時24分月過子宮零度
廿九日　月尚在子宮

三月

一日　月尚在子宮
二日　上午一時51分月過亥宮零度
三日　月尚在亥宮
四日　下午二時25分月過戌宮零度
【天廩臨幸辛戌】
五日　月尚在戌宮
六日　月尚在戌宮
七日　上午二時25分月過酉宮零度
八日　月尚在酉宮
九日　中午12時46分月過申宮零度
十日　月尚在申宮
十一日　下午七時39分月過未宮零度
十二日　月尚在未宮
十三日　下午11時06分月過午宮零度
十四日　月尚在午宮
十五日　下午11時38分月過巳宮零度
十六日　月尚在巳宮
十七日　下午廿時52分月過辰宮零度
十八日　月尚在辰宮
【玉井太陽臨幸酉辛】
十九日　下午11時13分月過卯宮零度
二十日　月尚在卯宮
【子星臨幸酉宮】
廿一日　月尚在卯宮
廿二日　上午二時二分月過寅宮零度
廿三日　月尚在寅宮
廿四日　上午八時46分月過丑宮零度
廿五日　月尚在丑宮
廿六日　下午七時37分月過子宮零度
廿七日　月尚在子宮
廿八日　月尚在子宮
廿九日　上午八時13分月過亥宮零度
三十日　月尚在亥宮
卅一日　下午八時25分月過戌宮零度

一九八四年　每天月過各宮表

日食月食黃經度分・三垣列宿臨幸吉位

四月

一日　月尚在戌宮
二日　月在戌宮
三日　上午八時卅分月過酉宮零度
四日　月尚在酉宮
五日　下午六時27分月過申宮零度
六日　月尚在申宮
七日　月尚在申宮
八日　上午二時01分月過未宮零度
九日　月尚在未宮
十日　上午六時57分月過午宮零度
十一日　月尚在午宮
【文昌臨幸申宮】
十二日　上午九時13分月過巳宮零度
十三日　月尚在巳宮
十四日　上午九時25分月過辰宮零度
【老人臨幸酉庚】
十五日　月尚在辰宮
十六日　上午十時08分月過卯宮零度
十七日　月尚在辰宮
十八日　上午12時07分月過寅宮零度
十九日　月尚在寅宮
二十日　下午五時28分月過丑宮零度
廿一日　月尚丑在宮
廿二日　月尚丑在宮
廿三日　上午二時45分月過子宮零度
廿四日　月尚在子宮
廿五日　下午三時05分月過亥宮零度
廿六日　月尚在亥宮
廿七日　月尚在亥宮
廿八日　上午三時52分月過戌宮零度
廿九日　月尚在戌宮
三十日　下午二時55分月過酉宮零度

五月

一日　月尚在酉宮
二日　下午11時19分月過申宮零度
三日　月尚在申宮
四日　月尚在申宮
五日　上午七時22分月過未宮零度
【尊帝臨幸申坤】
六日　月尚在未宮
七日　中午12時46分月過午宮零度
八日　月尚在午宮
九日　下午四時05分月過巳宮零度
十日　月尚在巳宮
十一日　下午六時19分月過辰宮零度
十二日　月尚在辰宮
【朱門臨幸坤初】
十三日　下午七時41分月過卯宮零度
十四日　月尚在卯宮
十五日　下午十時13分月過寅宮零度
十六日　月尚在寅宮
十七日　月尚在寅宮
十八日　上午二時34分月過丑宮零度
十九日　月尚在丑宮
【遷官左輔同臨未坤】
二十日　上午十時57分月過子宮零度
廿一日　月尚在子宮
廿二日　下午十時16分月過亥宮零度
廿三日　月尚在亥宮
廿四日　月尚在亥宮
廿五日　上午11時廿分月過戌宮零度
廿六日　月尚在戌宮
廿七日　下午十時34分月過酉宮零度
【天床臨幸丁未】
廿八日　月尚在酉宮
廿九日　月尚在酉宮
三十日　下午七時32分月過申宮零度
卅一日　月尚在申宮

日環食申宮九度29分
見食地區　美國　北非

六月

一日　下午一時19分月過未宮零度
二日　月尚在未宮
三日　下午六時15分月過午宮零度
四日　月尚在午宮
五日　下午九時42分月過巳宮零度
六日　月尚在巳宮
七日　上午零時24分月過辰宮零度
八日　月尚在辰宮
【天帝臨幸午丁】
九日　下午三時16分月過卯宮零度
十日　月尚在卯宮
十一日　月尚在卯宮
十二日　上午七時02分月過寅宮零度
十三日　月尚在寅宮
十四日　中午十二時月過丑宮零度
十五日　月尚在丑宮
【天尊臨幸午丁】
十六日　下午七時49分月過子宮零度
十七日　月尚在子宮
十八日　月尚在子宮
十九日　上午六時13分月過亥宮零度
二十日　月尚在亥宮
廿一日　下午七時月過戌宮零度
廿二日　月尚在戌宮
廿三日　月尚在戌宮
廿四日　上午七時19分月過酉宮零度
廿五日　月尚在酉宮
廿六日　下午四時27分月過申宮零度
廿七日　月尚在申宮
廿八日　下午十時06分月過未宮零度
廿九日　月尚在未宮
三十日　月尚在未宮

一九八四年　每天月過各宮表

日食月食黃經度分・三垣列宿臨幸吉位

七月

一日　上午一時21分月過午宮零度
二日　月尚在午宮
三日　上午三時25分月過巳宮零度
四日　月尚在巳宮
五日　上午五時37分月過辰宮零度
六日　月尚在辰宮
七日　上午八時46分月過卯宮零度
八日　月尚在卯宮
【天厨臨幸丙申】
九日　下午一時18分月過寅宮零度
十日　月尚在寅宮
十一日　上午七時39分月過丑宮零度
十二日　月尚在丑宮
十三日　月尚在丑宮
十四日　上午三時47分月過子宮零度
十五日　月尚在子宮
十六日　下午二時15分月過亥宮零度
十七日　月尚在亥宮
十八日　月尚在亥宮
十九日　上午二時36分月過戌宮零度
二十日　月尚在戌宮
廿一日　下午三時15分月過酉宮零度
廿二日　月尚在酉宮
【司祿臨幸巳方】
廿三日　月尚在酉宮
廿四日　上午一時27分月過申宮零度
廿五日　月尚在申宮
廿六日　上午七時49分月過未宮零度
廿七日　月尚在未宮
廿八日　上午十時46分月過午宮零度
廿九日　月尚在午宮
三十日　上午11時44分月過巳宮零度
卅一日　月尚在巳宮

八月

一日　中午12時23分月過辰宮零度
二日　月尚在辰宮
三日　下午二時13分月過卯宮零度
四日　月尚在卯宮
【天皇臨幸巽中】
五日　下午六時37分月過寅宮零度
六日　月尚在寅宮
七日　月尚在寅宮
八日　上午一時27分月過丑宮零度
九日　月尚在丑宮
十日　上午十時18分月過子宮零度
十一日　月尚在子宮
十二日　下午九時12分月過亥宮零度
十三日　月尚在亥宮
十四日　月尚在亥宮
十五日　上午九時38分月過戌宮零度
十六日　月尚在戌宮
十七日　下午十時15分月過酉宮零度
十八日　月尚在酉宮
十九日　月尚在酉宮
二十日　上午九時37分月過申宮零度
廿一日　月尚在申宮
廿二日　下午五時卅分月過未宮零度
廿三日　月尚在未宮
廿四日　下午九時月過午宮零度
廿五日　月尚在午宮
廿六日　下午九時55分月過巳宮零度
廿七日　月尚在巳宮
廿八日　下午九時36分月過辰宮零度
廿九日　月尚在辰宮
三十日　下午九時51分月過卯宮零度
卅一日　月尚在卯宮

九月

一日　上午12時44分月過寅宮零度
二日　月尚在寅宮
三日　月尚在寅宮
四日　上午六時44分月過丑宮零度
五日　月尚在丑宮
六日　上午三時57分月過子宮零度
【天廩臨幸乙辰】
七日　月尚在子宮
八日　月尚在子宮
九日　上午三時43分月過亥宮零度
十日　月尚在亥宮
十一日　下午三時57分月過戌宮零度
十二日　月尚在戌宮
十三日　月尚在戌宮
十四日　上午四時28分月過酉宮零度
十五日　月尚在酉宮
十六日　下午四時卅分月過申宮零度
【玉井臨幸卯乙】
十七日　月尚在申宮
十八日　月尚在申宮
十九日　上午一時31分月過未宮零度
二十日　月尚在未宮
廿一日　下午六時41分月過午宮零度
廿二日　月尚在午宮
廿三日　上午八時29分月過巳宮零度
廿四日　月尚在巳宮
廿五日　上午八時19分月過辰宮零度
【子星臨幸卯宮】
廿六日　月尚在辰宮
廿七日　上午七時51分月過卯宮零度
廿八日　月尚在卯宮
廿九日　上午九時06分月過寅宮零度
三十日　月尚在寅宮

一九八四年　每天月過各宮表

日食月食黃經度分・三垣列宿臨幸吉位

十月

一日	下午一時25分月過丑宮零度
二日	月尚在丑宮
三日	下午九時57分月過子宮零度
四日	月尚在子宮
五日	月尚在子宮
六日	上午九時29分月過亥宮零度
七日	月尚在亥宮
八日	下午十時14分月過戌宮零度
九日	月尚在戌宮
十日	月尚在戌宮
十一日	上午十時44分月過酉宮零度
十二日	月尚在酉宮
十三日	下午十時09分月過申宮零度
十四日	月尚在申宮
	【老人臨幸卯甲】
十五日	月尚在申宮
	【文昌臨幸寅宮】
十六日	上午七時49分月過未宮零度
十七日	月尚在未宮
十八日	下午二時08分月過午宮零度
十九日	月尚在午宮
二十日	下午六時十分月過巳宮零度
廿一日	月尚在巳宮
廿二日	下午七時03分月過辰宮零度
廿三日	月尚在辰宮
廿四日	下午六時43分月過卯宮零度
廿五日	月尚在卯宮
廿六日	下午七時12分月過寅宮零度
廿七日	月尚在寅宮
廿八日	下午十時19分月過丑宮零度
廿九日	月尚在丑宮
三十日	月尚在丑宮
卅一日	上午五時17分月過子宮零度

十一月

一日	月尚在子宮
二日	下午六時月過亥宮零度
三日	月尚在亥宮
四日	月尚在亥宮
五日	上午四時52分月過戌宮零度
六日	月尚在戌宮
七日	下午五時23分月過酉宮零度
	【尊帝臨幸寅艮】
八日	月尚在酉宮
九日	月尚在酉宮
十日	上午四時17分月過申宮零度
十一日	月尚在申宮
十二日	下午一時33分月過未宮零度
十三日	月尚在未宮
十四日	下午八時22分月過午宮零度
	【朱門臨幸艮方】
十五日	月尚在午宮
十六日	月尚在午宮
十七日	上午一時18分月過巳宮零度
十八日	月尚在巳宮
十九日	上午三時46分月過辰宮零度
二十日	月尚在辰宮
廿一日	上午四時53分月過卯宮零度
	【遷宮左輔臨幸丑艮】
廿二日	月尚在卯宮
廿三日	上午五時57分月過寅宮零度
	日全食寅宮一度01分 見食地區印尼、太平洋、南美洲南端
廿四日	月尚在寅宮
廿五日	上午八時卅分月過丑宮零度
廿六日	月尚在丑宮
廿七日	下午二時01分月過子宮零度
廿八日	月尚在子宮
廿九日	下午11時47分月過亥宮零度
	【天床臨幸癸丑】
三十日	月尚在亥宮

十二月

一日	月尚在亥宮
二日	中午12時16分月過戌宮零度
三日	月尚在戌宮
四日	上午12時46分月過酉宮零度
五日	月尚在酉宮
六日	月尚在酉宮
七日	上午11時33分月過申宮零度
八日	月尚在申宮
九日	下午八時11分月過未宮零度
	【天帝臨幸子癸】
十日	月尚在未宮
十一日	月尚在未宮
十二日	上午二時25分月過午宮零度
十三日	月尚在午宮
十四日	上午六時46分月過巳宮零度
十五日	月尚在巳宮
十六日	上午十時22分月過辰宮零度
十七日	月尚在辰宮
十八日	中午12時40分月過卯宮零度
	【天尊臨幸子癸】
十九日	月尚在卯宮
二十日	下午三時09分月過寅宮零度
廿一日	月尚在寅宮
廿二日	下午六時17分月過丑宮零度
廿三日	月尚在丑宮
廿四日	下午11分52分月過子宮零度
廿五日	月尚在子宮
廿六日	月尚在子宮
廿七日	上午八時17分月過亥宮零度
廿八日	月尚在亥宮
廿九日	下午八時12分月過戌宮零度
三十日	月尚在戌宮
卅一日	月尚在戌宮

一九八五年　每天月過各宮表

日食月食黃經度分・三垣列宿臨幸吉位

一月

一日　上午八時49分月過酉宮零度
二日　月尚在酉宮
三日　下午八時23分月過申宮零度
四日　月尚在申宮
五日　月尚在申宮
六日　上午四時13分月過未宮零度
七日　月尚在未宮
【天厨臨幸壬申】
八日　上午九時33分月過午宮零度
九日　月尚在午宮
十日　下午一時十分月過巳宮零度
十一日　月尚在巳宮
十二日　下午三時57分月過辰宮零度
十三日　月尚在辰宮
十四日　下午六時19分月過卯宮零度
十五日　月尚在卯宮
十六日　下午九時55分月過寅宮零度
十七日　月尚在寅宮
十八日　月尚在寅宮
十九日　上午二時32分月過丑宮零度
二十日　月尚在丑宮
廿一日　上午八時34分月過子宮零度
廿二日　月尚在子宮
廿三日　下午四時55分月過亥宮零度
廿四日　月尚在亥宮
廿五日　月尚在亥宮
廿六日　上午四時17分月過戌宮零度
廿七日　月尚在戌宮
廿八日　下午四時58分月過酉宮零度
廿九日　月尚在酉宮
三十日　月尚在酉宮
卅一日　上午五時07分月過申宮零度

二月

一日　月尚在申宮
二日　下午一時47分月過未宮零度
三日　月尚在未宮
四日　下午六時58分月過午宮零度
【天皇臨幸亥乾】
五日　月尚在午宮
六日　下午九時卅分月過巳宮零度
七日　月尚在巳宮
八日　下午十時56分月過辰宮零度
九日　月尚在辰宮
十日　上午12時17分月過卯宮零度
十一日　月尚在卯宮
十二日　月尚在卯宮
十三日　上午三時35分月過寅宮零度
十四日　月尚在寅宮
十五日　上午八時43分月過丑宮零度
十六日　月尚在丑宮
十七日　下午三時45分月過子宮零度
十八日　月尚在子宮
十九日　上午12時46分月過亥宮零度
【司祿臨幸亥宮】
二十日　月尚在亥宮
廿一日　月尚在亥宮
廿二日　中午十二時月過戌宮零度
廿三日　月尚在戌宮
廿四日　上午12時29分月過酉宮零度
廿五日　月尚在酉宮
廿六日　月尚在酉宮
廿七日　中午12時52分月過申宮零度
廿八日　月尚在申宮

三月

一日　下午11時09分月過未宮零度
二日　月尚在未宮
三日　月尚在未宮
四日　上午五時12分月過午宮零度
【天廩臨幸辛戌】
五日　月尚在午宮
六日　上午七時26分月過巳宮零度
七日　月尚在巳宮
八日　上午七時58分月過辰宮零度
九日　月尚在辰宮
十日　上午八時15分月過卯宮零度
十一日　月尚在卯宮
十二日　上午11時十分月過寅宮零度
十三日　月尚在寅宮
十四日　下午四時05分月過丑宮零度
【玉井臨幸酉辛】
十五日　月尚在丑宮
十六日　下午九時21分月過子宮零度
十七日　月尚在子宮
十八日　月尚在子宮
【天厨臨幸酉辛】
十九日　上午七時25分月過亥宮零度
二十日　月尚在亥宮
廿一日　下午六時48分月過戌宮零度
廿二日　月尚在戌宮
廿三日　月尚在戌宮
【子星臨幸酉方】
廿四日　上午七時17分月過酉宮零度
廿五日　月尚在酉宮
廿六日　下午八時月過申宮零度
廿七日　月尚在申宮
廿八日　月尚在申宮
廿九日　上午七時09分月過未宮零度
三十日　月尚在未宮
卅一日　下午二時卅分月過午宮零度

一九八五年 每天月過各宮表

日食月食黃經度分・三垣列宿臨幸吉位

四月

一日	月尚在午宮
二日	下午六時19分月過巳宮零度
三日	月尚在巳宮
四日	下午七時03分月過辰宮零度
五日	月尚在辰宮
六日	上午六時26分月過卯宮零度
七日	月尚在卯宮
八日	上午六時32分月過寅宮零度
九日	月尚在寅宮
十日	下午九時04分月過丑宮零度
十一日	月尚在丑宮
	【文昌臨幸申方】
十二日	月尚在丑宮
十三日	上午三時31分月過子宮零度
十四日	月尚在子宮
	【老人臨幸酉庚】
十五日	下午一時16分月過亥宮零度
十六日	月尚在亥宮
十七日	月尚在亥宮
十八日	上午一時06分月過戌宮零度
十九日	月尚在戌宮
二十日	上午十時46分月過酉宮零度
廿一日	月尚在酉宮
廿二日	下午11時11分月過申宮零度
廿三日	月尚在申宮
廿四日	月尚在申宮
廿五日	上午十時31分月過未宮零度
廿六日	月尚在未宮
廿七日	下午七時27分月過午宮零度
廿八日	月尚在午宮
廿九日	上午12時46分月過巳宮零度
三十日	月尚在巳宮

五月

一日	月尚在巳宮
二日	上午五時17分月過辰宮零度
三日	月尚在辰宮
四日	上午五時13分月過卯宮零度
五日	月尚在卯宮
	月全食卯宮14度20分 初虧二時11分食甚三時57分復圓五時43分
	【尊帝臨幸申坤】
六日	上午四時43分月過寅宮零度
七日	月尚在寅宮
八日	上午六時12分月過丑宮零度
九日	月尚在丑宮
十日	上午十時38分月過子宮零度
	【朱門臨幸坤方】
十一日	月尚在子宮
十二日	下午七時03分月過亥宮零度
十三日	十四日月尚在亥宮
十五日	上午七時11分月過戌宮零度
十六日	月尚在戌宮
十七日	月尚在戌宮
十八日	下午八時月過酉宮零度
	【左輔臨幸未坤】
十九日	月尚在酉宮
二十日	上午七時59分月過申宮零度
	日偏食酉宮28度54分 見食地區 北極區
廿一日	月尚在申宮
廿二日	下午六時50分月過未宮零度
廿三日	廿四日月尚在未宮
廿五日	上午四時03分月過午宮零度
廿六日	月尚在午宮
廿七日	上午十時20分月過巳宮零度
	【天狀臨幸丁未】
廿八日	月尚在巳宮
廿九日	下午二時01分月過辰宮零度
三十日	月尚在辰宮
卅一日	下午三時18分月過卯宮零度

六月

一日	月尚在卯宮
二日	下午三時25分月過寅宮零度
三日	月尚在寅宮
四日	下午四時32分月過丑宮零度
五日	月尚在丑宮
六日	下午七時40分月過子宮零度
七日	月尚在子宮
八日	月尚在子宮
九日	上午二時56分月過亥宮零度
	【天帝臨幸午丁】
十日	月尚在亥宮
十一日	下午二時01分月過戌宮零度
十二日	月尚在戌宮
十三日	月尚在戌宮
十四日	上午二時52分月過酉宮零度
十五日	月尚在酉宮
十六日	下午三時03分月過申宮零度
十七日	月尚在申宮
	【天尊臨幸午丁】
十八日	月尚在申宮
十九日	上午一時16分月過未宮零度
二十日	月尚在未宮
廿一日	上午九時40分月過午宮零度
廿二日	月尚在午宮
廿三日	下午三時33分月過巳宮零度
廿四日	月尚在巳宮
廿五日	下午八時11分月過辰宮零度
廿六日	月尚在辰宮
廿七日	下午11時04分月過卯宮零度
廿八日	月尚在卯宮
廿九日	上午12時47分月過寅宮零度
三十日	月尚在寅宮

一九八五年　每天月過各宮曆表

日食月食黃經度分・三垣列宿臨幸吉位

七月

一日　月尚在寅宮
二日　上午二時18分月過丑宮零度
三日　月尚在丑宮
四日　上午五時39分月過子宮零度
五日　月尚在子宮
六日　上午11時41分月過亥宮零度
七日　月尚在亥宮
八日　下午九時47分月過戌宮零度
【天廚臨幸丙方】
九日　月尚在戌宮
十日　月尚在戌宮
十一日　上午十時15分月過酉宮零度
十二日　月尚在酉宮
十三日　下午十時35分月過申宮零度
十四日　月尚在申宮
十五日　月尚在申宮
十六日　上午九時02分月過未宮零度
十七日　月尚在未宮
十八日　下午四時23分月過午宮零度
十九日　月尚在午宮
二十日　下午九時35分月過巳宮零度
廿一日　月尚在巳宮
廿二日　月尚在巳宮
【司祿臨幸巳宮】
廿三日　上午一時36分月過辰宮零度
廿四日　月尚在辰宮
廿五日　上午四時41分月過卯宮零度
廿六日　月尚在卯宮
廿七日　上午七時十分月過寅宮零度
廿八日　月尚在寅宮
廿九日　上午十時37分月過丑宮零度
三十日　月尚在丑宮
卅一日　下午二時38分月過子宮零度

八月

一日　月尚在午宮
二日　下午八時33分月過亥宮零度
三日　月尚在亥宮
四日　月尚在亥宮
五日　上午五時57分月過戌宮零度
六日　月尚在戌宮
【天皇臨幸巳巽】
七日　下午五時57分月過酉宮零度
八日　月尚在酉宮
九日　月尚在酉宮
十日　上午六時卅分月過申宮零度
十一日　月尚在申宮
十二日　下午五時33分月過未宮零度
十三日　月尚在未宮
十四日　上午12時59分月過午宮零度
十五日　月尚在午宮
十六日　月尚在午宮
十七日　上午五時28分月過巳宮零度
十八日　月尚在巳宮
十九日　上午七時56分月過辰宮零度
二十日　月尚在辰宮
廿一日　上午十時04分月過卯宮零度
廿二日　月尚在卯宮
廿三日　上午八時24分月過寅宮零度
廿四日　月尚在寅宮
廿五日　下午四時19分月過丑宮零度
廿六日　月尚在丑宮
廿七日　下午九時39分月過子宮零度
廿八日　月尚在子宮
廿九日　月尚在子宮
三十日　上午四時41分月過亥宮零度
卅一日　月尚在亥宮

九月

一日　下午二時月過戌宮零度
二日　月尚在戌宮
三日　月尚在戌宮
四日　上午一時40分月過酉宮零度
五日　月尚在酉宮
六日　下午二時09分月過申宮零度
【天稟臨幸乙辰】
七日　月尚在申宮
八日　月尚在申宮
九日　上午二時14分月過未宮零度
十日　月尚在未宮
十一日　上午十時47分月過午宮零度
十二日　月尚在午宮
十三日　下午三時16分月過巳宮零度
十四日　月尚在巳宮
十五日　下午五時月過辰宮零度
十六日　月尚在辰宮
十七日　下午11時03分月過卯宮零度
【玉井臨幸卯乙】
十八日　月尚在卯宮
十九日　下午十時09分月過寅宮零度
二十日　月尚在寅宮
廿一日　下午十時41分月過丑宮零度
廿二日　月尚在丑宮
廿三日　上午12時57分月過子宮零度
廿四日　月尚在子宮
廿五日　月尚在子宮
【子星臨幸卯宮】
廿六日　上午11時08分月過亥宮零度
廿七日　月尚在亥宮
廿八日　下午九時11分月過戌宮零度
廿九日　月尚在戌宮
三十日　月尚在戌宮

一九八五年　每天月過各宮表

日食月食黃經度分・三垣列宿臨幸吉位

十月

日	
一日	上午八時43分月過酉宮零度
二日	月尚在酉宮
三日	下午九時26分月過申宮零度
四日	月尚在申宮
五日	月尚在申宮
六日	上午九時42分月過未宮零度
七日	月尚在未宮
八日	下午七時38分月過午宮零度
九日	月尚在午宮
十日	月尚在午宮
十一日	上午一時24分月過巳宮零度
十二日	月尚在巳宮
十三日	上午三時38分月過辰宮零度
十四日	月尚在辰宮
	【文昌臨幸寅方】
十五日	上午三時50分月過卯宮零度
十六日	月尚在卯宮
十七日	上午三時25分月過寅宮零度
	【老人臨幸卯甲】
十八日	月尚在寅宮
十九日	上午四時37分月過丑宮零度
二十日	月尚在丑宮
廿一日	上午九時04分月過子宮零度
廿二日	月尚在子宮
廿三日	下午四時35分月過亥宮零度
廿四日	月尚在亥宮
廿五日	月尚在亥宮
廿六日	上午三時09分月過戌宮零度
廿七日	月尚在戌宮
廿八日	下午三時11分月過酉宮零度
廿九日	月尚在酉宮
	月全食酉宮五度22分 初虧零時01分食甚一時43分復圓三時25分
三十日	月尚在酉宮
卅一日	上午三時36分月過申宮零度

十一月

日	
一日	月尚在申宮
二日	下午四時12分月過未宮零度
三日	月尚在未宮
四日	下午四時12分月過午宮零度
五日	月尚在午宮
六日	月尚在午宮
七日	上午十時34分月過巳宮零度
	【尊帝臨幸寅艮】
八日	月尚在巳宮
九日	下午二時14分月過辰宮零度
十日	月尚在辰宮
十一日	下午二時53分月過卯宮零度
十二日	月尚在卯宮
	日全食卯宮20度20分 見食地區　近南極區
十三日	下午二時12分月過寅宮零度
	【朱門臨幸艮方】
十四日	月尚在寅宮
十五日	下午二時十分月過丑宮零度
十六日	月尚在丑宮
十七日	下午四時54分月過子宮零度
十八日	月尚在子宮
十九日	下午11時04分月過亥宮零度
二十日	月尚在亥宮
廿一日	月尚在亥宮
	【左輔臨幸丑艮】
廿二日	上午九時月過戌宮零度
廿三日	月尚在戌宮
廿四日	下午九時37分月過酉宮零度
廿五日	月尚在酉宮
廿六日	月尚在酉宮
廿七日	上午十時02分月過申宮零度
廿八日	月尚在申宮
	【天䄂臨幸癸丑】
廿九日	下午九時59分月過未宮零度
三十日	月尚在未宮

十二月

日	
一日	月尚在未宮
二日	上午九時04分月過午宮零度
三日	月尚在午宮
四日	下午五時38分月過巳宮零度
五日	月尚在巳宮
六日	下午十時44分月過辰宮零度
七日	月尚在辰宮
八日	月尚在辰宮
九日	上午一時05分月過卯宮零度
	【天帝臨幸子癸】
十日	月尚在卯宮
十一日	上午一時11分月過寅宮零度
十二日	月尚在寅宮
十三日	上午一時03分月過丑宮零度
十四日	月尚在丑宮
十五日	上午二時39分月過子宮零度
十六日	月尚在子宮
十七日	上午七時21分月過亥宮零度
十八日	月尚在亥宮
	【天尊臨幸子癸】
十九日	下午三時55分月過戌宮零度
二十日	月尚在戌宮
廿一日	月尚在戌宮
廿二日	上午四時05分月過酉宮零度
廿三日	月尚在酉宮
廿四日	下午四時46分月過申宮零度
廿五日	月尚在申宮
廿六日	月尚在申宮
廿七日	上午四時41分月過未宮零度
廿八日	月尚在未宮
廿九日	下午二時51分月過午宮零度
三十日	月尚在午宮
卅一日	下午11時06分月過巳宮零度

一九八六年　每天月過各宮表

日食月食黃經度分・三垣列宿臨幸吉位

一月

日	月過各宮
一日	月尚在巳宮
二日	月尚在巳宮
三日	上午四時08分月過辰宮零度
四日	月尚在辰宮
五日	上午八時42分月過卯宮零度
六日	月尚在卯宮
	【天厨臨幸壬方】
七日	上午十時28分月過酉宮零度
八日	月尚在寅宮
九日	上午11時31分月過丑宮零度
十日	月尚在丑宮
十一日	下午一時18分月過子宮零度
十二日	月尚在子宮
十三日	下午四時36分月過亥宮零度
十四日	月尚在亥宮
十五日	上午12時19分月過戌宮零度
十六日	月尚在戌宮
十七日	月尚在戌宮
十八日	上午11時32分月過酉宮零度
十九日	月尚在酉宮
	【司祿臨幸亥宮】
二十日	上午12時25分月過申宮零度
廿一日	月尚在申宮
廿二日	月尚在申宮
廿三日	中午12時19分月過未宮零度
廿四日	月尚在未宮
廿五日	下午九時52分月過午宮零度
廿六日	月尚在午宮
廿七日	月尚在午宮
廿八日	上午五時04分月過巳宮零度
廿九日	月尚在巳宮
三十日	上午十時39分月過辰宮零度
卅一日	月尚在辰宮

二月

日	月過各宮
一日	下午二時38分月過卯宮零度
二日	月尚在卯宮
三日	下午五時35分月過寅宮零度
	【天皇大帝臨幸亥乾】
四日	月尚在寅宮
五日	下午七時50分月過丑宮零度
六日	月尚在丑宮
七日	下午十時44分月過子宮零度
八日	月尚在子宮
九日	月尚在子宮
十日	下午二時49分月過亥宮零度
十一日	月尚在亥宮
十二日	上午九時卅分月過戌宮零度
十三日	月尚在戌宮
十四日	下午七時37分月過酉宮零度
十五日	月尚在酉宮
十六日	月尚在酉宮
十七日	上午八時19分月過申宮零度
十八日	月尚在申宮
十九日	下午八時36分月過未宮零度
二十日	月尚在未宮
廿一日	月尚在未宮
廿二日	上午六時24分月過午宮零度
廿三日	月尚在午宮
廿四日	下午一時15分月過巳宮零度
廿五日	月尚在巳宮
廿六日	下午五時13分月過辰宮零度
廿七日	月尚在辰宮
廿八日	下午八時卅分月過卯宮零度

三月

日	月過各宮
一日	月尚在卯宮
二日	下午11時03分月過寅宮零度
三日	月尚在寅宮
四日	月尚在寅宮
	【天廩臨幸辛戌】
五日	上午二時02分月過丑宮零度
六日	月尚在丑宮
七日	上午五時59分月過子宮零度
八日	月尚在子宮
九日	上午11時十分月過亥宮零度
十日	月尚在亥宮
十一日	下午六時卅分月過戌宮零度
十二日	月尚在戌宮
十三日	月尚在戌宮
十四日	上午四時16分月過酉宮零度
十五日	月尚在酉宮
	【玉井臨幸酉辛】
十六日	下午四時十分月過申宮零度
十七日	月尚在申宮
十八日	月尚在申宮
十九日	上午四時57分月過未宮零度
二十日	月尚在未宮
廿一日	下午三時45分月過午宮零度
廿二日	月尚在午宮
廿三日	下午十時49分月過巳宮零度
	【子星臨幸酉方】
廿四日	月尚在巳宮
廿五日	月尚在巳宮
廿六日	上午二時16分月過辰宮零度
廿七日	月尚在辰宮
廿八日	上午四時07分月過卯宮零度
廿九日	月尚在卯宮
三十日	上午五時32分月過寅宮零度
卅一日	月尚在寅宮

一九八六年　每天月過各宮表

日食月食黃經度分・三垣列宿臨幸吉位

四月

一日 上午七時34分月過丑宮零度
二日 月尚在丑宮
三日 上午11時39分月過子宮零度
四日 月尚在子宮
五日 下午五時39分月過亥宮零度
六日 月尚在亥宮
七日 月尚在亥宮
八日 上午一時54分月過戌宮零度
九日 月尚在戌宮

日偏食戌宮九度13分
見食地區　南極區

十日 上午11時56分月過酉宮零度
十一日 月尚在酉宮
十二日 下午11時51分月過申宮零度
十三日 月尚在申宮
十四日 月尚在申宮
【老人臨幸酉庚】
十五日 中午12時49分月過未宮零度
十六日 月尚在未宮
十七日 上午12時25分月過午宮零度
十八日 月尚在午宮
十九日 月尚在午宮
二十日 上午八時37分月過巳宮零度
廿一日 月尚在巳宮
廿二日 中午12時52分月過辰宮零度
廿三日 月尚在辰宮
廿四日 下午二時十分月過卯宮零度

月全食卯宮四度七分
初虧18時59分食甚20時44分復圓22時26分

廿五日 月尚在卯宮
廿六日 下午二時18分月過寅宮零度
廿七日 月尚在寅宮
廿八日 下午二時54分月過丑宮零度
廿九日 月尚在丑宮
三十日 下午五時33分月過子宮零度

五月

一日 月尚在子宮
二日 下午十時49分月過亥宮零度
三日 月尚在亥宮
四日 月尚在亥宮
【尊帝臨幸申坤】
五日 上午七時36分月過戌宮零度
六日 月尚在戌宮
七日 下午六時26分月過酉宮零度
八日 月尚在酉宮
九日 月尚在酉宮
十日 下午六時24分月過申宮零度
十一日 月尚在申宮
【文昌會吉申方】
十二日 下午七時12分月過未宮零度
【朱門臨幸坤方】
十三日 月尚在未宮
十四日 月尚在未宮
十五日 上午七時05分月過午宮零度
十六日 月尚在午宮
十七日 下午五時12分月過巳宮零度
十八日 月尚在巳宮
十九日 下午十時45分月過辰宮零度
【左輔遷官臨幸未坤】
二十日 月尚在辰宮
廿一日 上午12時50分月過卯宮零度
廿二日 月尚在卯宮
廿三日 上午零時38分月過寅宮零度
廿四日 月尚在寅宮
廿五日 上午12時十分月過丑宮零度
廿六日 月尚在丑宮
廿七日 上午一時18分月過子宮零度
【天牀臨幸丁未】
廿八日 月尚在子宮
廿九日 月尚在子宮
三十日 上午五時23分月過亥宮零度
卅一日 月尚在亥宮

六月

一日 下午一時01分月過戌宮零度
二日 月尚在戌宮
三日 上午12時13分月過酉宮零度
四日 月尚在酉宮
五日 月尚在酉宮
六日 中午12時37分月過申宮零度
七日 月尚在申宮
八日 月尚在申宮
九日 上午一時12分月過未宮零度
【天帝臨幸午丁】
十日 月尚在未宮
十一日 下午一時09分月過午宮零度
十二日 月尚在午宮
十三日 下午11時35分月過巳宮零度
十四日 月尚在巳宮
十五日 月尚在巳宮
十六日 上午六時51分月過辰宮零度
【天尊臨幸午丁】
十七日 月尚在辰宮
十八日 上午十時36分月過卯宮零度
十九日 月尚在卯宮
二十日 上午11時22分月過寅宮零度
廿一日 月尚在寅宮
廿二日 上午十一時月過丑宮零度
廿三日 月尚在丑宮
廿四日 上午11時11分月過子宮零度
廿五日 月尚在午宮
廿六日 下午一時47分月過亥宮零度
廿七日 月尚在亥宮
廿八日 下午八時月過戌宮零度
廿九日 月尚在戌宮
三十日 月尚在戌宮

一九八六年　每天月過各宮表

日食月食黃經度分・三垣列宿臨幸吉位

七月

一日	上午六時13分月過酉宮零度
二日	月尚在酉宮
三日	下午四時47分月過申宮零度
四日	月尚在申宮
五日	月尚在申宮
六日	上午七時13分月過未宮零度
七日	月尚在未宮
八日	下午六時50分月過午宮零度
	【天厨臨幸丙方】
九日	月尚在午宮
十日	月尚在午宮
十一日	上午四時57分月過巳宮零度
十二日	月尚在巳宮
十三日	上午八時44分月過辰宮零度
十四日	月尚在辰宮
十五日	下午四時22分月過卯宮零度
十六日	月尚在卯宮
十七日	下午八時卅分月過寅宮零度
十八日	月尚在寅宮
十九日	下午九時18分月過丑宮零度
二十日	月尚在丑宮
廿一日	下午九時39分月過子宮零度
廿二日	月尚在子宮
	【司祿臨幸巳方】
廿三日	下午11時35分月過亥宮零度
廿四日	月尚在亥宮
廿五日	月尚在亥宮
廿六日	上午四時26分月過戌宮零度
廿七日	月尚在戌宮
廿八日	下午一時卅分月過酉宮零度
廿九日	月尚在酉宮
三十日	月尚在酉宮
卅一日	上午一時27分月過申宮零度

八月

一日	月尚在申宮
二日	上午二時09分月過未宮零度
三日	月尚在未宮
四日	月尚在未宮
五日	上午一時19分月過午宮零度
六日	月尚在午宮
	【天皇大帝臨幸巳巽】
七日	上午十時44分月過巳宮零度
八日	月尚在巳宮
九日	下午六時12分月過辰宮零度
十日	月尚在辰宮
十一日	下午11時廿分月過卯宮零度
十二日	月尚在卯宮
十三日	月尚在卯宮
十四日	上午二時53分月過寅宮零度
十五日	月尚在寅宮
十六日	上午五時21分月過丑宮零度
十七日	月尚在丑宮
十八日	上午六時50分月過子宮零度
十九日	月尚在子宮
二十日	上午九時38分月過亥宮零度
廿一日	月尚在亥宮
廿二日	上午一時47分月過戌宮零度
廿三日	月尚在戌宮
廿四日	下午九時46分月過酉宮零度
廿五日	月尚在酉宮
廿六日	月尚在酉宮
廿七日	上午八時55分月過申宮零度
廿八日	月尚在申宮
廿九日	下午九時49分月過未宮零度
三十日	月尚在未宮
卅一日	月尚在未宮

九月

一日	上午九時21分月過午宮零度
二日	月尚在午宮
三日	下午六時卅分月過巳宮零度
四日	月尚在巳宮
五日	上午12時27分月過辰宮零度
六日	月尚在辰宮
	【天廩臨幸乙辰】
七日	月尚在辰宮
八日	上午五時12分月過卯宮零度
九日	月尚在卯宮
十日	中午12時34分月過寅宮零度
十一日	月尚在寅宮
十二日	下午一時41分月過丑宮零度
十三日	月尚在丑宮
十四日	下午一時45分月過子宮零度
十五日	月尚在子宮
十六日	下午五時55分月過亥宮零度
十七日	月尚在亥宮
	【玉井臨幸卯乙】
十八日	下午十時55分月過戌宮零度
十九日	月尚在戌宮
二十日	月尚在戌宮
廿一日	上午六時卅分月過酉宮零度
廿二日	月尚在酉宮
廿三日	上午四時53分月過申宮零度
廿四日	月尚在申宮
廿五日	月尚在申宮
	【子星臨幸卯方】
廿六日	上午五時46分月過未宮零度
廿七日	月尚在未宮
廿八日	下午六時月過午宮零度
廿九日	月尚在午宮
三十日	月尚在午宮

一九八六年 每天月過各宮表

日食月食黃經度分・三垣列宿臨幸吉位

十月

一日 上午三時25分月過巳宮零度
二日 月尚在巳宮
三日 上午九時14分月過辰宮零度
四日 月尚在辰宮
日全食辰宮10度22分 見食地區 大西洋
五日 中午12時37分月過卯宮零度
六日 月尚在卯宮
七日 下午二時46分月過寅宮零度
八日 月尚在寅宮
九日 下午四時41分月過丑宮零度
十日 月尚在丑宮
十一日 下午七時49分月過子宮零度
十二日 月尚在子宮
十三日 上午12時17分月過亥宮零度
十四日 月尚在亥宮
【文昌臨幸寅方】
十五日 月尚在亥宮
十六日 上午六時38分月過戌宮零度
十七日 月尚在戌宮
【老人臨幸卯甲】
十八日 下午二時39分月過酉宮零度
月全食戌宮24度14分 初虧一時33分 食甚三時19分 復圓五時05分
十九日 月尚在酉宮
二十日 上午一時月過申宮零度
廿一日 月尚在申宮
廿二日 月尚在申宮
廿三日 下午一時21分月過未宮零度
廿四日 月尚在未宮
廿五日 月尚在未宮
廿六日 上午二時02分月過午宮零度
廿七日 月尚在午宮
廿八日 中午12時42分月過巳宮零度
廿九日 月尚在巳宮
三十日 下午七時29分月過辰宮零度
卅一日 月尚在辰宮

十一月

一日 下午十時21分月過巳宮零度
二日 月尚在巳宮
三日 下午11時25分月過寅宮零度
四日 月尚在寅宮
五日 上午12時05分月過丑宮零度
六日 月尚在丑宮
七日 月尚在丑宮
八日 上午一時47分月過子宮零度
【尊帝臨幸寅艮】
九日 月尚在子宮
十日 上午六時44分月過亥宮零度
十一日 月尚在亥宮
十二日 中午12時35分月過戌宮零度
十三日 月尚在戌宮
十四日 下午九時12分月過酉宮零度
【朱門臨幸艮方】
十五日 月尚在酉宮
十六日 月尚在酉宮
十七日 上午八時卅分月過申宮零度
十八日 月尚在申宮
十九日 下午八時25分月過未宮零度
二十日 月尚在未宮
【左輔遷官臨幸丑艮】
廿一日 月尚在未宮
廿二日 上午九時13分月過午宮零度
廿三日 月尚在午宮
廿四日 下午八時57分月過巳宮零度
廿五日 月尚在巳宮
廿六日 月尚在巳宮
廿七日 上午五時月過辰宮零度
廿八日 月尚在辰宮
【天牀臨幸癸丑】
廿九日 上午九時06分月過卯宮零度
三十日 月尚在卯宮

十二月

一日 上午十時04分月過寅宮零度
二日 月尚在寅宮
三日 上午九時54分月過丑宮零度
四日 月尚在丑宮
五日 上午九時57分月過子宮零度
六日 月尚在子宮
七日 中午12時32分月過亥宮零度
八日 月尚在亥宮
九日 下午四時月過戌宮零度
【天帝臨幸子癸】
十日 月尚在戌宮
十一日 月尚在戌宮
十二日 上午三時27分月過酉宮零度
十三日 月尚在酉宮
十四日 下午二時51分月過申宮零度
十五日 月尚在申宮
十六日 月尚在申宮
十七日 上午三時13分月過未宮零度
【天尊臨幸子癸】
十八日 月尚在未宮
十九日 上午三時45分月過午宮零度
二十日 月尚在午宮
廿一日 月尚在午宮
廿二日 上午三時56分月過巳宮零度
廿三日 月尚在巳宮
廿四日 下午一時11分月過辰宮零度
廿五日 月尚在辰宮
廿六日 下午六時51分月過卯宮零度
廿七日 月尚在卯宮
廿八日 下午九時08分月過寅宮零度
廿九日 月尚在寅宮
三十日 下午八時47分月過丑宮零度
卅一日 月尚在丑宮

行星所主事務篇

本篇十大行星所主事物，無不包含。茲將本人積五十年所得秘旨，簡明闡發，俾供研究。

日：代表國家元首，地區領袖，及國務卿、閣揆、總督，凡在行政機構內，握控制權力者，均受日之直轄。但其屬爲黃金，及大商家，大經濟家，大企業家等類。

月：代表一般民衆、婦女，以及公共事業。但其屬，爲五谷、油類、飲料、及運用自然界權力等類。

水：支配文化、藝術、新聞、出版之事。但其屬爲印務、塑膠、及出入口商業等類。

金：支配慶典、婚姻、兒童之事。但其屬爲五金、及娛樂、繪畫、音樂等類。

火：支配軍人、戰爭、火災、紛擾之事。但其屬爲化學、爲醫藥、爲內外科醫生等類。

木：支配慈善事業。福利機構、司法界、律師、法官、宗教。但其屬爲銀行、金融、報業、保險、印染、纖維、企業、實業、證券、橡膠等類。

土：支配農民、老人、礦山之事。但其屬爲建築、地產、樓宇、倉塢、礦產、製造、紡織、製衣等類。

天王：支配建設、壞破、工業、社交、社團之事。但其屬爲鐵路、金屬、電車、汽車、電池、電燈、煤氣、自來水、機器、航空、飛車、電話、百貨等類。

海王：支配社會改造，婦女運動。及防欺詐、僞造、不道德之事。但其屬爲酒店、海產、船務、運輸、液體、飲食、油類等類。

冥王：支配開發創造、地下事工。但其屬爲各種礦物、毒素、藥品等類。

十二宮所主事務篇

吳師青著

本篇十二宮所屬，包羅萬有。茲將本人積五十年所得秘旨，簡明闡發，俾供研究。

第一宮（**屬人民宮**）：代表地區、民衆。有關社會康樂、地區繁榮等等增强。

第二宮（**屬經濟宮**）：代表財富，貨幣。有關銀行、證券、股市、珠寶、物資、工商業等等拓展。

第三宮（**屬新聞宮**）：代表正義、公理。有關報業、交通、運輸、鐵路、電話、倉塢、汽車、織造、航空、公用事業、以及無綫電等等。躍進。

第四宮（**屬地產宮**）：代表裕民、厚生。有關石油、礦產、地產、房屋、建築、酒店、橡膠等等。繁榮。

第五宮（**屬娛樂宮**）：代表樂育、健强。有關敎育、文化、股票、賽馬、賽球、音樂、戲劇、電影、出生率、體育等等。擴展。

第六宮（**屬勞動宮**）：代表生計，安定。有關員工利益、公共衛生、調整工作、保持秩序等等。改進。

第七宮（**屬國際宮**）：代表親仁、睦隣。有關考察業務、推廣外貿、出入口商、加强活躍、訂立條約、增進友誼等等。計劃。

第八宮（**屬遺產宮**）：代表課稅、處置。有關充實稅收、人口生歿、及保險商、代理商等等。措施。

第九宮（**屬船務宮**）：代表旅遊、利濟。有關宗敎、旅業、船務、運輸等等。發揚。

第十宮（**屬官商宮**）：代表統治、貿易。有關國王、總統、首相、總督等等，勤政愛民。並有關工商、經濟、財團、巨賈等等，推進。

第十一宮（**屬議會宮**）：代表民意、羣情。有關辯論、選舉、會議、立法、行政等等。興革。

第十二宮（**屬救濟宮**）：代表郵災、賑貧。有關慈善機構、福利事業、公共醫院、津貼學校，及育嬰院、養老院等等。加强。

主要會合宮度主應篇

吳師青　著

本篇判斷吉凶。實有周期性者。其會合吉凶、須至第二個會合，方能消失。包括經濟、工業、商業、股市，茲將會合深義，簡明闡發，俾共研究。

一、火與木會合，在世界方面。主應：產生財政上，與宗教上之困擾。但須視會合於何宮而定，（察十二宮主應篇），如第二宮，屬經濟、股市等。第四宮，屬地產、建築等之類。若發生在其人誕生圖之浮升中天，或頂點，或與其行星會合，或一百八十度時，則不利於投機事業，且其人，疾病多端，人財不利。

二、火與土會合，各有所主。須視其會合發生於何宮而定。若會合在寅午戌宮，則發生火災。若會合在亥卯未宮，則發生水災。若會合在巳酉丑宮，則地產有差，或地震。若會合在申子辰宮，則有暴風雨。若在該地區之太陽圖表中之第二宮、或第十宮、第六宮、或第八宮，則隨該宮主管而預測。若發生在其人之誕生圖之浮升、或中天、或行星、或頂點會合、或一百八十度，主有禍患突出，人離財散。

三、木與土會合，爲商業周期不利視座。又爲世界之一大轉變。其經濟政治，均有考驗。大約每二十年，發生一次。作有規則之發生於十二宮座中。每一行宮，其次序爲逆行。相距爲一百二十度。例如：一八二一年會合於戌宮廿五度。一八四二年，會合於丑宮九度。一八六一年，會合於巳宮十八度。一八八一年，會合於酉宮二度。一九〇一年，會合於丑宮十四度。一九二一年，會合於巳宮廿七度。一九四一年，會合於酉宮九度。一九六一年，會合於丑宮廿五度。一九八一年，會合於辰宮九度。二千零零年，會合於酉宮廿三度。二千〇二十年，會合於子宮一度。二千〇四十年，會合於辰宮二十度。二千〇六十年，會合於酉宮廿九度。從土宮會合。漸次進入炁宮，其過程須至公元二千零八十年，方能全部完成。今再畧述，一千六百零三年，至一千八百四十二年，木土會合於火宮。由一千八百四十二年，至二千零八十年，木土會合於土宮。由二千〇八十年，至二千三百二十年，會合於炁宮。由二千三百二十年，至二千五百六十年。會合於水宮。此種會合期間，在中西歷史上，常有產生不平凡事蹟。若以誕生人之誕生圖，如果會合於命宮頂點。或中天頂點，或主星，或日或月之會合，或一百八十度者。其人主有慘事降臨，惟宜修德行仁，以召天和爲吉。

四、火星與天王星會合，九十度，或一百八十度，主應：物價飛漲，股市疲弱。或歧見未化，有磨擦之糾紛。

五、土星與天王星會合，九十度，或一百八十度，爲商業周期不利視座。主應：破壞性、多於建設性。若發見在誕生圖之有靈感位置，如會合九十度，或一百八十度，則主其人，必遭遇不幸事件，或意外之危險。

六、土星與海王星會合，九十度，或一百八十度，主應：有欺騙跡象，可能影響商業。損害利益。若發生在誕生者之誕生圖之靈感點，必主招致橫禍。

七、木星與冥王會合，表示尖銳化。其所趨向、撲朔迷離，亦防不景。

八、木星與海王星會合，或九十度，或一百八十度。爲商業周期轉捩點，有影響經濟動態。視座吉利，商業繁榮。若會合，或一百八十度，在誕生人之誕生圖靈感點，則主其人，必帶來災厄，有若干困難。

九、天王星與海王星會合，其周期約一百七十一年，海王有聯合決定，天王有分裂行動。主應：經濟疲弱，百物高貴，天氣寒冷、大旱、雨量不足。

十、木星與天王星會合，乃爲商業周期不利視座，帶來不景之表現，如六十度，一百二十度，爲吉利視座。主應：商業暢旺、經濟繁榮。如九十度、或一百八十度，爲不利視座，須防恐慌。

十一、火星與海王星會合，主應：事多虛幻、放肆、不守法、暴惡。

十二、火星與冥王星會合。若在第二宮，或第十宮。主應：貿易脆弱，經濟衰退。
十三、土星與冥王星會合，如九十度，或一百八十度，主應：局部地區，有受經濟上之壓力。如六十度，或一百二十度，吉利視座，商業暢旺。
十四、天王星與冥王星會合，主應：靜極思動，一鳴驚人，百物騰貴，爲世界轉捩點。
十五、木星與金星及月在戌宮會合，對人類有優良影響，政府工作增强，婦女地位提高。
十六、火星，與木星，金星，及太陰，在酉宮會合，主應：貴族須防矛盾，商業必主蹉跌。
十七、土星，與火星，木星在酉宮會合，主應：畜類發瘟，有傳染病蔓延。商業不景。
十八、土星與木星、水星，及太陰在寅宮會合，主應：各國領袖，權力提高。外貿活躍。
十九、火星與水星，及太陽，在丑宮會合，主應：疫症流行，盜賊多有，影響生產事業。
二十、太陰與木星，土星，火星，在午宮會合，主應：國際會議，有强烈爭辯，或陷僵局。
廿一、土星與火星，及金星，在卯宮會合，主應：國際同盟，意見不一，商業當受打擊。
廿二、木星與金星，在卯宮會合，主應：部分宗教，信心減輕。
廿三、火星與木星，土星，在亥宮會合。主應：將有國喪，萬民哀悼，股市陷於低沈。
廿四、水星與火星，土星，在巳宮會合，主應：首腦人物被騙，青年婦女犯罪。

日食月食宮度主應篇

吳師青著

本篇根據日食月食在何經度？而判斷所屬地區之災祥。並包括經濟、工業、商業。著者簡略提供研究，並非定日必然。

一、日月食，在寅宮、午宮、戌宮，主應所屬經度。其中影響，員工情緒，不滿現狀，稍加刺激，引起困擾。在顯要人物中，有驚疑。瘟疫流行。尤不利畜牧，必多損失。

二、日月食，在巳宮、酉宮、丑宮，主應所屬經度。其中影響：天氣不適，旱魃爲災，收成銳減，糧食恐慌。或礦產、農場，有不景氣，間有輕微地震。

三、日月食，在申宮、子宮、辰宮。主應所屬經度。其中影響：如疫病、米荒、虫災，可能發生暴風雨。

四、日月食，在亥宮、夘宮、未宮、主應所屬經度。其中影響，在陸地，有水患，在近海，有颶風。流行熱症，妨害健康。尤不利於養塘魚，及飼家畜。

五、日月食，在所屬經度東地平線發現，其中影響，將在食後最近之四個月發作。而以此期間之首三分一時間，所感受影響力，較大。

六、日月食，在所屬經度西地平線發現，其中影響，將在食後第八至十二個月發作。而以此期間之末段，所感受影響力，較大。
七、日月食，在所屬經度子午線上發現，其中影響，將在食後第四至第八個月發作。而以此期間之中段，所感受影響力，較大。
八、日食在子宮，主應所屬經度。其中影響，間有地震，或天旱，損傷農作種子，減輕工業進度。
九、日食在丑宮，主應所屬經度。其中影響，水旱頻仍，年歲荒歉，阻滯經濟活力，妨礙商業營衛。
十、日食在寅宮，主應所屬經度。其中影響，拐騙，犯法事件，日有增加，同時，須防疫症及牛馬家畜，死亡。
十一、日食在夘宮，主應所屬經度。其中影響：物價膨脹，生活刺激，人心不安。間有大雷雨，須防洪水爲災。
十二、日食在辰宮，主應所屬經度。其中影響：氣氛齷齪，瘟祲交加，或糧食缺乏，宜小心防備。
十三、日食在巳宮，主應所屬經度。其中影響：可能不利於詩人、畫家、及文藝界工作進展。或地區之領袖，意外虛驚。

十四、日食在午宮，主應所屬經度。其中影響：可能有突然變故，令人虛驚。或天氣亢旱，或穀物歉收。

十五、日食在未宮，主應所屬經度。其中影響：溫度失常，天氣枯燥，兒童及婦女，多受病痛。防工商業不景。

十六、日食在申宮，主應所屬經度。其中影響，宗教派別，發生磨擦。社會風化，受到敗壞。刦掠偷竊，有加無已。

十七、日食在酉宮，主應所屬經度，其中影響，災祲交乘，饑饉洊至，妨害貿易進度。尤防旅行及分娩中婦女，驚險。

十八、日食在戌宮，主應所屬經度。其中影響，風雨不調，上下相拂。職務上，有調遣之紛繁。議會上，有爭執之歧異。婦女領袖，須防不測。

十九、日食在亥宮，主應所屬經度。其中影響：有不尋常風暴，或海嘯，破壞力強烈。社會首腦，教育名家，或防驚憂。

二十、月食在子宮，主應所屬經度。其中影響：在氣候突變之下，地球上，生物種子，受到損傷。

二十一、月食在丑宮，主應所屬經度，其中影響，產生不和諧氣氛，人與人，相互傾軋，鈎心鬥角。

二十二、月食在寅宮，主應所屬經度。其中影響，鼠竊狗盜，乘機活動，大偷小搶，到處發生，平民多病痛，尤不利於畜牧區。

二十三、月食在夘宮，主應所屬經度，其中影響，氣候反常，產生疫症。或地震，或暴雷，水菓枯萎，穀物損害。

二十四、月食在辰宮，主應所屬經度。其中影響，有猛烈冰雹降下，損害植物，蒙受陰影。社團要人，或有急難。

二十五、月食在巳宮，主應所屬經度。其中影響，議員產生歧見，平民醞釀怠工，人類有許多疾苦。

二十六、月食在午宮，主應所屬經度。其中影響，在低階層領導人物中，有危疑，或意外虛驚。

二十七、月食在未宮，主應所屬經度。其中影響，桀黠之徒，欺詐成風。外貿之推展，內航之運行，皆減輕效率。

二十八、月食在申宮，主應所屬經度，其中影響，教育界，帶來困擾，宗教上，受到損失。著名藝術家，或有不測風雨。

二十九、月食在酉宮，主應所屬經度，其中影響，世界偉大婦女中，有不尋常表現。天氣惡劣，爬行動物，多遭傷害。

三十、月食在戌宮，主應所屬經度，其中影響，陰陽差錯，氣候乾燥，風雨不時，癘疫流行，有損婦孺健康。尤以工人，降低工作效率。

三十一、月食在亥宮，主應所屬經度，其中影響，宗教信仰，趨向降低，將有悲悼，突如其來。海上之風浪中，陸地之烟塵中，多發生事故。

觀星圖角度法

吳師青著

會合

假如木星在午宮十四度日在午宮十四度則為會合

六十度

假如金星在卯宮廿一度土星在丑宮廿一度則為六十度

九十度

假如水星在卯宮九度木星在子宮九度則為九十度

一百二十度

假如火星在亥宮零度與海王星在未宮零度則為一百二十度

一百八十度

假如天王在寅宮十九度冥王在申宮十九度則為一百八十度

注意

週天三百六十度無論六十度九十度一百二十度一百八十度兩星之距離前後可容三度

太陽圖表與商業周期

日月高懸，助天行化，盛魄重輪，照臨下土。麗乎天者，惟日。日者，太陽之宗。黃金之主。杲杲太陽，昇自扶桑。移晷則亦高亦下，候時則有短有長。按周天分為三百六十度，自春分起點。春分為零度，夏至九十度，秋分一百八十度，冬至二百七十度。更進而至春分，合成三百六十度。太陽每日平行五十九分零八秒，約為一度。終而復始。黃道帶，為其主要途徑。十二宮在焉。本著天運占星學中，所論世界占星學、地區占星學、商業占星學、股市占星學（物價貴賤），恒星占星學，等等，古人均秘而不宣。僅開元占經、天文象宗、人天金鑑，畧一涉及。均有書無訣，不得其門。余有見於此，特製太陽圖表四十五圖，並太陽圖表主應篇。撮其要者，約畧指陳。旨深義遠，言簡意賅，使人易於了然。當公元一九七二年之太陽圖表，為固定宮者。太陽在戌宮零度（五宮），與二宮海王一百二十度。與土星六十度，五宮，為娛樂宮，又屬股票宮。亦曰投機宮。二宮，為經濟宮，屬銀行，證券、珠寶等等。此兩宮，構成良佳角度，木星為二宮，五宮主星。又居第三宮。為新聞宮。屬報業、鐵路、運輸、航空、汽車等等，按木星為發祥之神。所臨之宮，無往不利。故在第三宮主宰者，十分秀色。第四宮頂點，在子宮一度，與第八宮之土，構成準確一百二十度，第四宮為地產宮。屬土地、建築、樓宇、酒店等等，向前挺升，理有固然。至一九七三年，一九七四年，一九七五年，三載，太陽圖表不吉，不易拒壓其情勢。至一九七六年，春則月在二宮，與土。金在五宮，與天王，均吉。夏則日與天王。又木在七宮，亦吉。秋則太陽一宮，與九宮木星，均利。冬則金在四宮，與八宮土星。又月在四宮與冥王，亦均利。似此，則未來星圖之吉利，待至一九七六年。餘詳太陽圖表各篇。再能明四大天運統運之秘奧，及其主星移動宮度，則地區之隆盛，商業之繁華，二宅之興旺，萬民之吉祥，無不瞭如指掌矣。

敬告採用圖表頂點者

本著，所推星圖，在各宮頂點，用以觀察宮度主應。倘能依圖頂點採用，其驗可靠。蓋頂點度分，原有粗細之別。世界占星家，多以恒星時間爲主要。然後，以較大較小之零數計算，利用宮圖表而定，難免密中帶疏。本著圖表，其頂點，全憑經驗。有如岳武穆用兵，進攻退守，運用之妙，存乎一心。尚希有以悟之。

太陽圖表主應篇

附註：本著內容主應一詞，在本文指若在一般正常之情形下，或可能發生之事。

第一宮

此宮屬人民，在太陽圖表中，關係特殊。支配政府賢能，地區繁榮，民衆康樂，工業强大，商業周期之繁榮等等發展。而在與此宮座內任何行星之方位優良，具有決定性作用。

(一)日：日在第一宮，與各行星，如六十度，或一百二十度時，則其主應：爲一全盛時期，人民事務，改革有方。上和下服，近悅遠來，利則興之，弊則除之。布政優優，適合太空時代。推恩浩浩，鞏固民衆基層。工商繁榮，文明進化。同享無疆之福，共譜太平之歌。如與各行星九十度，或一百八十度，「差」。僱員之中，間有不滿，互相忍讓，庶免糾紛。

(二)月：月在第一宮，與各行星，如六十度，或一百二十度時，則其主應：公共事業，長足進展，普及教育，推行法治。婦女則展布才能，而地位提高。社會則推廣公益，而秩序優良。有祥和之氣，無爭忤之風。如九十度，或一百八十度，「差」。宜防時疫，引起不安。

(三)木：木星在第一宮，與各行星，如六十度，或一百二十度時，則其主應：對地區十分有利，成就巨量工作。商業躍進，如潮之湧。經濟增長，如日之升。社會踏上繁榮，咸歌富庶。民衆趨向快活，共樂清平。無一人而不得其所，無一物而不遂其生。如九十度，或一百八十度，「差」。其中，商業不景，進度稍疲，可能影響人民利益。

(四)火：火星在第一宮，導致員工，其中因情緒不滿。有時可能引起罷工，或神秘火災，或人民多不健康。如與各行星，六十度，或一百二十度，可減輕。九十度，或一百八十度，則更甚。

(五)土：土星在第一宮，缺乏工作，妨害健康，商業經濟滯緩。或一時陷於貧乏。如與各行星，六十度，或一百二十度，可減輕。九十度，或一百八十度，則更甚。

(六)金：金星在第一宮，與各行星，如六十度，或一百二十度，則其主應：一片和平，十分愉快。經濟穩健，治安良好，婦女有顯著之技能。兒童有健康之體魄，凡百事務，滿足成功。如九十度，或一百八十度，「差」。但在婦女及孩童中，宜防意外困擾。

(七)水：水星在第一宮，與各行星，如六十度，或一百二十度時，則其主應：有蓬勃氣象，貿易推進，企業擴張，發揚科學進化，提高知識水準。一日千里，上歡下樂。如九十度，或一百八十度時，「差」。在刊物上，須防對人攻擊，有意外之控訴事件發生。

(八)天王：天王在第一宮，有殘酷之謀殺，傷害風化。有困惑之集會，違反法紀。尤防引起暴行，危害安寧之事。如與各行星，六十度，或一百二十度，可減輕。九十度，或一百八十度，則更甚。

(九)海王：海王在第一宮，顛倒是非，傾向背信之惡習。宣傳卑劣，播散欺騙之毒素。帶來罪孽與不道德。如與各行星，六十度，或一百二十度，可減輕。九十度，或一百八十度，則更甚。

(十)冥王：冥王星在第一宮，物價可能膨脹，經濟不致穩健，在環境中，妨礙衛生。在羣衆中，影響健康。如與各行星，六十度、或一百二十度，可減輕。九十度、或一百八十度，則更甚。

第二宮

此宮屬經濟，在太陽圖表中，關係特殊。支配經濟，財富，銀行，金融，工商，證券，股市等等發展。而在商業周期之繁榮，與此宮座內任何行星之方位優良，具有決定性作用。

(一)日：日在第二宮，與各行星，如六十度，或一百二十度時，則其主應：增强收入，鞏固財富。光天化日之下，銀行證券，充分發展。工商貿易，特別繁榮。帶來人民幸福，在欣欣向榮中。如與各行星，九十度，或一百八十度時，「差」。收入銳減，支出繁重。惟日爲吉曜，上以此恤下，下以此體上，相得益彰，不至影響。

(二)月：月在第二宮，與各行星，如六十度，或一百二十度時，則其主應：金融市場，有重大成就。財政富饒，府庫充實。證券業，則十分秀色。婦女界，則一片清芬。在福星拱照之下，日新又新。如九十度，或一百八十度時，「差」。股票證券，不免向低波動，銀行業務，可能輕微影響。

(三)木：木星在第二宮，與各行星，如六十度，或一百二十度時，則其主應：銀行如大鵬之展翼。商業如神龍之飛騰。證券挺勁，建設飛躍。民衆則可應休徵。社會則可開泰運。氣機蓬勃，清光大來。如九十度，或一百八十度時，「差」。經濟，銀行，證券，商業，在此角度中，防有不景之虞。

(四)火：火星在第二宮，股市下瀉，經濟退縮，商業有蕭條之趨勢，銀行有未振之景象。如與各行星，六十度，或一百二十度，可減輕。九十度，或一百八十度，則更甚。

(五)土：土星在第二宮，一般狀況，出入不敷。金融有停滯動態。股市有低跌陰影。商務與貿易，在該宮支配力之下，不利。如與各行星，六十度，或一百二十度，可減輕。九十度，或一百八十度，則更甚。

(六)金：金星在第二宮，與各行星，如六十度，或一百二十度時，則其主應：一般生活環境，有高度改善。稅收充裕，股市活躍，社會安寧，並受其福。民衆愉快，各遂其生。如九十度，或一百八十度時，「差」。外貿緩慢，股市減弱。或可能對銀行界，有不良影響。

(七)水：水星在第二宮，與各行星，如六十度，或一百二十度時，則其主應：加强貿易收穫，充滿和諧氣氛。社會羣衆，有保守之精神。工商證券，有飛騰之邁進。上下一心，受天之祚。如九十度，或一百八十度時，「差」。詐僞伺機，小偷乘隙。工商股市，必主疲弱。

(八)天王：天王星在第二宮，商業平淡，促成經濟不靈。股市疲軟，引起市場癱瘓。尤恐新異或突來之事故。宜防微杜漸，可消於無形。如與各行星，六十度，或一百二十度，可減輕。九十度，或一百八十度，則更甚。

(九)海王；海王星在第二宮，帶來欺騙，作非法之企圖。鈎起搶偷，損大衆之聲譽。商業打擊，股市疏落。如與各行星，六十度，或一百二十度，可減輕。九十度，或一百八十度，則更甚。

(十)冥王：冥王星，在第二宮，金銀市場，有冷淡之趨向。工商業務，有疲弱之象徵。股市交易，徘徊不前。貿易經營，推行稍滯。如與各行星，六十度，或一百二十度，可減輕。九十度，或一百八十度，則更甚。

第三宮

此宮屬新聞，在太陽圖表中，關係特殊。支配報業，鐵路，汽車，電話，航空，倉塢，運輸，包括股市等等發展。而在商業周期之繁榮，與此宮座內任何行星之方位優良，具有決定性作用。

(一)日：日在第三宮，與各行星，如六十度，或一百二十度時，則其主應：對支配鐵路、郵政、電車、電話、電報、公用事業、均屬有利，包括證券。政通人和，化行俗美。樹立民衆信仰，提高行政設施。措地區於磐石之安，登市民於仁壽之域。如九十度，或一百八十度時，「差」。公用股中，交易平靜。文化圈內，發展緩慢。防著名人物中，有驚險。

(二)月：月在第三宮，與各行星，如六十度，或一百二十度時，則其主應：員工環境、充分改善，鐵路則突飛猛進，既能利民。郵務則風馳電掣。又能便民。公用事業，一片蓬勃。製造廠商，十分俏麗。上下打成一片，有大和洋溢之象。證券亦利。如九十度，或一百八十度時，「差」。僱員中，多有不滿，互相諒解，自可消除，股市下挫。

(三)木：木星在第三宮，與各行星，如六十度，或一百二十度時，則其主應：一切有充分改善，與日俱進。文化與出版，充滿繁盛生機。鐵路與郵務，呈現燦爛好景。交通有巨量盈利，員工得滿足信心。該宮支配證券，同時有利。如九十度，或一百八十度時，「差」。公用股市疲弱，工商業務平淡。

（四）火：火星在第三宮，僱員中，防情緒不滿。出版界，防銷路阻滯。交通事務，防損失。鐵路股票，防低平。如與各行星，六十度，或一百二十度，可減輕。九十度，或一百八十度，則更甚。

（五）土：土星在第三宮，鐵路與郵政，收入可能降低。文藝與出版，業務可能滯鈍。對該宮有關股市，多差。如與各行星，六十度，或一百二十度，可減輕。九十度，或一百八十度，則更甚。

（六）金：金星在第三宮，與各行星，如六十度，或一百二十度時，則其主應：顯示社會中事事物物，有突飛猛進之新氣象。扶危濟困，興利除弊。環境有優良之改造，證劵得充足之發揚。工人階級，尤爲有利。如九十度，或一百八十度時，「差」。著名寫作家，及藝術家，其中須防有不測之虞，股市下降。

（七）水：水星在第三宮，與各行星，如六十度，或一百二十度時，則其主應：在證劵股市，出人意表中。出版則名著風行，鑿生靈之耳目。新聞則讜論遠播，作民衆之喉舌。文化交流，世運大開。對於交通郵務。增加巨幅贏利。如九十度，或一百八十度時，「差」。其中，出版銷路，不大暢。著述名家，有驚險，尤防證劵趨向頹勢。

(八)天王：天王星在第三宮，對於電話、汽車、鐵路、郵政等類，進展緩慢。對於新聞、書籍、文化、出版等類，處理麻煩。尤防該宮支配股票低降。如與各行星，六十度，或一百二十度，可減輕。九十度，或一百八十度，則更甚。

(九)海王：海王星在第三宮，股票中，防欺詐。員工中，防歧見。增加商業犯罪，破損地區信譽。如與各行星，六十度,或一百二十度,可減輕。九十度，或一百八十度，則更甚。

(十)冥王：冥王星，在第三宮，影響新聞事業，不利文化機關，工商業，頗受打擊。交通股，亦趨低沈。如與各行星，六十度，或一百二十度，可減輕。九十度，或一百八十度，則更甚。

第四宮

此宮屬地產，在太陽圖表中，關係特殊，支配土地，地產，建築，樓宇，酒店，橡膠，包括股市等等發展。而在商業周期之繁榮，與此宮座內任何行星之方位優良，具有決定性作用。

(一)日：日在第四宮，與各行星，如六十度，或一百二十度時，則其主應：在佔相當重要之位置中，支配土地，擴張收益，尺土寸金，有不尋常之表現，衛星離島，有大興發之氣機，地產證券，蓬勃隆升。建築業務，扶搖直上。可能踏上民治、民有、民享之康莊大道。如九十度，或一百八十度時，「差」。有關地產、建築之股市脆弱。

（二）月：月在第四宮，與各行星，如六十度，或一百二十度時，則其主應：雨順風調，東作西成，對社會民生，帶來幸運。對地產股市，充滿生機。得天時地利之美景，有物阜民康之休徵。如九十度，或一百八十度，「差。」天氣失常，事物不利。地產疲弱，農作歉收。

（三）木：木星在第四宮，與各行星，如六十度，或一百二十度時，則其主應：帶來非常幸運，地產旺盛，天氣調和，土地有暢茂之生機，而建設邁進。社會有充沛之活力，而經濟健全。股市上衝，金融靈活。措人民於康樂，導地區於太平。如九十度，或一百八十度時，「差」。天氣失常，地產稍遜，物價波動，股市便宜。

（四）火：火星在第四宮，公共建築物，防火燭。房屋地產股，防低沉。礦塲農作，均蒙不利。物業交易，亦感不暢。如與各行星，六十度，或一百二十度，可減輕。九十度，或一百八十度，則更甚。

（五）土：土星在第四宮，商業疲脆，而地產低平。股票萎縮，而事物阻礙。凡第四宮支配者，皆然。如與各行星，六十度，或一百二十度，可減輕。九十度，或一百八十度，則更甚。

（六）金：金星在第四宮，與各行星，如六十度，或一百二十度時，則其主應：天氣正常，收穫良好。五風十雨，促進農作滋榮。百業萬商，充實經濟活力。城市有繁華之美景，證券有豐大之騰升。如九十度，或一百八十度時，「差」。氣候惡劣，風雨失調。股市不振，商業平淡。

（七）水：水星在第四宮，與各行星，如六十度，或一百二十度時，則其主應：幸運突至，收益驟增，工業有改進之機，而民生以裕。股市有騰達之象，而寶藏斯興。普通一般生活水準，得到提高。如九十度，或一百八十度時，「差」。工業稍遜，證券減低。

（八）天王：天王星在第四宮，稅源不豐，地產不景。水務，有困難處置。股票，有低落趨向。在此影響下，帶來困難。如與各行星，六十度，或一百二十度，可減輕。九十度，或一百八十度，則更甚。

（九）海王：海王星在第四宮，證券與地產，有銳減趨勢。農作與礦採，有疏落情調。在公共場所中，隱伏滋事困擾。宜採疏導之方，勿持偏激之見。如與各行星，六十度，或一百二十度，可減輕。九十度，或一百八十度，則更甚。

（十）冥王：冥王星，在第四宮，建築業，趨於平淡。地產股，感到疏落。礦產，則開發有凝。農作，則收穫欠豐，如與各行星，六十度，或一百二十度，可減輕。九十度，或一百八十度，則更甚。

第五宮

此宮屬娛樂，在太陽圖表中，關係特殊。支配股票，戲院，賽馬，賽球，教育，電影，等等發展。在商業周期之繁榮，與此宮座內任何行星之方位優良，具有決定性作用。

(一)日：日在第五宮，與各行星，如六十度，或一百廿度時，則其主應：對於教育、娛樂、生殖、音樂、戲院，在其有利之支配下。學校林立，教化風行。人才，則玉筍班聯，股市，則鰲峯直上，風俗淳厚，社會光昌。至於著名伶人，及股票市場。亦均有利。如九十度，或一百八十度，「差」。證券市場，及戲院娛樂，收入減少，支出重大。著名劇家及伶人，有憂患驚險。

(二)月：月在第五宮，與各行星，如六十度，或一百二十度時。則其主應：在此地區，充滿安定快活氣氛。一般民衆，傾向娛樂。促進社會健康，增强戲院收入。尤利於婦女發展，及兒童康樂、股市投資活躍。如九十度，或一百八十度時，「差」。婦女界、及兒童羣中，宜防非禮之侵犯，及虐待之事件。

(三)木：木星在第五宮，與各行星，如六十度，或一百二十度時，則其主應：在優良角度中，有利於興學校，辦講習，作育高明之人才，培植良好之風尚。股市活躍，導致健全。生殖蕃多。促成富庶。如九十度，或一百八十度時，「差」。增加苦惱，不利投機，更防教育界，產生爭論。戲劇界，引起損失。

(四)火：火星在第五宮，戲院、學校，宜防火警。伶人、歌星，宜防驚險。股市低跌，商業不景。如與各行星，六十度，或一百二十度，可減輕。九十度，或一百八十度，則更甚。

(五)土：土星在第五宮，在婦女佳麗中，有風險。在電影人物中，有不測。生育減縮，證券低沉。如與各行星，六十度，或一百二十度，可減輕。九十度，或一百八十度，則更甚。

(六)金：金星在第五宮，與各行星，如六十度，或一百二十度時。則其主應：證券交易，趨向發揚。婦女界，地位崇高，出生率，數字活躍，娛樂有高尚之改進，伶人有特殊之表揚。如九十度，或一百八十度時，「差」。戲院中，短少收入。婦女中，減低生育。余以爲，全世界，人口激增，正在普遍掀起節育高潮，婦女避孕，尙恐不周，但金星此宮角度不利，確能減低生育，天之所命，可遇而不可求者也。

(七)水：水星在第五宮，與各行星，如六十度，或一百二十度時。則其主應：無論培植後代，及啓發未來、效率均在加强中。兒童福利，有大量之增加。戲劇場所，有巨幅之改進。且對教育、學校、法律、股票，均屬有利。如九十度，或一百八十度時，「差」。對兒童，教育，有困擾。對戲院、股市，有呆滯。

（八）天王：天王星在第五宮，宜防對戲院、酒樓，招來困惑。更防對文化，教育。製造紛歧，股市下降，經濟失調。如與各行星，六十度，或一百二十度，可減輕。九十度，或一百八十度，則更甚。

（九）海王：海王星在第五宮，妨礙教育，削弱證券、增加違法賭博之場所，破壞戲劇娛樂之聲譽。尤防不道德事件，加深罪惡。如與各行星，六十度，或一百二十度，可減輕。九十度，或一百八十度，則更甚。

（十）冥王：冥王星在第五宮，不利投機事業。有礙保健工作。突出不名譽之事態，妨害股市。產生不理智之行爲，有傷倫理。如與各行星，六十度，或一百二十度，可減輕。九十度，或一百八十度，則更甚。

第六宮

（一）日：日在第六宮，與各行星，如六十度，或一百二十度時。則其主應：勞苦大衆，帶來愉快心情，社會基層，得到健全組織。經濟掛帥，可以樹政府之駿望。金融中心，可以執國際之牛耳。如九十度，或一百八十度時。「差」。要員多病，妨害健康。

(二)月：月在第六宮，與各行星，如六十度，或一百二十度時，則其主應：平民康樂，有良好之衞生。社會安寧，有高尚之環境。工商可達峯巔，秩序益趨穩定。如九十度，或一百八十度時，「差」。在局部中，有不滿反應。在平民中，有頗多疾苦。

(三)木：木星在第六宮，與各行星，如六十度，或一百二十度時。則其主應：勞工狀況，可從基本改善。大衆身心，可得普遍康樂。對公共衞生之設施，及社團福利之推進，尤爲有利。如九十度，或一百八十度時，「差」。商業有周轉失靈，府庫有收支逆差。

(四)火：火星在第六宮。醖釀時疫，影響衞生，有發炎高熱之威脅，有流行性病之傳染。船舶中，宜防火災，商業界，恐生風險。如與各行星，六十度，或一百二十度，可減輕。九十度，或一百八十度，則更甚。

(五)土：土星在第六宮。妨害平民健康，而工作弛緩。影響商業進展，而經濟呆滯。如與各行星，六十度，或一百二十度，可減輕。九十度，或一百八十度，則更甚。

(六)金：金星在第六宮，與各行星，如六十度，或一百二十度時，則其主應：最有利於下層社會。普羅大眾，增進利益。受僱員工，提高代價。得生活之進化，有自由之保障。無不遂其業。而樂其生。如九十度，或一百八十度時，「差」。在此角度不利中，挑起罪惡行動，引致疫病傳染。如注意清潔運動，自可保社會健康。

(七)水：水星在第六宮，與各行星，如六十度，或一百二十度時，則其主應：基層階級，有活潑之生機。普遍心理，有滿足之願望。相安相得，而秩序井然，互助互惠，而民氣勃然。如九十度，或一百八十度時，「差」。在城市中，頗多偷竊。尤其精神病率，顯示增高。人生應抱達觀，凡事勿作幻想，所謂：「改天命，奪神功。」操之在我者也。

(八)天王：天王星在第六宮，狀況特殊，帶來人民中之爭奪。車禍頻繁，引起四肢上之殘害。尤以對該宮支配事物不利。如與各行星，六十度，或一百二十度，可減輕。九十度，或一百八十度，則更甚。

(九)海王：海王星在第六宮。下層社會，引起更多不道德。上流家庭。發生更多不愉快。增加吸毒，嗜賭。導致苦惱，缺恨。如與各行星，六十度，或一百二十度，可減輕。九十度。或一百八十度，則更甚。

(十)冥王：冥王星在第六宮，男女青年中，失教育者，防傾向墮落。社會貧民中，缺救濟者，防增加疾苦。如六十度，或一百二十度，可減輕。九十度，或一百八十度，則更甚。

第七宮

此宮屬國際，在太陽圖表中，關係特殊。支配對外貿易，海外投資，出入口商，包括股市等等發展。而在商業周期之繁榮，與此宮座內任何行星之方位優良，具有決定性作用。

(一)日：日在第七宮，與各行星，如六十度，或一百二十度時，則其主應：十分重要。對國際上，有活動趨勢。對外交上，有和諧氣氛，外商雲集，貿易旺盛。局面開朗，更顯出光天化日。社會昌隆，益帶來甘雨和風。如九十度，或一百八十度時，「差」。出入口商交易，宜防意外糾紛。須以未雨綢繆，自可及時趨避。

(二)月：月在第七宮，與各行星，如六十度，或一百二十度時，則其主應：外交活躍，有八面之展開。慶典崇高，得萬民之愛戴。天成其美，結婚率，故大量增强。人盡其才，婦女界，故特殊發展。如九十度，或一百八十度時，「差」。於社交，宜防不尋常衝突。於家庭，宜防最殘忍破裂。所貴修省，自求多福。

(三)木：木星在第七宮，與各行星，如六十度，或一百二十度時，則其主應：國際貿易，日趨挺進，財團投資，日見充裕。教育則有高度發揮。生殖則有顯著效率，對內供應，無不圓滿。對外交際，尤屬順利。如與各行星，九十度，或一百八十度時，「差」。教育事務，影响進展。商業未見躍進，婚率亦當縮少。

(四)火：火星在第七宮，處理國際事務，可能感覺棘手。經營國外貿易，須防動搖信心。地區上，多反目離婚，民衆間，多糾紛爭執。能識大體，互相忍讓，自增幸福。如與各行星，六十度，或一百二十度，可減輕。九十度，或一百八十度，則更甚。

(五)土：土星在第七宮，對外交涉，有不和諧氣氛。對內貿易，有不躍進動態。婚姻之中，增加離異。地區之上，製造罪犯。如與各行星，六十度，或一百二十度，可減輕，九十度，或一百八十度，則更甚。

(六)金：金星在第七宮，與各行星，如六十度，或一百二十度時，則其主應：對外方貿易，有蓬勃展望。對內部團結，有和平氣氛。生活種種，愈增美滿風光。婚娶重重，多屬上層人物。如九十度，或一百八十度時。「差」。不利於婦女界。有驚人犯罪。

(七)水：水星在第七宮，與各行星，如六十度，或一百二十度時。則其主應：最利於公共事物。打開外交鎖鑰，無往不利。採取商業協定，無所不利。樹立國際威信，無處不利。保障地區幸福，無人不利。如九十度，或一百八十度時。「差」。在此角度當中，國際事務，頗覺紛繁。工商進展，尤感滯緩。

(八)海王：海王星在第七宮，社會之中，多喪德婚變。法庭之上，多討厭訟案。宜防秘密攻擊之事，更防誹謗破壞之謀。如與各行星，六十度，或一百二十度，可減輕。九十度，或一百八十度，則更甚。

(九)天王：天王星在第七宮，在羣衆中，製造誹謗。在貿易中，醞釀糾紛。離婚增多。控訴雜出。均發生於意料之外。如與各行星，六十度，或一百二十度，可減輕。九十度，或一百八十度，則更甚。

(十)冥王：冥王星在第七宮，外貿有枝節出現。經濟有恐慌來臨。吸毒青年頗多，受害婦女亦衆。如與各行星，六十度，或一百二十度,可減輕。九十度,或一百八十度，則更甚。

第八宮

(一)日：日在第八宮，與各行星，如六十度，或一百二十度時，則其主應：有關樞密機要，一切符合理想。貴族人物，享美滿之福。平民階級，得康寧之樂。如九十度，或一百八十度時，「差」。上層人物，宜防意外。但是，作善降祥，一祥，而可擁百吉。行道有福，一福，而可壓千災。自古如斯，於今不爽。

(二)月：月在第八宮，與各行星，如六十度，或一百二十度時，則其主應：在經濟社會中，保持穩健作風。在婦女團體中，促進權能展布。增强遺產稅收，充實府庫儲備。如九十度，或一百八十度時，「差」。民衆中，婦孺多病。商業中，經濟不靈。

(三)木：木星在第八宮，與各行星，如六十度，或一百二十度時，則其主應：銀行商業，直上峯顛。財政稅收，提高水準。加强富庶，成天府之區。增進法治，措泰山之境。尤有利於貴族界、及宗教界、法律界、銀行界等等。如九十度，或一百八十度時，「差」。在貴族界、法律界、宗教界、金融界等等，須防損失。

(四)火：火星在第八宮，在商業界，有突出波折。在城市中，有神秘火燭。在火險商業著名人物中，須防意外驚險。如與各行星，六十度，或一百二十度，可減輕。九十度，或一百八十度，則更甚。

(五)土：土星在第八宮，年高望重之人物，宜防憂危。職顯位尊之官吏中，宜防貶黜。如與各行星，六十度，或一百二十度，可減輕。九十度，或一百八十度，則更甚。

(六)金：金星在第八宮，與各行星，如六十度，或一百二十度時。則其主應：增加遺產稅率，促進財政收入。尤有利於婦女領袖，及、音樂家、藝術家等等。均可充分展佈。如九十度，或一百八十度時，「差」。音樂家、藝術家，及著名上流婦女，宜防意外。

(七)水：水星在第八宮，與各行星，如六十度，或一百二十度時。則其主應：立法平正，適應民情。稅收增强，充實公庫。對於文藝界、出版界，更有顯著成就。如九十度，或一百八十度時，「差」。但兒童青年，間多疾患。文藝界，出版界，均有影響。

(八)天王：天王在第八宮，社會上，有突來損失，令人迷惘。羣衆中，有慘酷刼殺，使人恐怖。如與各行星，六十度，或一百二十度，可減輕。九十度，或一百八十度，則更甚。

(九)海王：海王星在第八宮，民衆刺激，精神病，特別增多。消費脆弱，工商業，益見虧損。更防溺水服毒自縊。招致許多危亡。如與各行星，六十度，或一百二十度，可減輕。九十度，或一百八十度，則更甚。

(十)冥王：冥王星在第八宮，無祥和之氣，有乖戾之風。地與地，相磨擦。人與人，相詐僞。商業沮喪，經濟不利。傳染病特多，死亡率增加。如與各行星，六十度，或一百二十度，可減輕。九十度，或一百八十度，則更甚。

第九宮

此宮屬船務，在太陽圖表中，關係特殊，支配旅遊，船務，運輸，等等發展。而在商業周期之繁榮，與此宮座內任何行星之方位優良，具有決定性作用。

(一)日：日在第九宮，與各行星，如六十度，或一百二十度時，則其主應：凡宗教之合作，法律之修改，貿易之推進，科學之發揚，無不得心應手。船務貿易，尤爲有利。如九十度，或一百八十度時，「差」。諸如：宗教合作困難，商業進展緩遲。

(二)月：月在第九宮，與各行星，如六十度，或一百二十度時，則其主應：推進工商事業，發揚法治精神。既利於宗教、運輸、而氣象蒸蒸。更利於船務、旅遊，而業務勃勃。如九十度，或一百八十度時，「差」。根據該宮優劣而判斷。

(三)木：木星在第九宮，與各行星，如六十度，或一百二十度時，則其主應：在支配各項事物之下，工、商、企、實，四大業務，有均衡之躍進。衣、食、住、行四大需要，有高度之享受。地區太平，民衆康樂。對法律宗教，均迅速進展。船務股市，亦利。如九十度，或一百八十度時，「差。」財政有繁重之支出，貿易有波折之困擾。

(四)火：火星在第九宮，商業冷落，宗教紛歧，在法律界，或增煩難。在航業界，恐招火災。對該宮支配，均有影響。如與各行星，六十度，或一百二十度，可減輕。九十度，或一百八十度，則更甚。

(五)土：土星在第九宮，船舶行駛，須防相撞。航海領導，恐生莫測。商業貿易，有呆滯之虞。金融股市，有疲軟之勢。如與各行星，六十度，或一百二十度，可減輕。九十度，或一百八十度，則更甚。

(六)金：金星在第九宮時，與各行星，如六十度，或一百二十度時。則其主應：對外貿易，可循序激增，對內工業，有高度伸展，法律得到尊嚴，宗教增加信仰。人民之心情愉快。社會之秩序安定。如九十度，或一百八十度時，「差」。多轇葛，多訴控，須以忍氣，自可息爭。

(七)水：水星在第九宮，與各行星，如六十度，或一百二十度時。則其主應：包括廣泛，如立法司法，更得公平之布施。工業商業，尤有超越之發展。科學昌明，藝術進步。對發明家、出版界、法律界，均利。如九十度，或一百八十度時，「差」。訟案迭出，增加法律家麻煩，贋品何來？引起工商界戒備。須知：訟則終凶，故聖人，以無訟爲貴。僞則日拙，故天下，惟至誠如神。

(八)海王：海王星在第九宮，多偷盜，多吸毒。商業界，防範欺騙。宗教界，導致新奇。如與各行星，六十度，或一百二十度，可減輕。九十度，或一百八十度，則更甚。

(九)天王：天王星在第九宮，對航業界，防勞資糾紛。對船舶上，防爆炸損害。影響商務，波及經濟。如與各行星，六十度，或一百二十度，可減輕。九十度，或一百八十度，則更甚。

(十)冥王：冥王星在第九宮，不利科學進展。有損宗教信仰。地區商業，影响進展。海上營運，遭受打擊。如與各行星，六十度，或一百二十度，可減輕。九十度，或一百八十度，則更甚。

第十宮

此宮屬官商。在太陽圖表中，關係特殊。支配地區榮譽，首長功績，及工商，經濟，財團，等等發展。而在商業周期之繁榮，與此宮座內任何行星之方位優良，具有決定性作用。

(一)日：日在第十宮，與各行星，如六十度，或一百二十度時。則其主應：在此重要宮中，更有特殊表現。地區領袖，創不世之功烈。社會首腦，樹非常之德望。內外和衷，上下交泰，外貿暢銷，經濟躍進，促進工商發展，保障民衆幸福。如九十度，或一百八十度時，「差」。在此角度中，貴族階層，宜防眚災。

(二)月：月在第十宮，與各行星，如六十度，或一百二十度時。則其主應：在有利於統治權力當中，發揮婦女才智，轉移社會風氣。因應環境，利斯興，而弊斯除。開拓新機。民以樂，而物以豐。如九十度，或一百八十度時，「差」。社會領袖中，防打擊。著名婦女中，防侵害。

(三)木：木星在第十宮，與各行星，如六十度，或一百二十度時。則其主應：增加地區之尊嚴聲望。上層領導，有高貴之光榮，社會措施，有卓異之表現。經濟活躍，利溥四方，商業飛騰。瞬息萬里。至證券市場，百貨交易，無不暢旺，如日之升。如九十度，或一百八十度時，「差」。工商經濟，趨向低沉。影響財政收入。增加領袖困惱。

(四)火：火星在第十宮，高級人員，主多調動。工商業務，主趨冷淡。尤以支配第七宮時爲甚。如與各行星，六十度，或一百二十度，可減輕。九十度，或一百八十度，則更甚。

(五)土：土星在第十宮，權威人物，防意外拂逆。商業經濟，防突出衰退。如與各行星，六十度，或一百二十度，可減輕。九十度，或一百八十度，則更甚。

(六)金：金星在第十宮，與各行星，如六十度，或一百二十度時，則其主應：有隆重之慶典舉行。有高貴之婚姻出現。對於婦女，更加强能幹。對於貴族，更表現光榮。如九十度，或一百八十度時，「差」。在貴顯婦女中，有悲哀發作。在高層社會中，有歧見出現。

(七)水：水星在第十宮，與各行星，如六十度，或一百二十度時，則其主應：上自高層人物，下至普遍羣衆，均有靈活思想，及飛躍氣象。出入相友，守望相助。尤利於貴族及官員活動。如九十度，或一百八十度時，「差」。在職官員，有被貶黜之虞。在野名流，有遭誹謗之毀。余以為：久任，在奉公守法，止謗，在省過自修，庶幾乃吉。

（八）天王：天王星在第十宮，有關機構，宜防激起總辭。上流社會，尤防發生矛盾。如與各行星，六十度，或一百二十度，可減輕。九十度，或一百八十度，則更甚。

（九）海王：海王星在第十宮，時髦人士中，可能製造最醜劇。貴族家庭中，可能發生大恨事。貿易呆滯，經濟脆弱。如與各行星，六十度，或一百二十度，可減輕。九十度，或一百八十度，則更甚。

（十）冥王：冥王星在第十宮，上流人物，宜防驚險。下層社會，恐染疫病。青年傾向頹廢。商業引致衰退。如與各行星，六十度，或一百二十度，可減輕。九十度，或一百八十度，則更甚。

第十一宮

（一）日：日在第十一宮，與各行星，如六十度，或一百二十度時，則其主應：在高貴之位置上，博採周咨，集思廣益。會議，則充滿和氣。立法，則順應輿情。保持秩序，造福地區。穩定金融，裨益羣衆。如九十度，或一百八十度時，「差」。精神渙散，主見分歧，防不利之影響。有許多之紛煩。

(二)月：月在第十一宮，與各行星，如六十度，或一百二十度時。則其主應：對地區公共事務，進行順利，上下聯繫，官民咸亨。內外和諧，公私交遂。有崢嶸之氣象，有團結之精神，如九十度，或一百八十度時，「差」。在領袖中，間有消極，精神不振，且有疾病，但對工作，不至影響。

(三)木：木星在第十一宮，與各行星，如六十度，或一百二十度時，則其主應：財政有豐厚之收入。工商有龐大之拓展，貿易場所，掀起高潮。會議里程，擴張美景。對於改進宗教，及推行選舉，亦利。如九十度，或一百八十度時。「差」。選舉未見强化，外貿趨向低潮，財政競進，債劵低落。

(四)火：火星在第十一宮，在會塲中，帶來刺激。在議程中，挑起分歧，商業受其打擊，經濟受其影响。如與各行星，六十度，或一百二十度，可減輕。九十度，或一百八十度，則更甚。

(五)土：土星在第十一宮，公益之事，多受延阻。會議之中，頗增煩劇。經濟招來呆滯，商業引致蕭條。如與各與星，六十度，或一百二十度，可減輕。九十度，或一百八十度，則更甚。

(六)金：金星在第十一宮，與各行星，如六十度，或一百二十度時。則其主應：提高婦女地位，而輔助社團。鞏固會議基層，而配合時代。政教融洽，法紀修明。對議員一切，尤屬吉利。如九十度，或一百八十度時，「差」。在議事中，恐有不圓滿之表現。在會場中，恐有不和協之辯論。角度影响，雖然如斯，但為顧全地區幸福，及民衆利益，應貫澈和衷共濟之美德。

(七)水：水星在第十一宮，與各行星，如六十度，或一百二十度時。則其主應：教育邁進，人才蔚起。銀行、經濟，則益趨高峯。商業貿易，則更顯上昇。尤有利於立法。如九十度，或一百八十度時，「差」。在商業界，經營低落。在法庭中，訴訟頻煩。

(八)天王：天王星在第十一宮，議會，多分歧辯論。方案，欠密切合作。貿易縮減，商務沮喪。如與各行星，六十度，或一百二十度，可減輕。九十度，或一百八十度，則更甚。

(九)海王：海王在第十一宮。於會議中，而多不愉快。於爭辯中，而多未通過。影响福利之推進，延阻工作之效率，斯固海王主管使然。天定勝人，其柰之何。如與各行星，六十度，或一百二十度，可減輕。九十度，或一百八十度，則更甚。

(十)冥王：冥王星在第十一宮，社會中，減少活力。工業界，缺乏能源。鬆弛議事之活躍精神，影响立法之尊嚴綱紀。如與各行星，六十度，或一百二十度，可減輕。九十度，或一百八十度，則更甚。

第十二宮

(一)日：日在第十二宮，與各行星，如六十度，或一百二十度時，則其主應：對所支配各事，充滿一片仁慈。救濟機關，有充份之擴展。福利業務，有巨量之增强。困者得蘇，貧者得救，病者得愈，危者得安，萬姓沾恩，四方興頌。如九十度，或一百八十度時，「差」。可能在慈善機構中，工作效率降低。

(二)月：月在第十二宮，與各行星，如六十度，或一百二十度時，則其主應：婦女團體，顯示能幹，加强社會慈善之機構，促進普遍救濟之功能。各正其德，各厚其生。如九十度，或一百八十度時，「差」。在醫院中，更增多病人。在社會上，更增加貧苦。慈善機關，受輿論。婦女兒童，多犯罪。

(三)木：木星在第十二宮，與各行星，如六十度，或一百二十度時。則其主應：展開一幅福利好景。公益人員，皆集中救濟工作。貧苦大衆，得大量施贈實惠。上以推恩，下以懷德。對遺產尤利，有豐滿收入。如九十度，或一百八十度時，「差」。在公衆機構中，有關捐助、施贈，福利，可能減少。

(四)火：火星在第十二宮。有更多犯法者出現。囚犯獄中，宜防越監。救貧院中，宜防失火。百密而勿一疏，千慮以策萬全。如與各行星，六十度，或一百二十度，可減輕。九十度，或一百八十度，則更甚。

(五)土：土星在第十二宮，疾病增多，住院人滿。醫院財政，不敷開支。公職人員，防受批評。如與各行星，六十度，或一百二十度，可減輕。九十度，或一百八十度，則更甚。

(六)金：金星在第十二宮，與各行星，如六十度，或一百二十度時。則其主應：在十分有利之感召下，改善公共之福利，增進遺產之贈與。財政充實，百廢俱興。建設加强。八方同利。如九十度，或一百八十度時，「差。」贈與收益，可能縮減，尤防有更多敗德喪行，及侵犯婦女兒童之行爲。

（七）水：水星在第十二宮，與各行星，如六十度，或一百二十度時。則其主應：在此地區，有物品咸亨之顯著進步。公共機構，提高效率。行政法例，適應環境。擁千祥而並至，開萬福以俱來。咸歌大有，共享安寧。如九十度，或一百八十度時，「差。」出現僞造、欺騙、盜竊、搶刦。或文字上，有類似攻擊。須知，是非審之於己，毀譽聽之於人，得失安之於數，休咎裁之於天。惟能如此，庶幾近道。

（八）天王：天王星在第十二宮，公共機構，多事務改革。救濟團體，有意外損失。尤防想入非非，增加罪惡。如與各行星，六十度，或一百二十度，可減輕。九十度，或一百八十度，則更甚。

（九）海王：海王星在第十二宮，安置貧民，處理或未及時。執行救濟，措施有不滿意。社會許多欺詐，青年不少幻想。如與各行星六十度，或一百二十度，可減輕。九十度，或一百八十度，則更甚。

（十）冥王：冥王星在第十二宮，不利於感化院，更不利於收容所，在濟貧中，粥少僧多，不無向隅之感。在犯罪中，日積月累，恐有獄滿之患。如與各行星，六十度，或一百二十度，可減輕。九十度，或一百八十度，則更甚。

太陽圖表

一九七二年

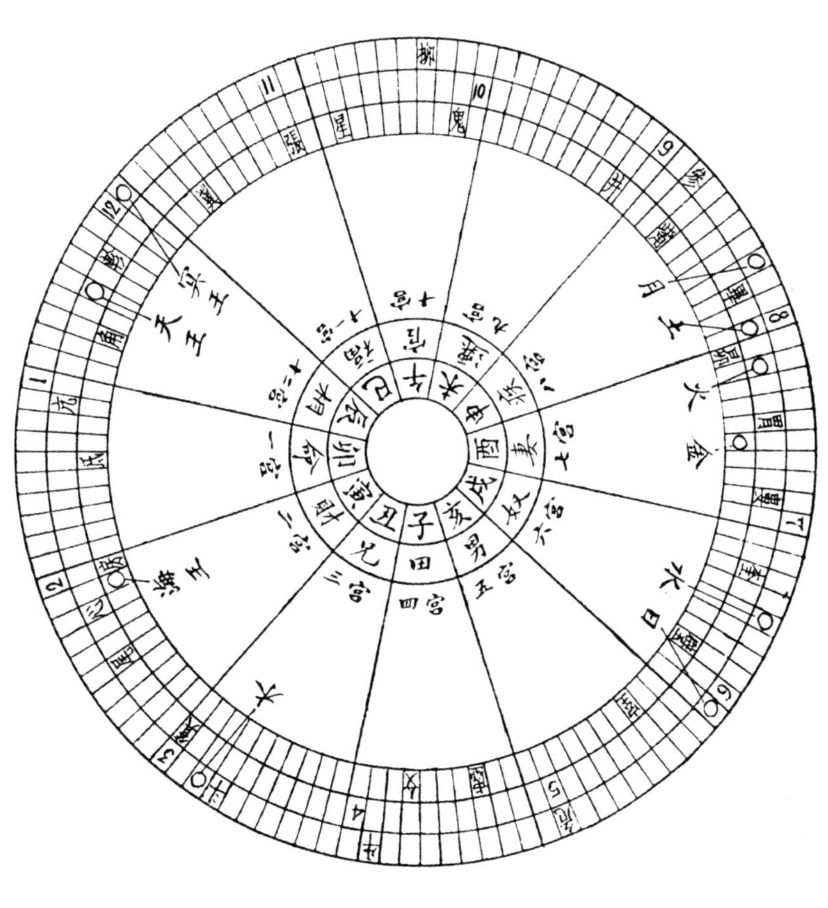

一九七二年太陽圖表與商業周期

吳師青著

查是年，天體行星，主要會合，日食月食宮度。一月十六日，日環食丑宮廿五度。七月十一日，日全蝕未宮十八度。一月三十日，月全食午宮九度。七月二十六日，月偏食子宮三度。三月三十一日，火星與土星，會合於申宮三度。十月三日，與冥王會合於辰宮二度。十月三十一日，火星與天王，會合於辰宮十九度。冥王八月入辰宮，土星三月入申宮，木星九月入丑宮，上升星球。上述角度位置，乃供研究世界占星學，及有關工商業之用也。師青特製本年太陽圖表，以北緯二十二度。東經一百一十四度為例，其主星，與列宿纏度，及各項點。命主火星，纏胃土雉九度，化蚤龍得雨，澤加於民（參演禽）。木星在第三宮，有利於該宮之支配者。四宮頂點（屬地產），與冥王一百二十度。又與土星一百二十度。又第七宮頂點，（屬國際）與南天秤β一百二十度。六月後，土星入申宮，天王在辰宮，構成一百二十度。天王與土星和諧，且日在第五宮，與二宮海王一百二十度。二宮（屬經濟），五宮（屬股票），蓋海王，有膨脹力，又有神秘性，故股市，亦當隨之高漲。其主應，察太陽圖表主應篇。以上角度，是由一九七二年三月二十一日，至一九七三年三月二十日範圍。此種圖表，包含萬象。總之，凡關大事，尚須以主要會合，日食月食星圖，而參斷。惟股市，常受心理學影響。恐有不正常反應。

太陽圖表

春分

一九七三年三月廿一日

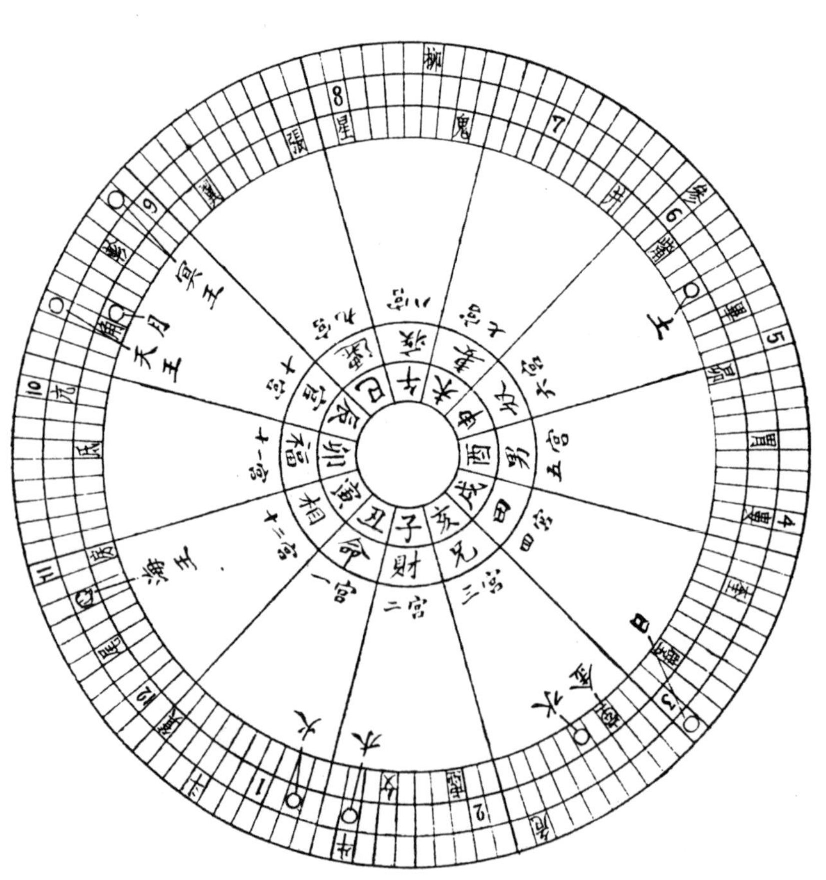

吳師青著

太陽圖表

夏至

一九七三年六月廿一日

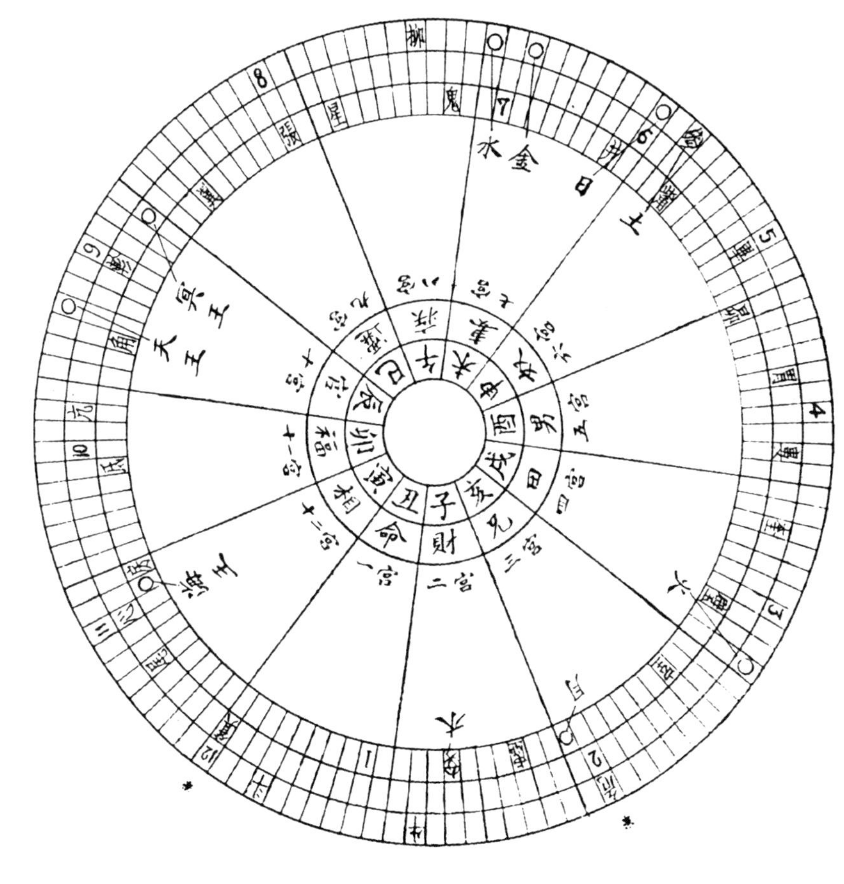

太陽圖表

秋分

一九七三年九月廿三日

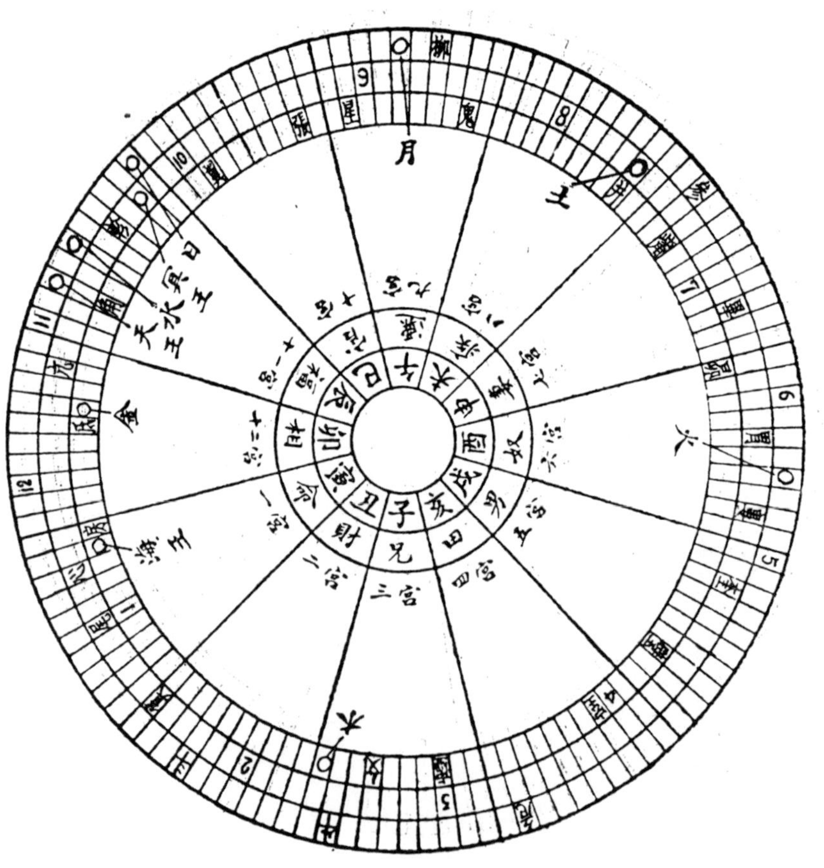

太陽圖表

冬至

一九七三年十二月廿三日

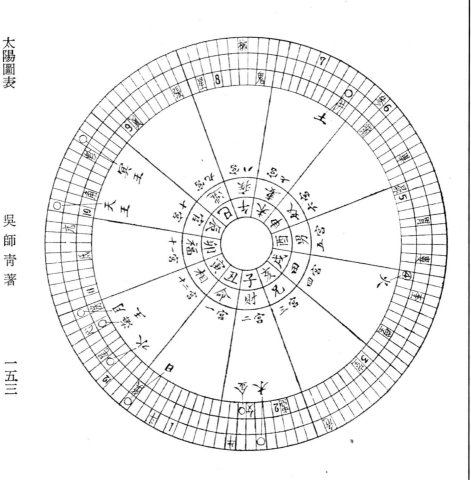

一九七三年太陽圖表與商業期周

查是年，天體行星，主要會合，日食月食宮度。一月四日，日環食丑宮十四度。六月三十日，日全食未宮八度。十二月二十四日，日環食丑宮二度。十二月十日，月偏食申宮十八度。一月，土星與天王一百二十度。一月八日，火星與海王星會合於寅宮六度。一月二十三日，木星與天王九十度。四月六日，火星與木星會合於子宮七度。八月，木星與海王六十度。火星在黃道帶，入戌宮。土星在八月，入未宮。木星在二月，入子宮。本年六月，天王星、土星、木星，横跨黃道帶之空氣座，構成一百二十度。上述角度位置，乃供研究世界占星學，及有關工商業之用也。師青特製本年太陽圖表，以北緯二十二度，東經一百一十四度為例。其主星，與列宿纏度，及各頂點。春季（三月二十一起）命主土星，纏畢月烏七度，化鴐鶩戲水。險遭滅頂。水在第二宮，與土星九十度，四月分，木火會合第一宮。夏季，命主土星，躔參水猿初度，化青狨食猴。飽颺而去。火在第二宮，與冥王一百八十度。又與日九十度（察主應篇）。秋季，命主木星，纏斗木獬二十三度。化牛犢畏箭，暫避其鋒。木在第二宮。與日，與冥王角度，本吉。奈日與土星九十度。又火星五宮（股票），與金星一百八十度（按五宮為股票宮）。冬季（十二月二十三起），命主土星 纏參水猿十度，化黑猿墜井。樂極生悲（參演禽）。火星第四宮（地產），與天王一百八十度（船務宮）。其主應，察圖表主應篇。以上角度，是由一九七三年三月二十一日，至一九七四年三月二十日之範圍。此種圖表，包含萬象。總之，凡關大事，尚須以主要會合，日食月食星圖，而參斷。惟股市，常受心理學影響。恐有不正常反應。

太陽圖表

一九七四年

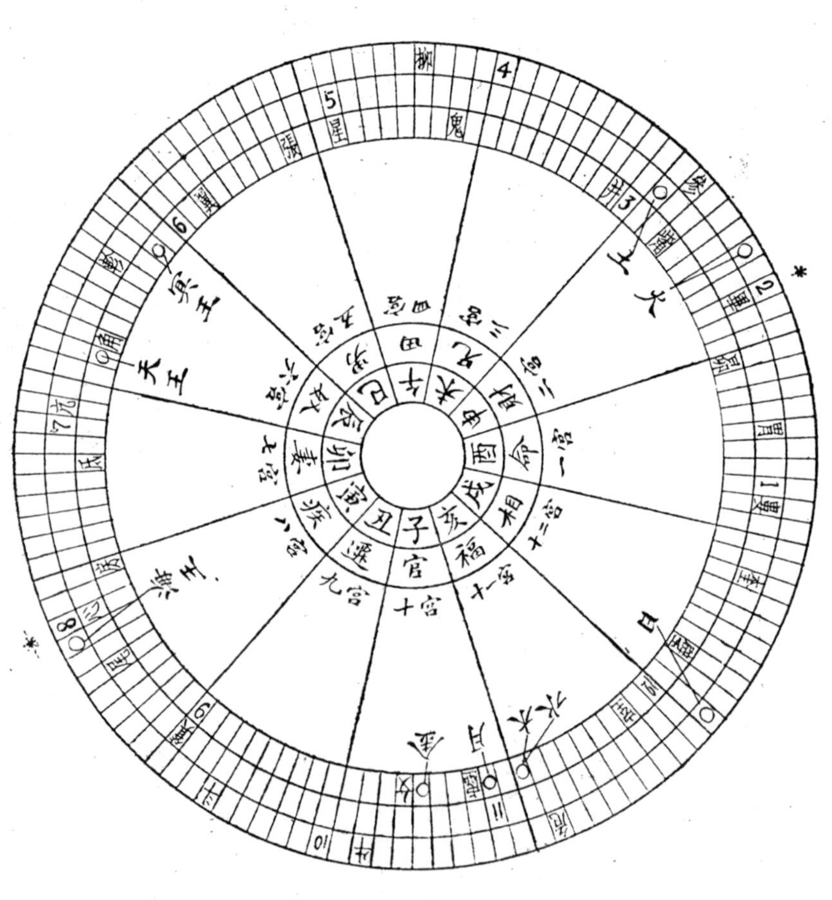

命
財
兄
田
子
奴
妻
疾
遷
官
福
相
子
丑
寅
卯
辰
巳
午
未
申
酉
戌
亥
一宮
二宮
三宮
四宮
五宮
六宮
七宮
八宮
九宮
十宮
十一宮
十二宮
天王
冥王
土
火
日
水
金
鬼
1
2
3
4
5
6
7
8
9

一九七四年太陽圖表與商業周期

查是年，天體行星，主要會合，日食月食宮度。六月二十日，日全食申宮二十六度。十二月十四日，日偏食寅宮二十一度。六月五日，月偏食寅宮十八度。十一月二十九日，月全食申宮七度。二月，木星與天王，一百二十度。四月二十日，火土會合于未宮零度。此零度會合，在近世紀百年來，未有見者，惟會合未宮三度內，本屬不利，零度更壞。但三度僅見於一八八五年八月。七月，木星與海王九十度。九月，火星與冥王，會合於辰宮六度。十二月，火星與海王，會合於寅宮十度。上述角度位置，乃供研究世界占星學，及有關工商業之用也。師青特製本年太陽圖表，以北緯二十二度，東經一百一十四度為例，其主星與列宿躔度，及各頂點。命主金星，躔女土蝠三度，化丹鳳朝陽。最怕黑鷹（參演禽）。四月，火星與土星，會合未宮零度。其不利因素，須至一九七六年五月，另一次會合，方能消失。又，日與土星九十度，又與冥王一百八十度。土星第二宮，與日，與冥王，各九十度。有影響工商平淡，股市低落。此本年固定星圖之角度也。但火土會合於未宮零度，本港緯度，在第二宮（經濟宮）。該宮所支配者，稍差。在世界太陽圖表，火土會合，佔第七宮（國際宮）。該宮所支配者，亦差。宜防有不尋常之影響。余慮焉，故另行自推夏、秋、冬太陽圖表，詳其究竟，藉釋我懷。而所得為：夏季星圖，火星佔第四宮（地產），妙與海王一百二十度。減輕。秋季，土星第五宮（股票），與日，與火，與冥王，九十度。日在七宮，與十宮之月九十度。（察圖表主應篇）冬季，木星第十一宮，居垣亥位，與土星一百二十度，本當大利，惜八宮火星與海王會合，又與木星九十度

（察圖表主應篇）。終未釋然，姑且待之。以上角度，是由公元一九七四年三月二十二日，至公元一九七五年三月二十日之範圍，此種圖表，包含萬象。總之，凡關大事，尚須以主要會合，日食月食星圖，而參斷。惟股市，常受心理學影響。恐有不正常反應。

太陽圖表

一九七五年

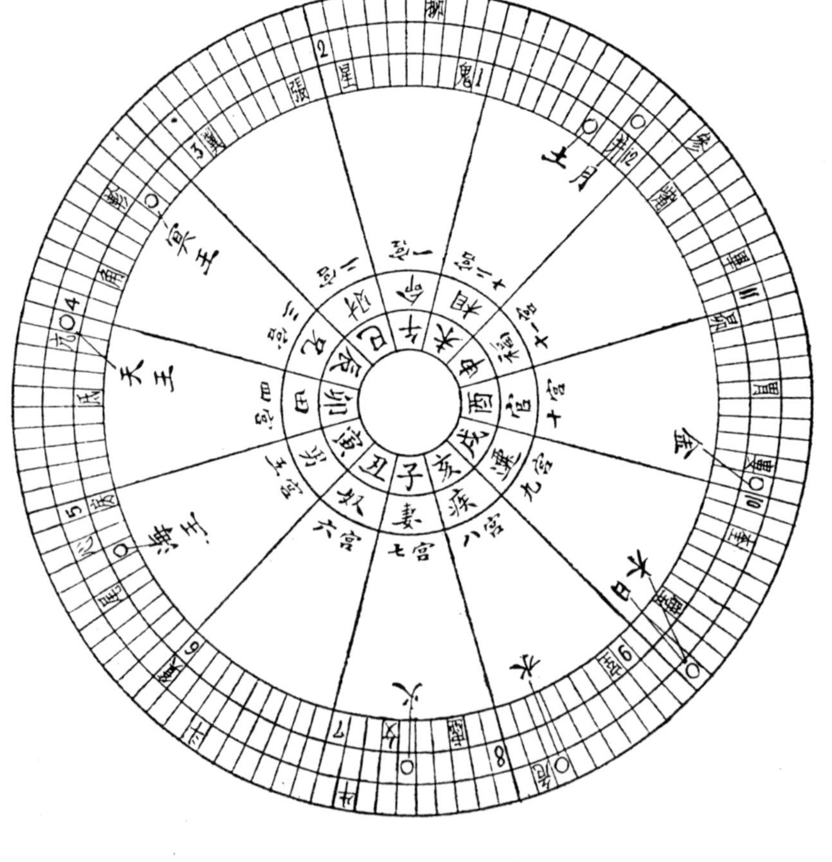

吳師青著

一九七五年太陽圖表與商業周期

查是年，天體行星，主要會合，日食月食宮度。五月十一日，日偏食酉宮二十度。十一月三日，日偏食卯宮十度。五月二十五日，月食寅宮三度。十一月十九日，月全食酉宮二十六度。六月十七日，火星與木星，會合於戌宮二十度。七月，木星與海王一百二十度。十月及十一月，土星與天王，成九十度。三月二十一日，太陽入戌宮零度，與木星會合，日受木蔽。古天文占星學，稱日為君象，不宜掩蔽，蔽則美中不足。願天佑下民，化咎為祥。九月，土星入午宮。八月七日，木星與天王一百八十度。又，天王入卯宮，及上升星球，入卯宮。上述角度位置，乃供研究世界占星學，及有關工商業之用也。師青特製本年太陽圖表，以北緯二十二度，東經一百一十四度為例。其主星，與列宿躔度，及各頂點。命主太陽，躔室火猪七度，化野象遇豺。履險如夷（參演禽）。天王在第四宮（地產），與第十宮金星一百八十度，地產股，稍差。且火星在第七宮。與戌宮太陽木星四十五度（九十度同），又與天王不和諧（參圖表主應篇）。妙在二宮頂點，與天王六十度，與金星一百二十度，自可轉圜，有一陽來復之美。其主應，察太陽圖表主應篇。以上角度，是由公元一九七五年三月二十一日，至公元一九七六年三月二十日之範圍，此種圖表，包含萬象。總之，凡關大事，尚須以主要會合，日食月食星圖，而參斷。惟股市，常受心理學影響。恐有不正常反應。

太陽圖表

春分

一九七六年三月二十日

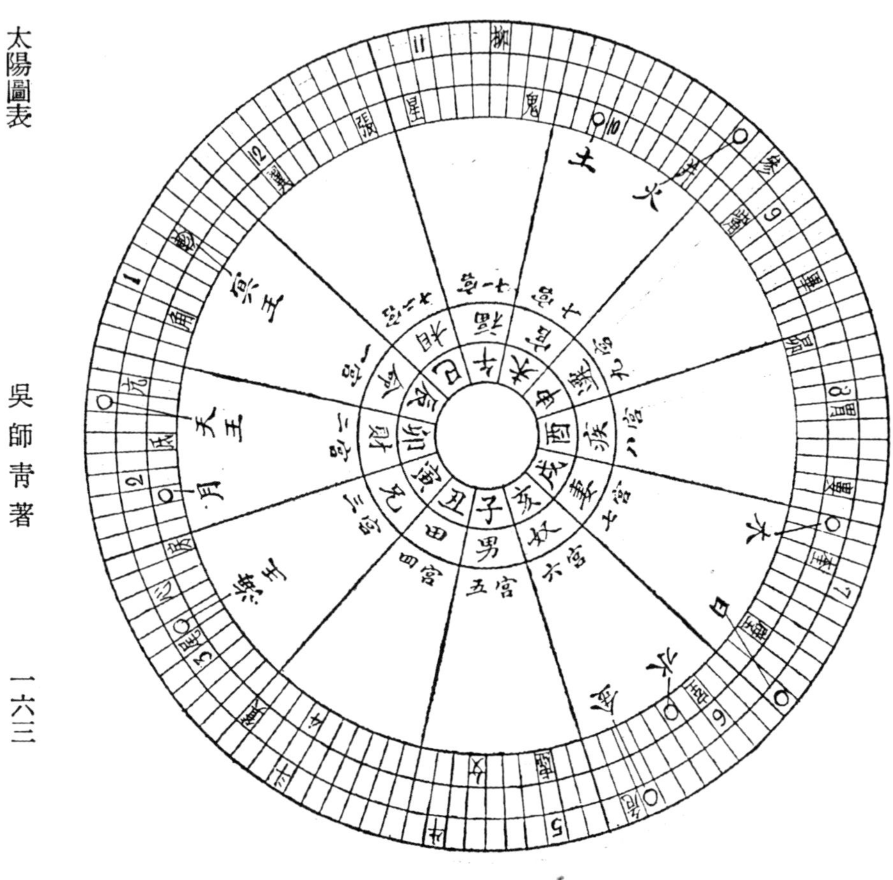

太陽圖表

夏至

一九七六年六月廿一日

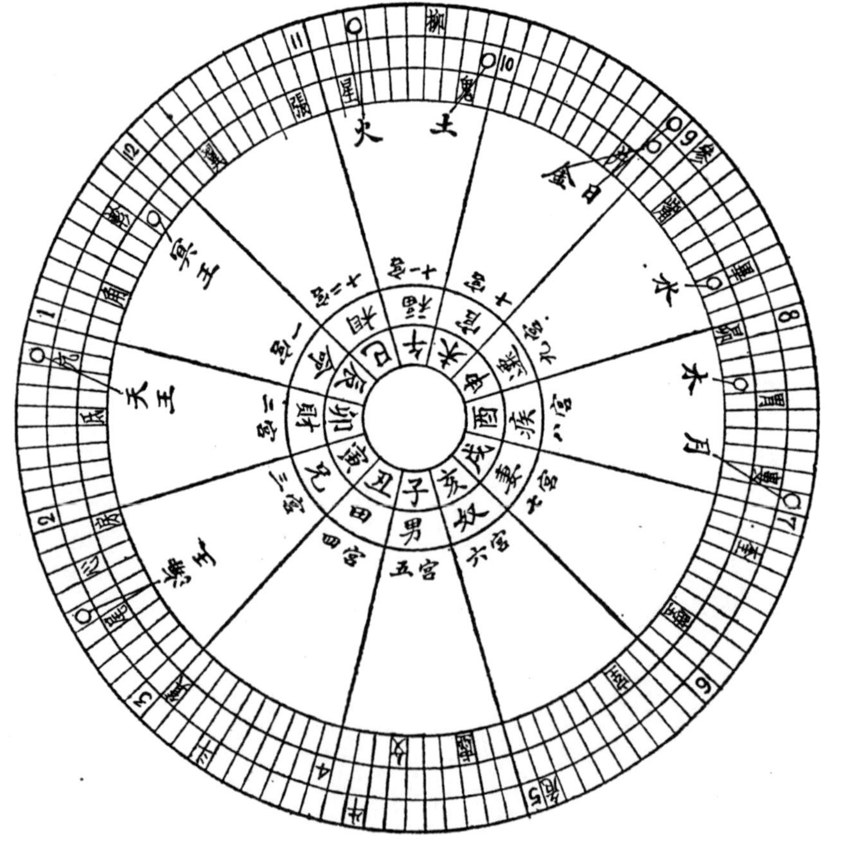

吳師青著

太陽圖表

秋分

一九七六年九月廿四日

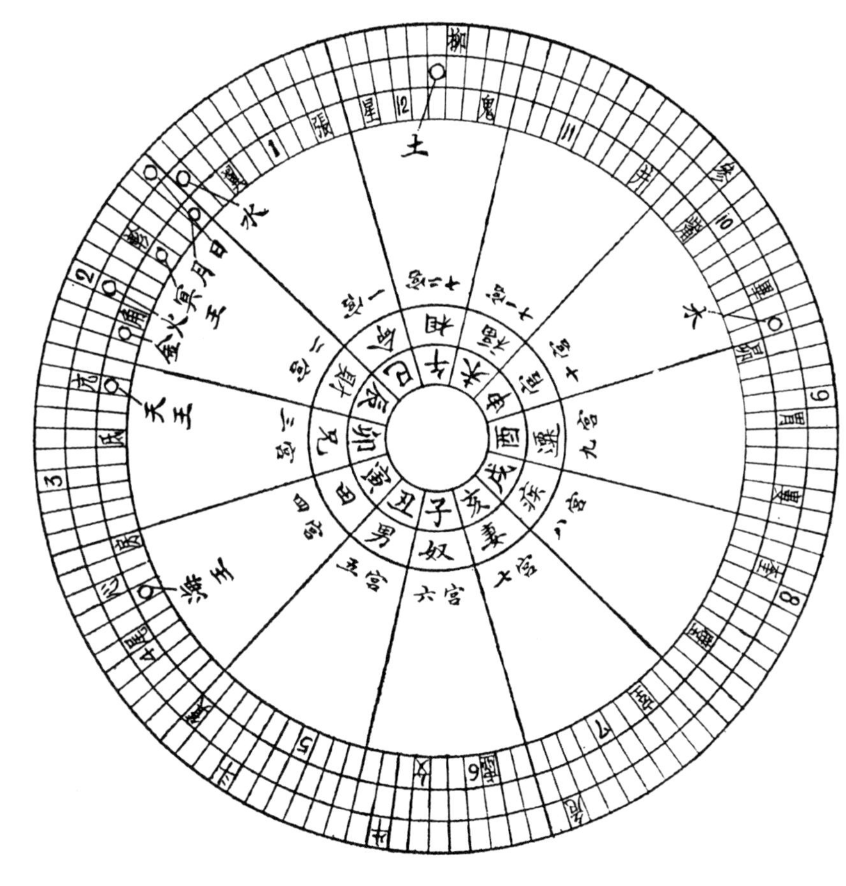

太陽圖表

冬至

一九七六年十二月廿三日

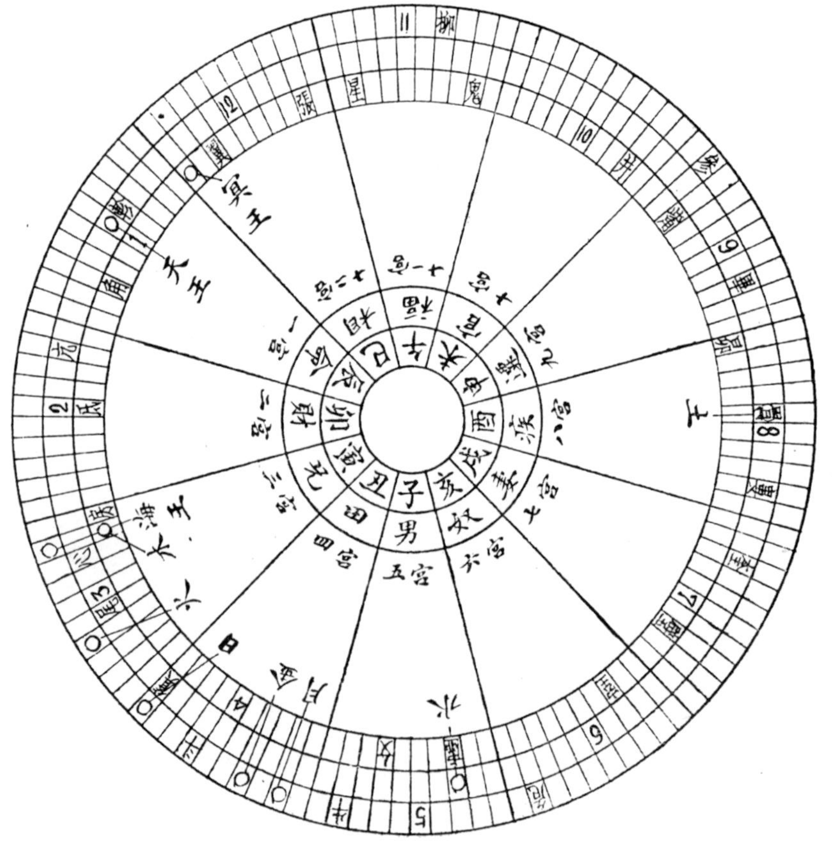

一九七六年太陽圖表與商業周期

查是年，天體行星，主要會合，日食月食宮度。四月二十九日，日環食酉宮九度。十月二十三日，日全食卯宮零度。五月十四日，月偏食卯宮二十三度。三月，木星入酉宮，天王星橫跨卯宮。四月，木星與天王一百八十度。五月十一日，火星與土星會合未宮。六月間，土星入午宮。土星又與天王九十度，七月，木星與海王一百二十度。九月九日，火星與冥王星會合辰宮十度，十月十八日，火星與天王，會合卯宮六度，十二月九日，火星與海王，會合寅宮十三度，均先後分別會合。上述角度位置，乃供研究世界占星學，及有關工商業之用也。師青特製本年太陽圖表，以北緯二十二度，東經一百一十四度為例。其主星，與列宿躔度，及各項點。春季，命主金星，躔危月燕三度，化百舌畏鷹。語妙如珠(參演禽)。月在第二宮，與土星一百二十度，金星在第五宮，與天王一百二十度。商業繁盛，股市上揚。夏季，命主金星，與太陽會合。躔參水猿七度，化青猿摘果，取之不盡。與天王一百二十度，地區有新建設，新發明。國際有大財團，大投資。但嫌土星十宮，與月，與天王，九十度，美中有疵。秋季，命主水星，躔翼火蛇五度，化彩龍奪珠。燊光四射。太陽第一宮，與九宮（船務宮）木星一百二十度。木星九宮，與日、月、水、一百二十度，船務趨好，旅遊上揚。冬季，命主金星，躔斗木獬九度。化麒麟有祿。萬寶來朝。金星在四宮（地產宮）。與第八宮土星，一百二十度，又月在四宮，與冥王一百二十度。地產興旺，股市回升。其主應，察太陽圖表主應篇。以上角度，是由公元一九七六年三月二十一日，至公元一九七七年三月二十日之範圍。此種圖例，包含萬象。總之，凡關大事，尚須以主要會合，日食月食星圖，而參斷。惟股市，常受心理學影響。恐有不正常反應。

太陽圖表

春分

一九七七年三月廿二日

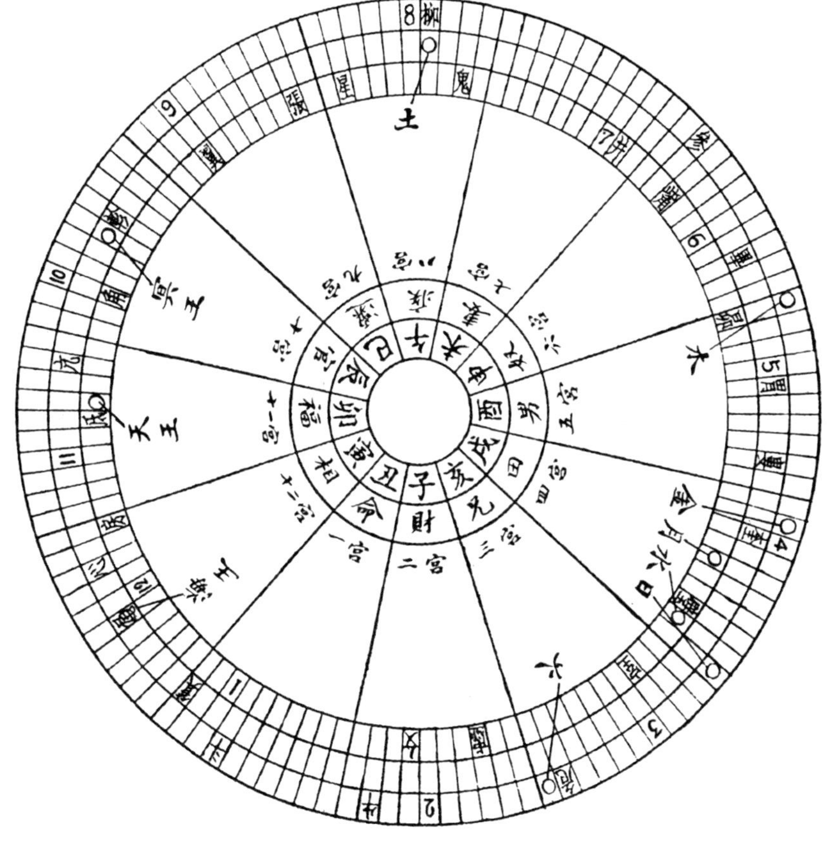

太陽圖表

夏至

一九七七年六月廿一日

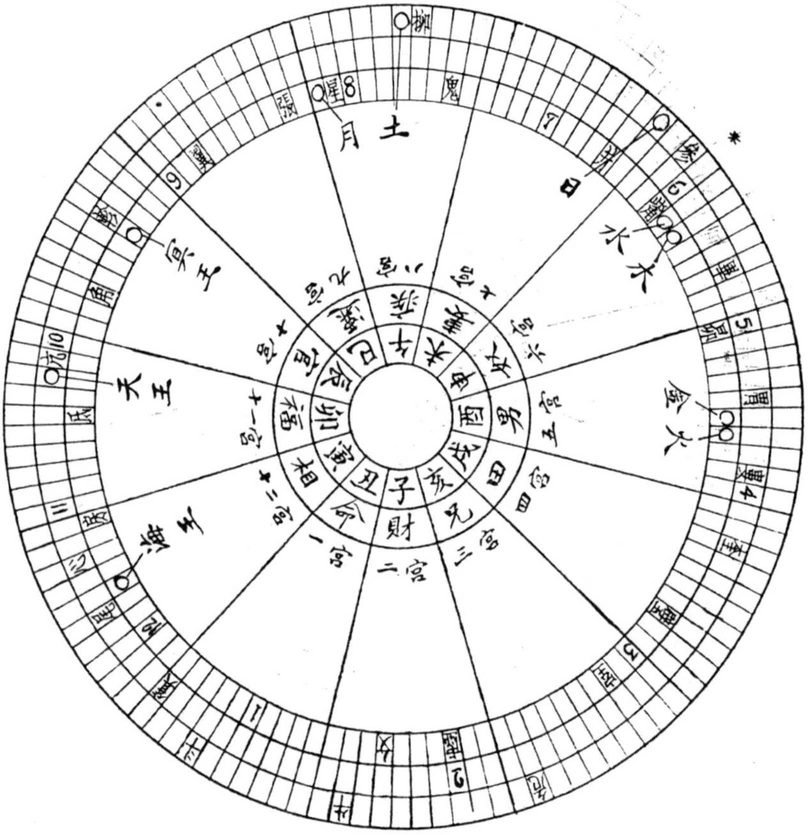

太陽圖表

秋分

一九七七年九月廿三日

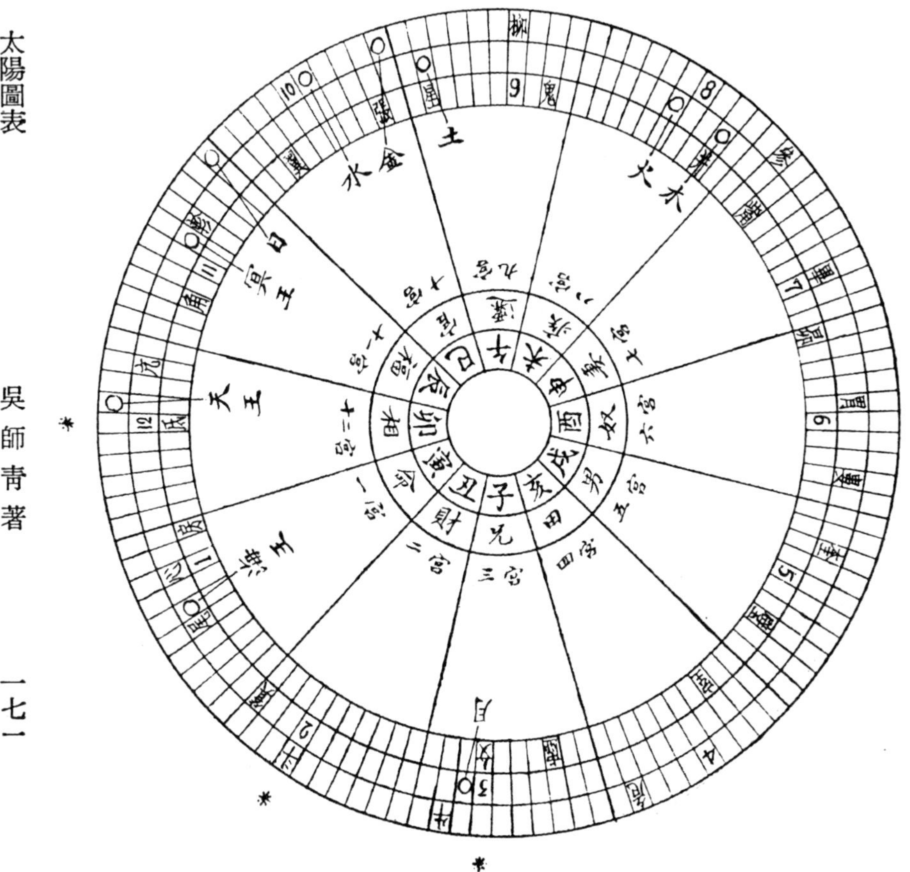

吳師青著

太陽圖表

冬至

一九七七年十二月廿二日

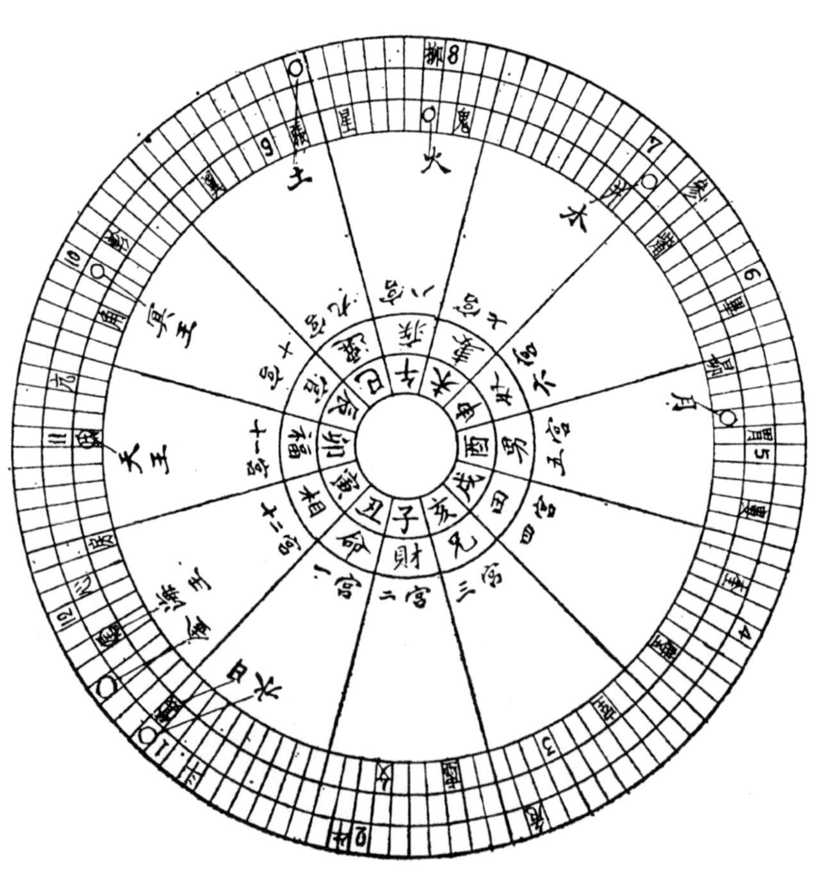

一九七七年太陽圖表與商業周期

查是年，天體行星，主要會合，日食月食宮度。四月十八日，日環食戌宮二十八度。十月十三日，日全食辰宮十九度。四月四日，月偏食辰宮十四度。九月五日，火星與木星會合未宮二度。三月，天王星與土星，成九十度。四月，木星入申宮。六月，水星與海王星，成一百八十度。八月，木星又入未宮。九月，木星與土星六十度。九月五日，火星與木星會合未宮六度。土星于十一月，入巳宮。上升星體軌道之交點，於正月入未宮。金星固定位置，於三月十八日逆行。至四月二十九日，固定位置，直向黃道帶戌宮。土星與天王，不和諧。上述角度位置，乃供研究世界占星學，及有關工商業之用也。師青特製本年太陽圖表，以北緯二十二度，東經一百一十四度為例。其主星，與列宿躔度，及各頂點。春季，命主土星，躔柳土獐一度，化赤獐失所。先苦後甘（參演禽）。土星七宮（國際宮）與十宮（官商宮）天王九十度。妙第二宮頂點，與冥王一百二十度。減輕。夏季，命主土星，躔柳土獐三度。化猩猩遇獵。脫險平安。火星金星在四宮（地產宮）與七宮（國際宮）土星九十度。其主應，察圖表主應篇，秋季，命主木星，躔參水猿十度。遇鷹啄背。無如之何？海王第一宮，與十宮水星九十度，又木火會合第七宮（參主要會合篇）。冬季，命主太陰，躔胃土雉四度。化丹鳳飛鳴，其音喈喈。日，水，第一宮，與第六宮之木，一百八十度，妙在與八宮土星一百二十度。減輕。其主應，察太陽圖表主應篇。以上角度。是由公元一九七七年三月二十一日，至公元一九七八年三月二十日之範圍，此種圖表，包含萬象。總之，凡關大事，尚須以主要會合，日食月食星圖，而參斷。惟股市，常受心理學影響。恐有不正常反應。

太陽圖表

春分

一九七八年三月廿一日

吳師青著

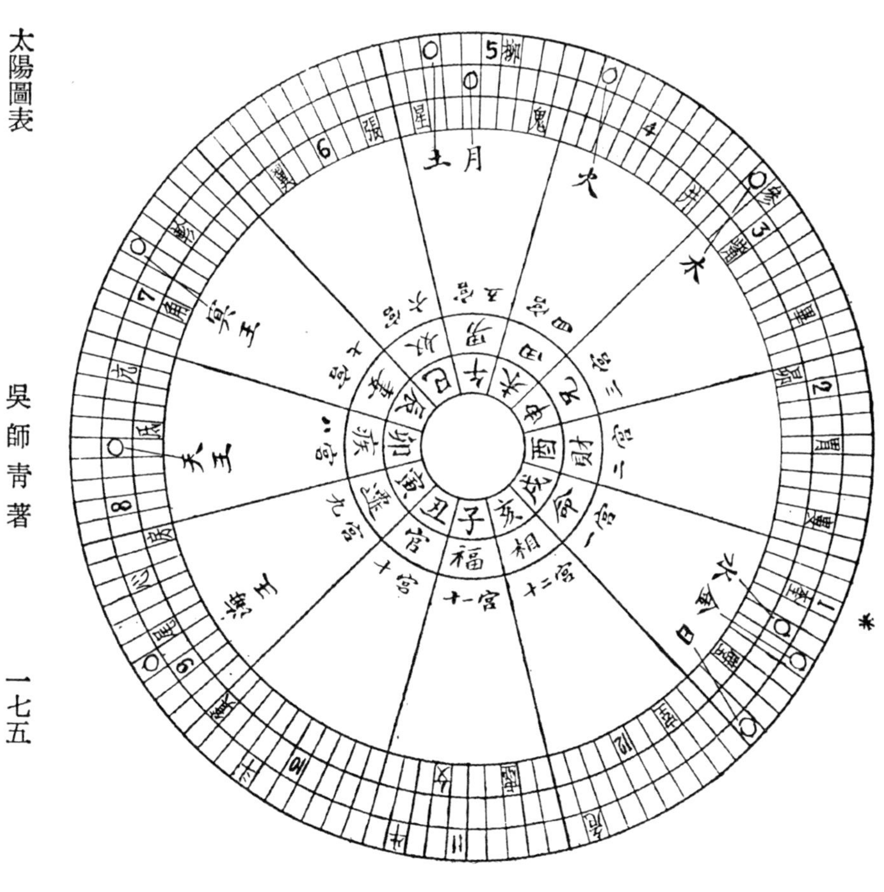

太陽圖表

夏至

一九七八年六月廿二日

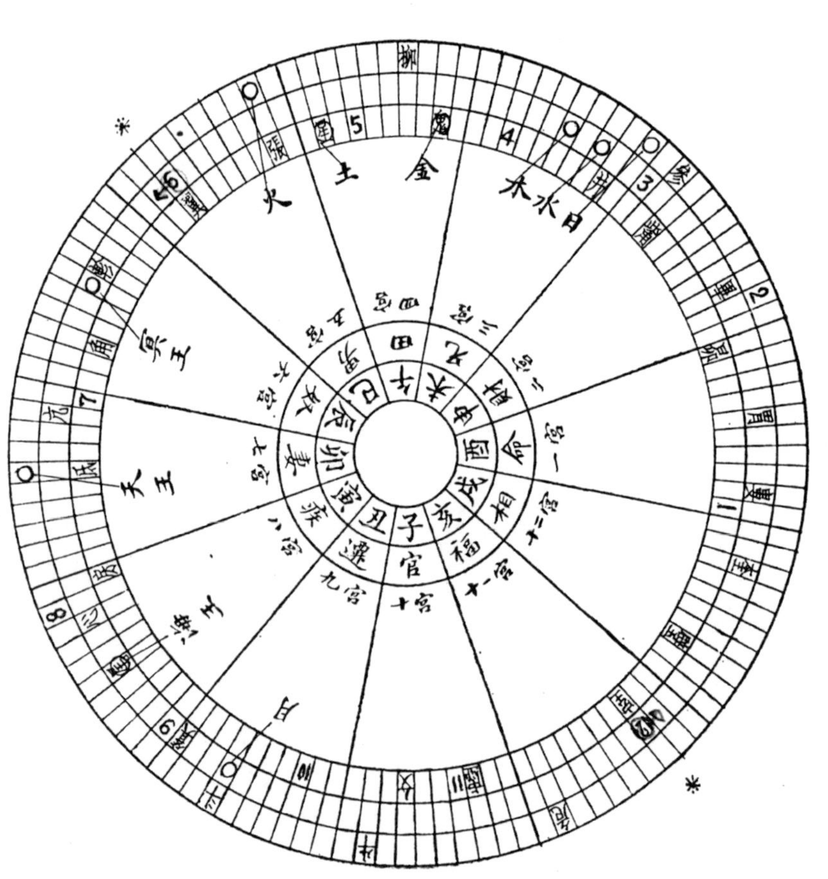

太陽圖表

秋分

一九七八年九月廿三日

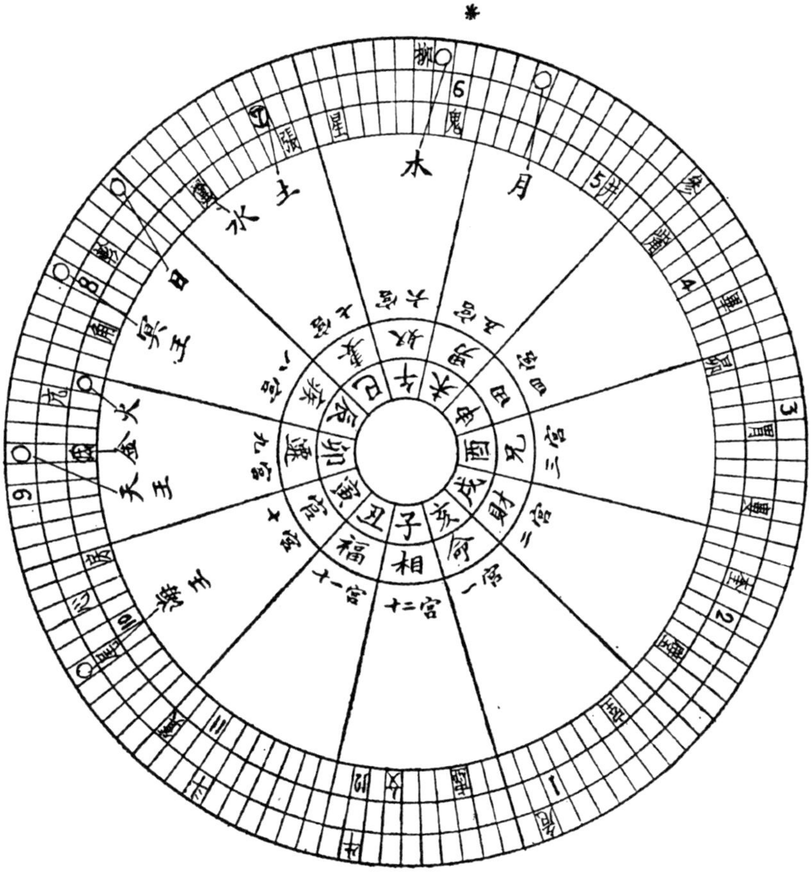

太陽圖表

冬至

一九七八年十二月廿二日

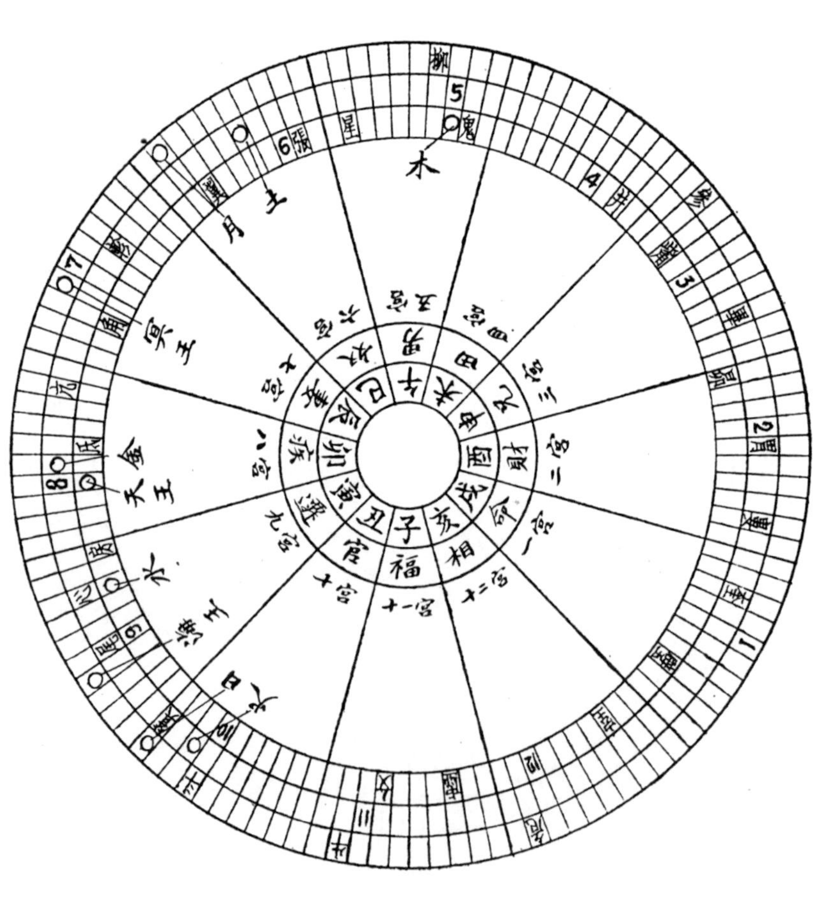

一九七八年太陽圖表與商業周期

查是年，天體行星，主要會合，日食月食宮度。四月七日，日偏食戌宮十七度。十月二日，日偏食辰宮八度。三月廿四日，月食辰宮三度。九月十七日，月偏食亥宮二十三度。六月，木星與天王一百二十度。六月三日，火星與土星，會合於午宮二十五度。八月廿八日，火星，與冥王會合於辰宮十五度。十月十一日，火星與天王，會合於卯宮十四度。十一月廿六日，火星與海王，會合於寅宮十七度。十月廿一日，金星固定位置退行，十二月一日，退至卯宮。此乃大宇宙中，行星四次會合，有特殊動態。上述角度位置、乃供研究世界占星學，及有關工商業之用也。師青特製本年太陽圖表，以北緯二十二度，東經一百一十四度為例。其主星，與列宿躔度，及各頂點。春季，命主火星，躔井木犴十九度，化黃鵠高翔。妄想冲天（參演禽）。月之第五宮，與海王一百二十度。受天王九十度。減輕。火星第四宮（地產）。土星第五宮（察圖表主應篇）。夏季，命主金星，躔鬼金羊初度。化羯羊跳躍。先樂後憂。木星第三宮，與第七宮天王一百二十度（察圖表主應篇）。冥王在第六宮，與三宮木星九十。又與九宮之月九十（察圖表主應篇）。又火土會合五宮（股票）其吉利，均被冲擊。秋季，命主木星，躔鬼金羊一度。化犀牛望月，喜見團圓。木星在第六宮頂點，月在五宮，與七宮水星六十度（察圖表中月與水星主應）。冬季，命主火星，躔箕水豹六度。化豹登鳳閣。甘拜下風。木星第五宮頂點，與八宮水星一百二十度，有利於工商業發展，及投資股市。（即木五宮角度吉利）以上角度，是由公元一九七八年三月廿一日，至公元一九七九年三月二十日之範圍。此種圖表，包含萬象。總之，凡關大事，尚須以主要會合，日食月食星圖，而參斷。惟股市，常受心理學影響。恐有不正常反應。

太陽圖表

春分

一九七九年三月廿一日

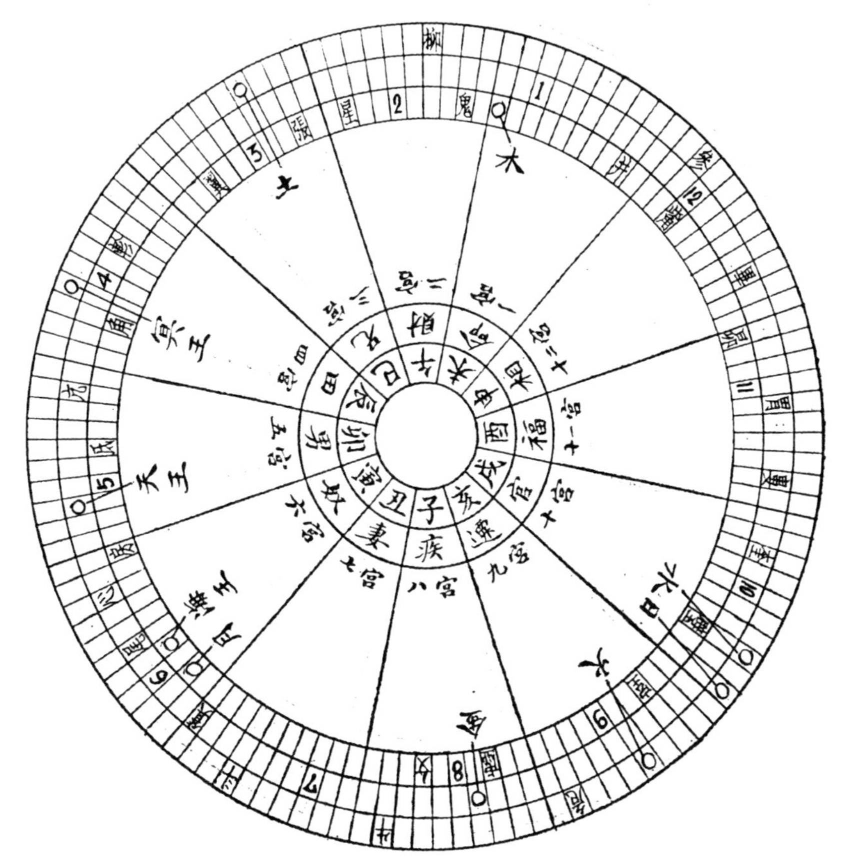

太陽圖表

夏至

一九七九年六月廿二日

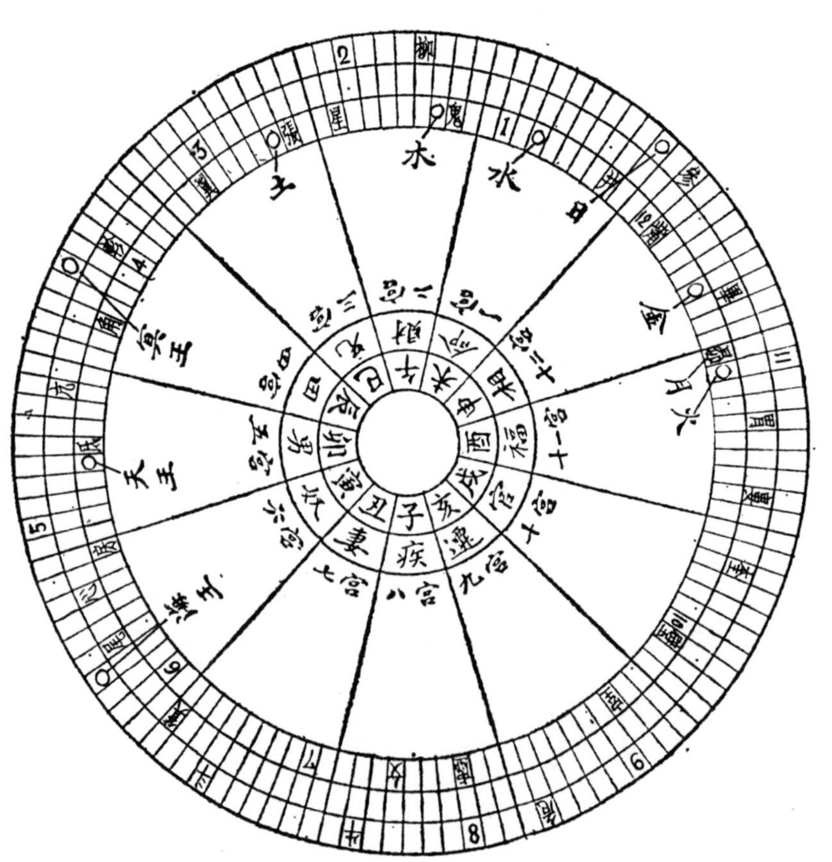

太陽圖表

秋分

一九七九年九月廿四日

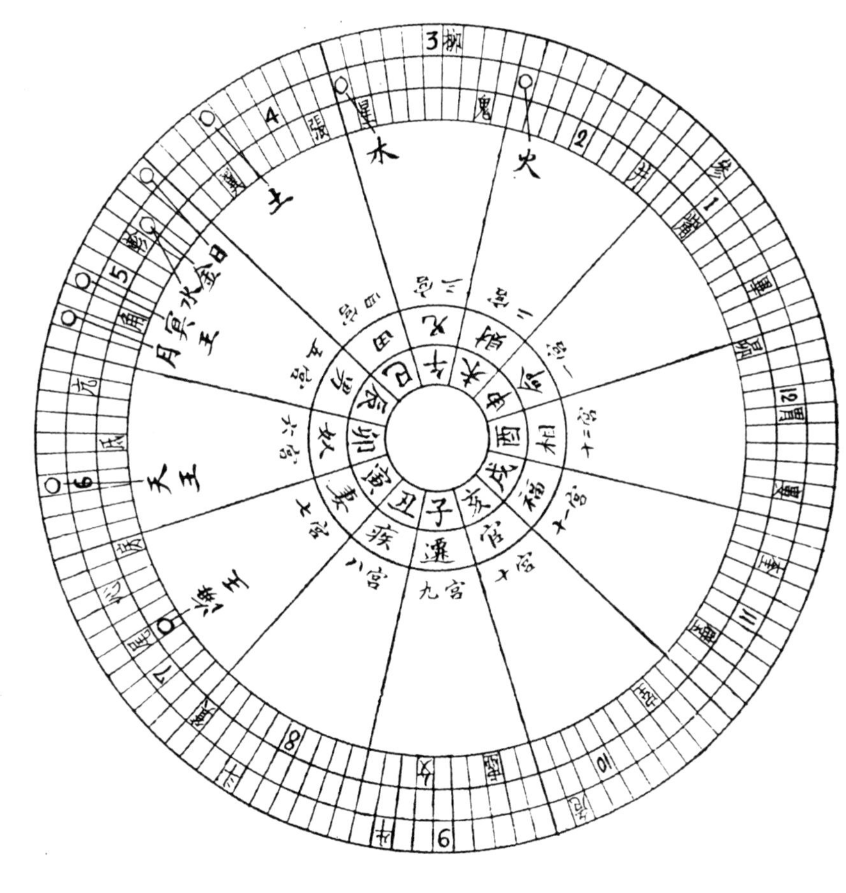

吳師青著

太陽圖表

冬至

一九七九年月十二廿二日

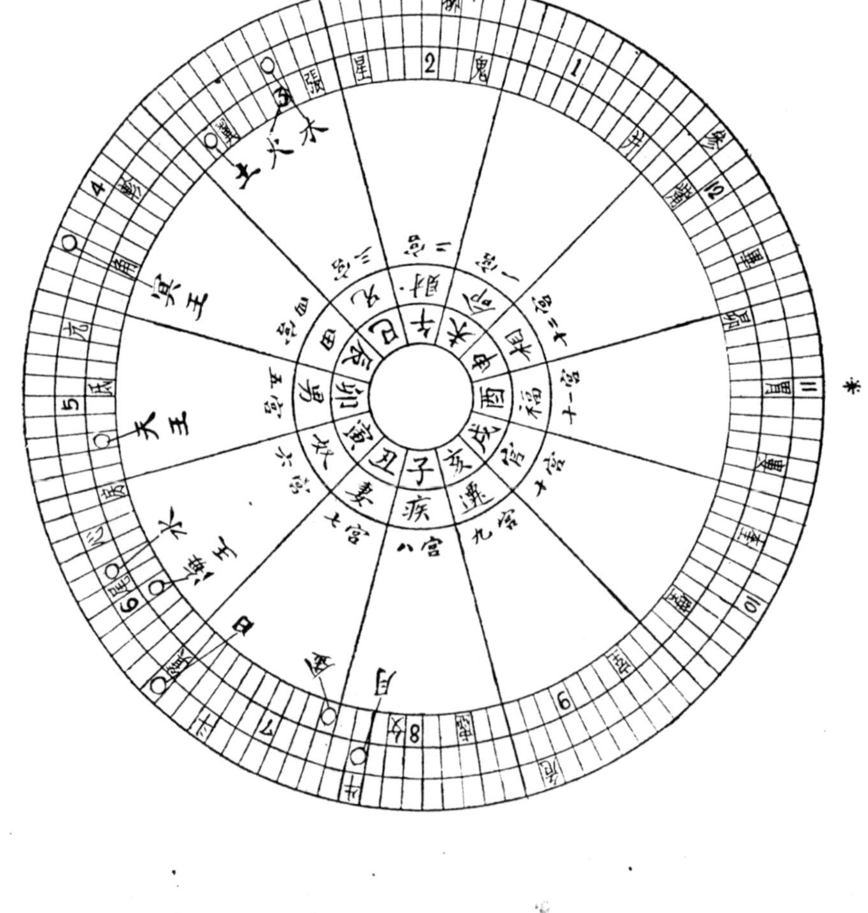

一九七九年太陽圖表與商業周期

查是年，天體行星，主要會合，日食月食宮度。二月二十七日，日環食亥宮七度。八月二十三日，日偏食午宮二十九度。三月十四日，月偏食巳宮二十二度，九月六日，月全食亥宮十八度。十二月十四日，火星與木星，在巳宮十度會合，土星橫跨巳宮，冥王橫跨辰宮，天王橫跨卯宮，海王橫跨寅宮，與上升星球軌道之交點，橫跨巳宮。木星四月，重入午宮，至九月，入巳宮。木星于八月，與天王九十度。七月，與海王一百二十度。上述角度位置，乃供研究世界占星學，及有關工商業之用也。師青特製本年太陽圖表，以北緯二十二度，東經一百一十四度為例。其主星，與列宿躔度，及各頂點。春季，命主太陰，躔尾火虎十度。化黃虎有威。山中之君。第一宮頂點，與天王一百二十度。木星第一宮，與日一百二十度，地區繁榮，工業興盛，帶來幸福。夏季，命主土星，躔張月鹿三度，化山羊虛驚，暫採退縮（參演禽）。土星第二宮，與金星九十度（察圖表主應篇）。秋季，命主水星，躔翼火蛇十四度。化黑蛇遇斧。渡過難關。火星在第二宮，與月九十度。土星第四宮，與六宮海王九十度，妙在土星與天王六十度。減輕。冬季，命主太陰，躔牛金牛一度。遭遇啄背。忍受傷痕。木火會合三宮頂點（三宮支配者，差。），水星第五宮，與火星九十度。股市疲滯，其主應，察太陽圖表主應篇。以上角度，是由公元一九七九年三月二十一日，至公元一九八零年三月二十日之範圍，此種圖表，包含萬象。總之，凡關大事，尚須以主要會合，日食月食星圖，而參斷。惟股市，常受心理學影響。恐有不正常反應。

太陽圖表

春分

一九八〇年三月二十日

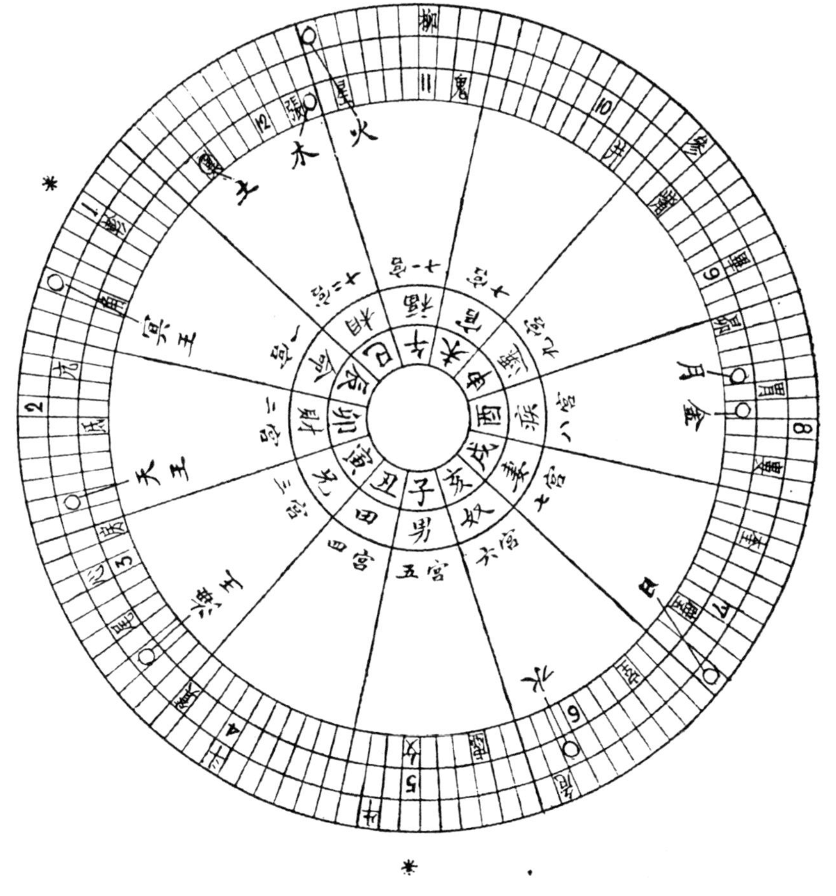

太陽圖表

夏至

一九八〇年六月廿一日

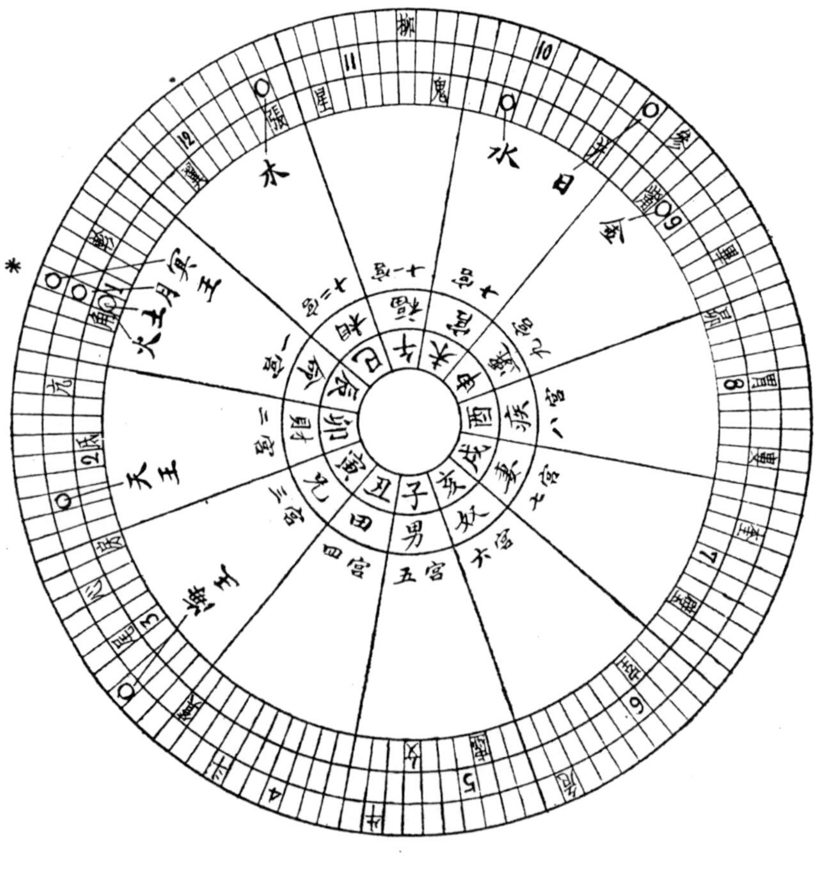

吳師青著

太陽圖表

秋分

一九八〇年九月廿四日

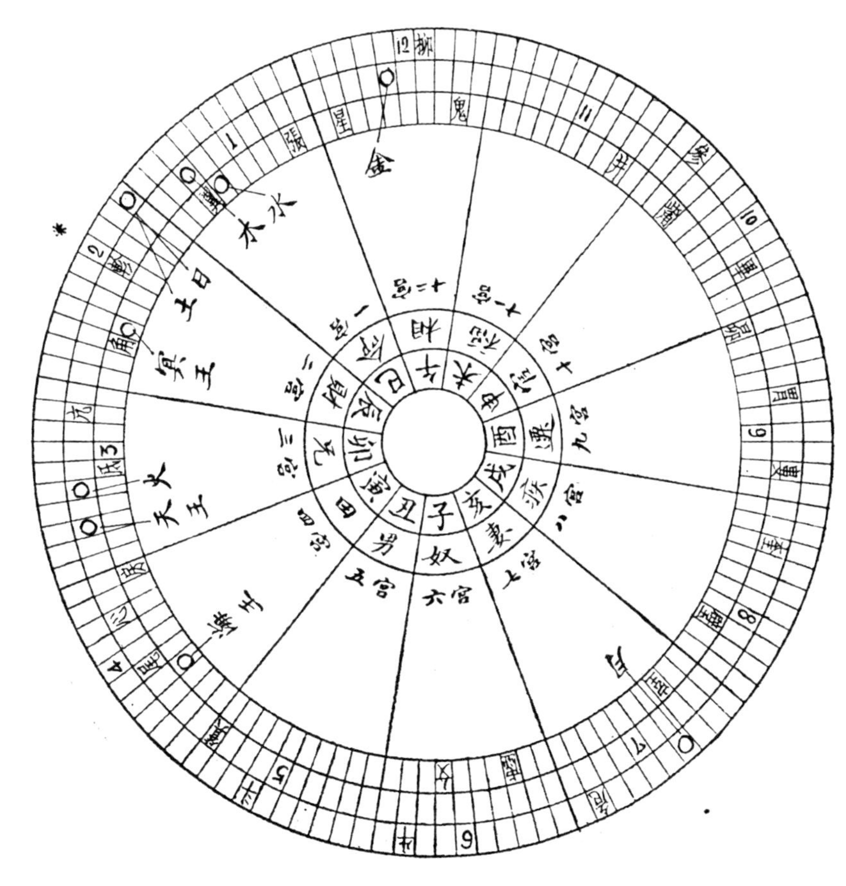

太陽圖表

冬至

一九八〇年十二月廿二日

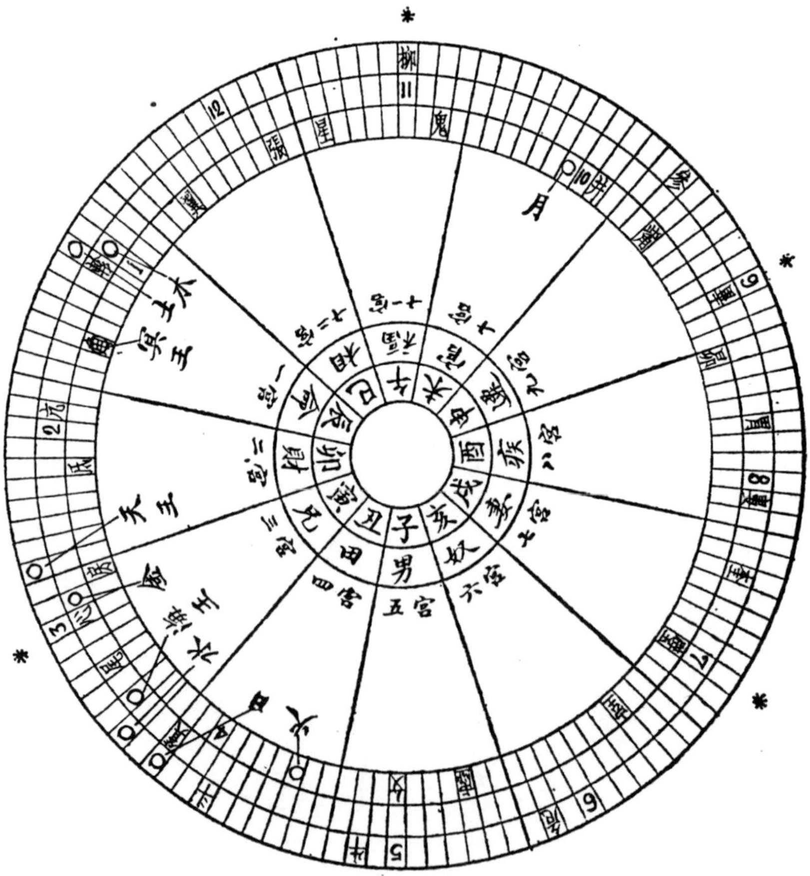

一九八〇年太陽圖表與商業周期

查是年，天體行星，主要會合，日食月食宮度。二月十六日，日全食子宮二十七度。八月十一日。日環食午宮十八度。二月，土星與天王六十度。五月，木星與火星，會合於巳宮零度。六月二十二日，火星與土星。會合於巳宮二十度。七月，木星與海王一百二十度。八月，木星與天王九十度。十月，木星與海王九十度。又十月二日，火星與天王，會合於卯宮二十二度。十一月十日，火星與海王，會合於寅宮二十一度。九月，土星入辰宮。十月，木星入辰宮。開始土木會合之周期。一月十七日，火星固定位置，退行巳宮十六度。至四月八日，其固定位置，又移午宮二十六度。上述角度位置，乃供研究世界占星學，及有關工商業之用也。師青特製本年太陽圖表，以北緯二十二度。東經一百一十四度為例。其主星，與列宿躔度，及各頂點。

春季，命主金星，躔婁金狗十度。化獄進天厨。得其所哉。月在第八宮，與土星一百二十度。吉（僅五月稍遜）。夏季，命主金星，躔畢月烏十三度，化錦雞伴鳳，和諧相處（參演禽）。火、土、月、冥王，會合第一宮，又與十宮水星九十度，差。妙與金星一百二十度，又與海王六十度。先逆後順，商業股市，可望飛揚。秋季，命主水星，躔張月鹿十五度。遭遇圍場。飽受虛驚。冥王在第二宮（屬證券宮），海王在第四宮（地產宮）。海王又與水星九十度（察圖表主應篇）。冬季，命主金星，躔房日兎二度。刀砧佈陣。四面楚歌。冥王在第一宮，與第四宮火星九十度，土星第一宮，與月九十度，證券趨低，貿易受挫。其主應，察太陽圖表主應篇。以上角度，是由公元一九八零年三月廿一日，至公元一九八一年三月二十日之範圍。此種圖表，包含萬象。總之，凡關大事，尚須以主要會合，日食月食星圖，而參斷。惟股市，常受心理學影響，恐有不正常反應。

太陽圖表

春分

一九一八年三月廿一日

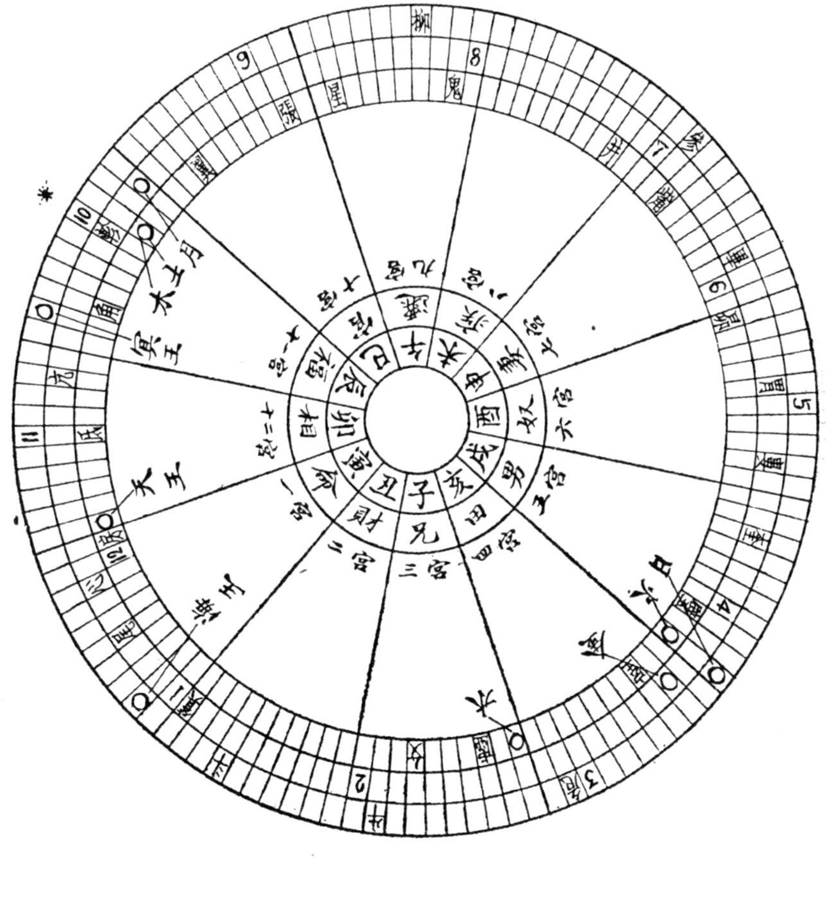

太陽圖表

秋分

一九一八年九月廿三日

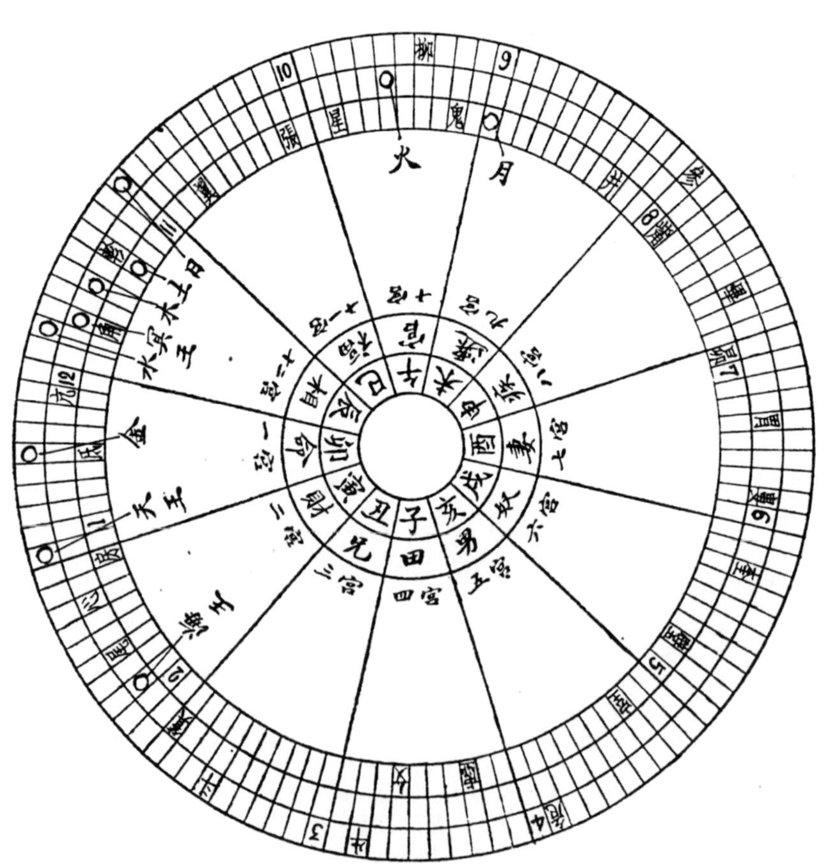

一九八一年太陽圖表與商業周期

查是年，天體行星，主要會合，日食月食宮度。二月五日，日環食子宮十六度。七月三十一日，日全食午宮七度。七月十七日，月食丑宮廿四度。一月一日，三月八日，七月二十四日，土木三次大會合於辰宮。十一月三日，木星與冥王，又會合於辰宮。當木星與土星列成一線，皆被短波所擾。是故，在此大會合周期，世界或有不尋常表現。或突出風暴，宜防篡奪。商場亦須作不景氣戒備。上述角度位置，乃供研究世界占星學，及有關工商業之用也。師青特製本年太陽圖表，以北緯二十二度，東經一百一十四度為例。其主星，與列宿躔度，及各頂點。春夏兩季太陽圖表，命主木星，躔翼火蛇十五度，化白蛇遇狼，掀起恐怖（參演禽）。日戌宮零度，與火星會合，又與月一百八十度。金又在第三宮，與海王九十度。商業有沉悶之氣氛，生產防銳降之趨向（參圖表主應篇）。秋冬二季，命主火星，躔柳土獐七度。化獵人圍獐。風雲變色（參演禽）。月在第九宮（船務宮），與天王一百二十度，吉。但天王與海王，同在第一宮。減輕。其主應，察太陽圖表主應篇。以上角度，是由公元一九八一年三月二十一日，至公元一九八二年三月二十日之範圍。此種圖表，包含萬象。總之，凡關大事，尚須以主要會合，日食月食星圖，而參斷。惟股市，常受心理學影響。恐有不正常反應。

太陽圖表

春分

一九八二年三月廿一日

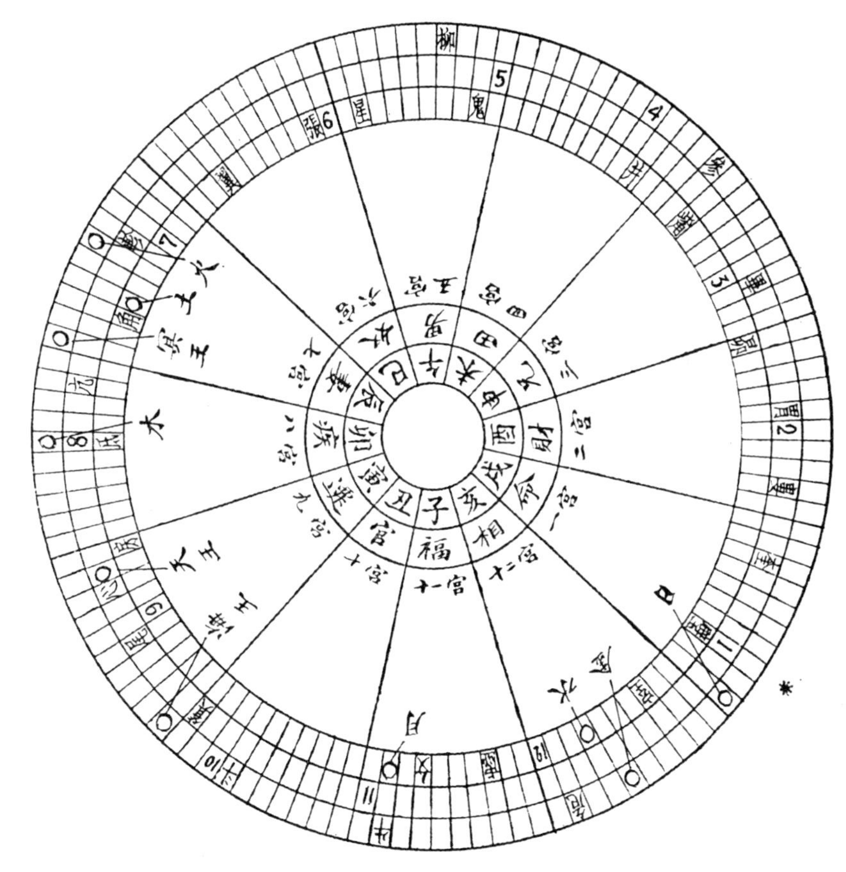

太陽圖表

夏至

一九八二年六月廿二日

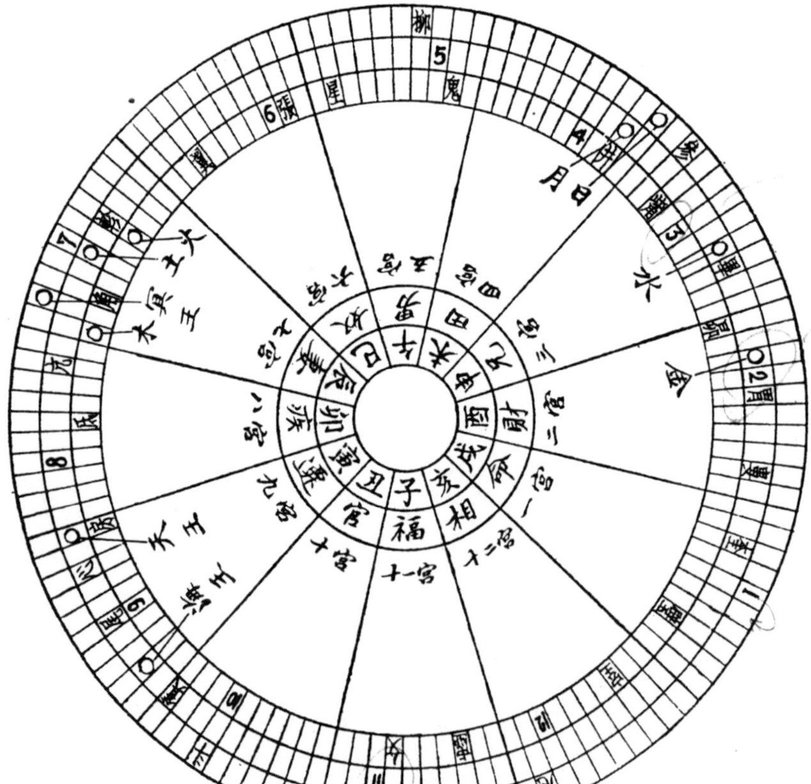

吳師青著

太陽圖表

秋分

一九八二年九月廿三日

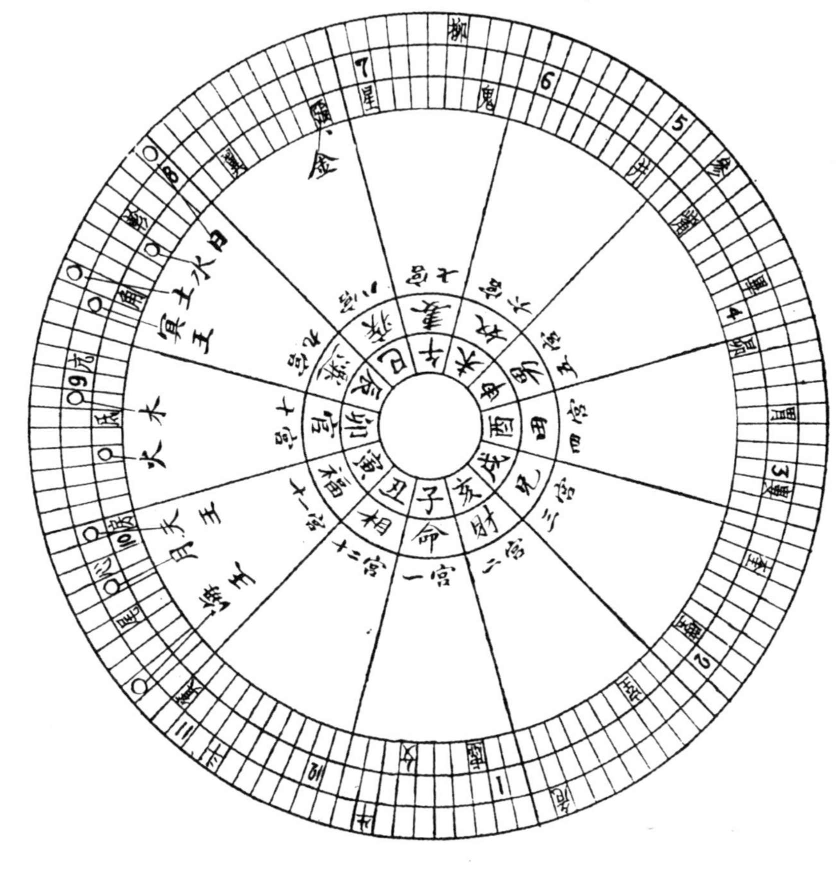

吳師青著

太陽圖表

冬至

一九八二年十二月廿二日

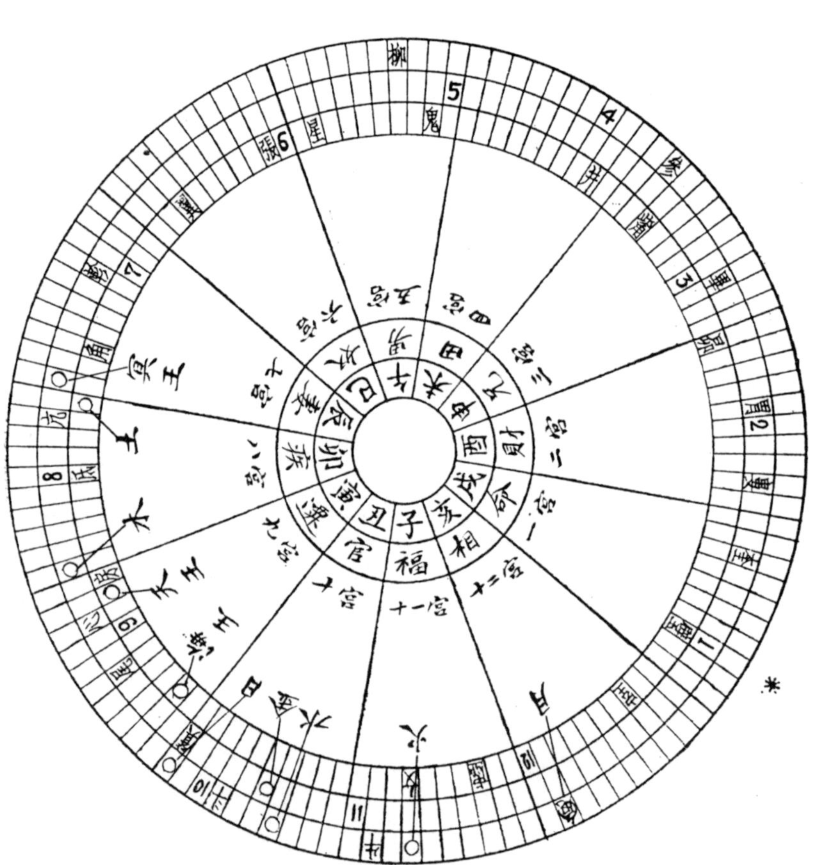

一九八二年太陽圖表與商業周期

查是年，天體行星，主要會合，日食月食宮度。一月二十五日，日偏食子宮五度。六月二十一日，日偏食申宮二十九度。七月二十一日，日偏食未宮二十七度。十二月十五日，日偏食寅宮二十三度。四次日蝕。一月十日，月全食未宮十九度。七月六日，月全食丑宮十三度。十二月三十日，月全食未宮八度。三次月蝕。七月六日 火與土，會合辰宮十五度，八月七日，火星又與木星 會合卯宮二度。十一月四日，冥王與土星，會合辰宮二十七度。且火星在辰宮。其時間，有久伏跡象。木星橫跨卯宮，海王橫跨寅宮。日蝕月蝕，總共七次，此年，為一特殊現象，可能激動世界上帶來自然災害。上述角度位置，乃供研究世界占星學，及有關工商業之用也。師青特製本年太陽圖表，以北緯二十二度，東經一百一十四度為例。其主星，與列宿躔度，及各頂點。春季，命主火星，躔軫水蚓二度。化黑龍飛天。不作霖雨。太陽十二宮，與八宮天王一百二十度。第七宮之冥王，與第九宮海王，六十度。本吉。但嫌火土會合七宮（國際宮）。夏季，命主火星，躔軫水蚓一度。化大蟒泊田。飛騰佳兆。水星第二宮，與火星土星一百二十度，股市正常，工商好轉。秋季，命主土星，躔軫水蚓十一度，化玉龍遊海。待時則駕（參演禽）。木火會合九宮，差（船務宮）。妙在海王十宮，與八宮冥王六十度，又十宮，月與水星六十度（察圖表主應篇）。冬季，命主火星，躔牛金牛六度。化豸朝天府，威望赫然。日與土星六十度，月與土星一百二十度。其主應，察太陽圖表主應篇。以上角度，是由公元一九八二年三月二十一日，至公元一九八三年三月二十日之範圍。此種圖表，包含萬象。總之，凡關大事，尚須以主要會合，日食月食星圖，而參斷。惟股市，常受心理學影響。恐有不正常反應。

太陽圖表

春分

一九八三年三月廿一日

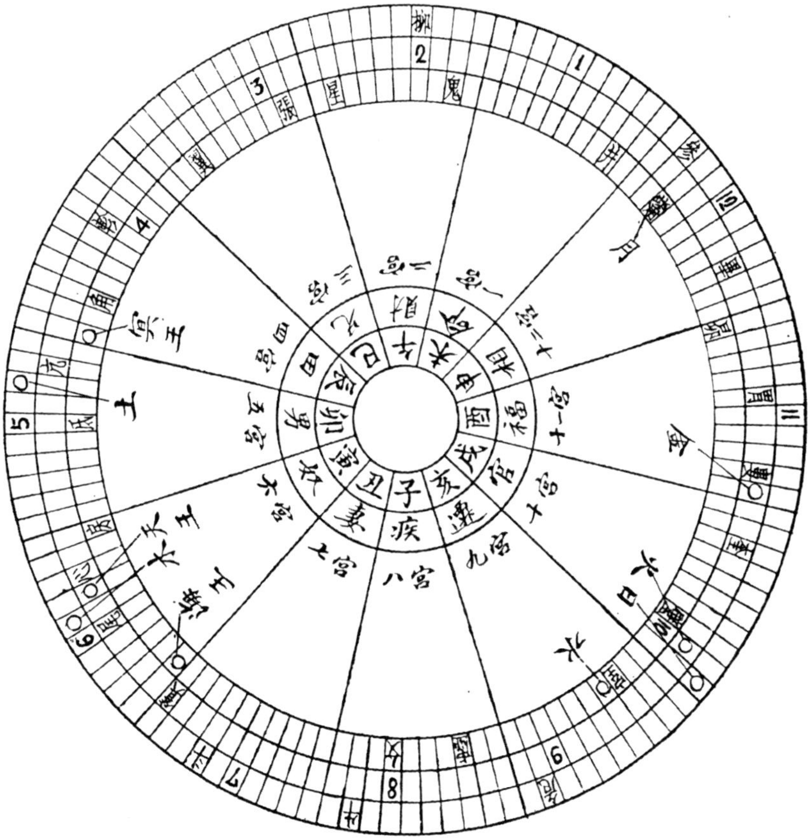

太陽圖表

夏至

一九八三年六月廿二日

太陽圖表

秋分

一九八三年九月廿三日

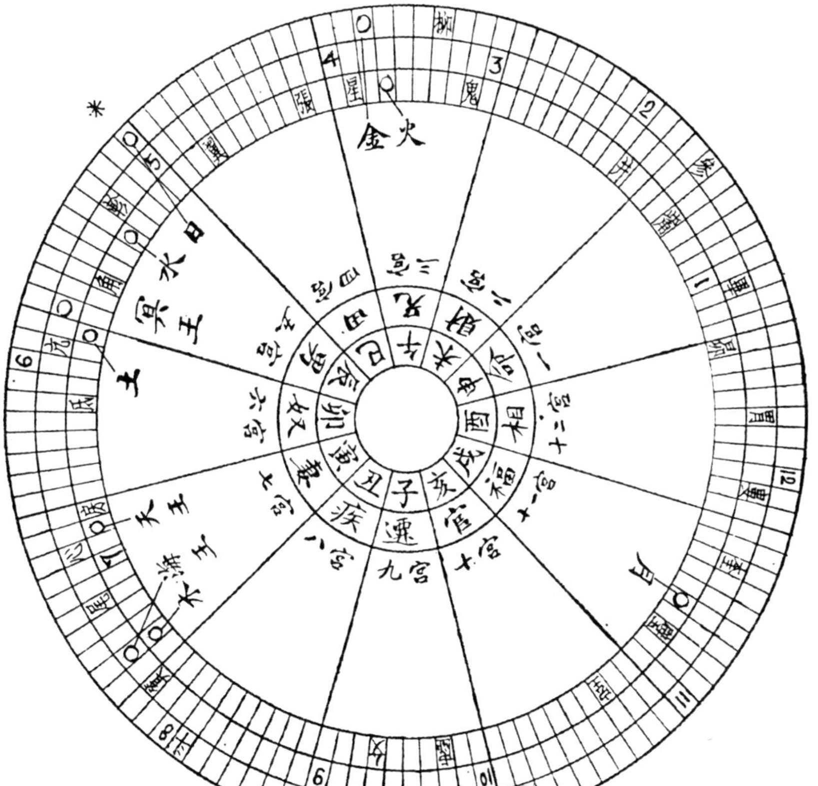

吳師青著

太陽圖表

冬至

一九八三年十二月廿二日

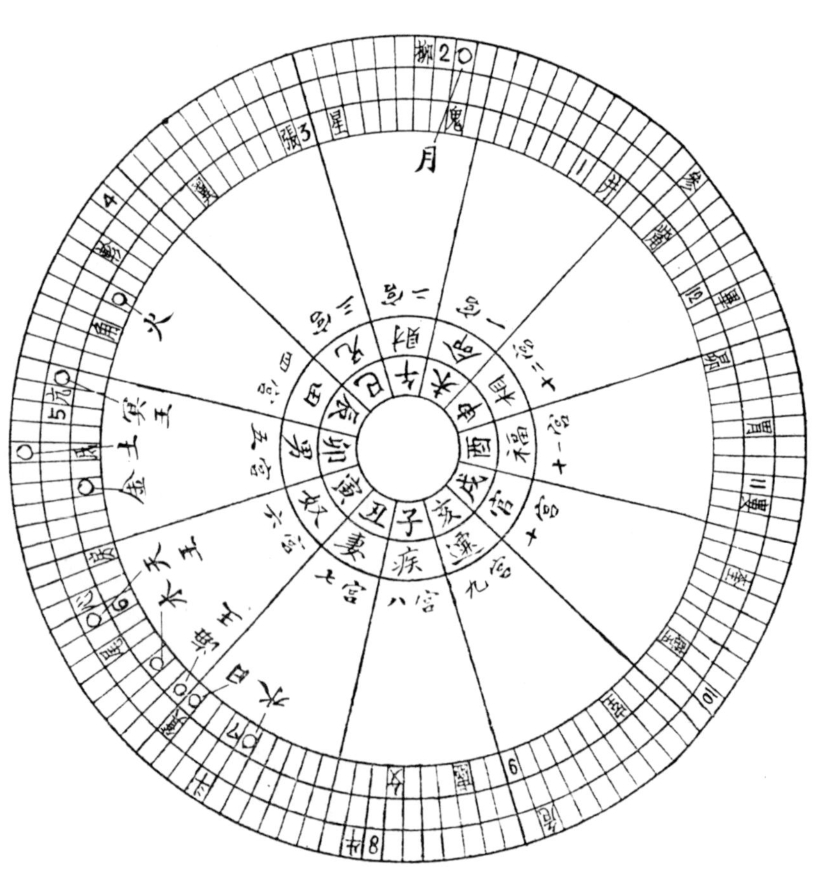

吳師青著

一九八三年太陽圖表與商業周期

查是年，天體行星，主要會合，日食月食宮度。六月十一日，日全食申宮十九度。十二月四日，日環食寅宮十一度。六月二十五日，月偏食丑宮三度。二月二十日，木星與天王，第一次會合於寅宮八度。五月十五日，木星與天王，第二次會合於寅宮七度。九月二十六日，木星與天王，第三次會合於寅宮五度。其三次會合地點，均在黃道帶寅宮。冥王於十一月，入卯宮。土星於八月，入卯宮。上升交點，入申宮。海王橫跨寅宮。木星與天王，亦橫跨寅宮。天王于三月十六日，木星于三月二十九日，海王亦于三月二十九日，土星于二月十三日，冥王于三月二日，均分別退行。上述角度位置，乃供研究世界占星學，及有關工商業之用也。師青特製本年太陽圖表，以北緯二十二度，東經一百一十四度為例。其主星，與列宿躔度，及各頂點。春季，命主太陰，躔觜火猴初度。化青猿攀花。千紅萬紫。日在十宮頂點與火星會合，不利商業及領袖。金星十宮，與冥王一百八十度。妙第二宮頂點，與木星，天王，構成一百二十度。減輕。夏季，命主太陰，躔氐土貉七度。化神狐盜丹。獨操勝算。火星在十二宮，與海王一百八十度，木星與天王會合五宮。差。秋季，命主水星，躔軫水蚓四度，化大蟒吞鼠，消化停滯（參演禽）。水星在第五宮，與十一宮之月一百八十度（參圖表主應篇）。木星與海王會合七宮。冬季，命主太陰，躔井木犴二十八度。化睡獅退位。所在驚震。火在第四宮，與七宮水星九十度。其主應，察太陽圖表主應篇。以上角度，是由公元一九八三年三月二十一日，至公元一九八四年三月二十日之範圍。此種圖表，包含萬象，總之，凡關大事，尚須以主要會合，日食月食星圖，而參斷。惟股市，常受心理學影響。恐有不正常反應。

太陽圖表

春分

一九八四年三月二十日

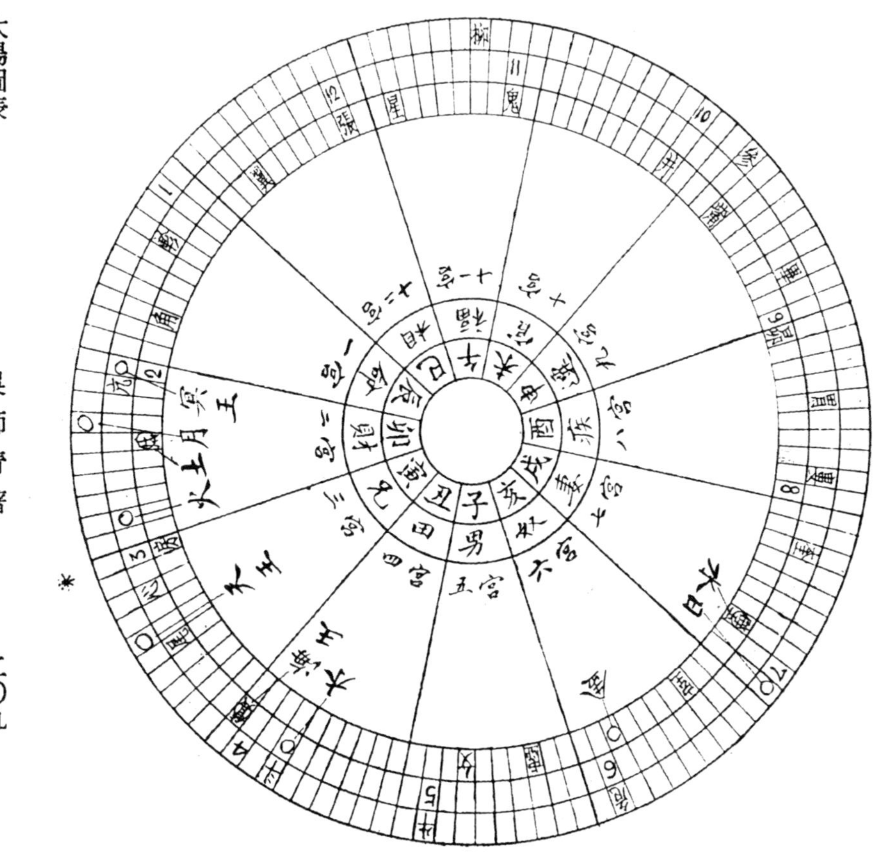

太陽圖表

夏至

一九八四年六月廿二日

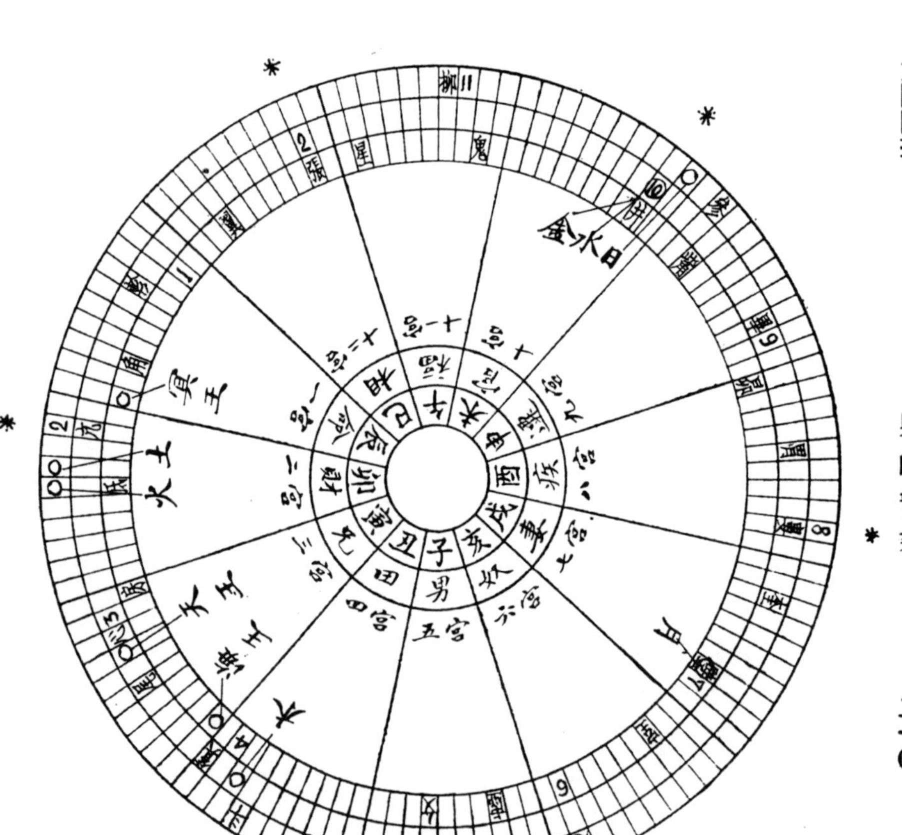

吳師青著

太陽圖表

秋分

一九八四年九月廿四日

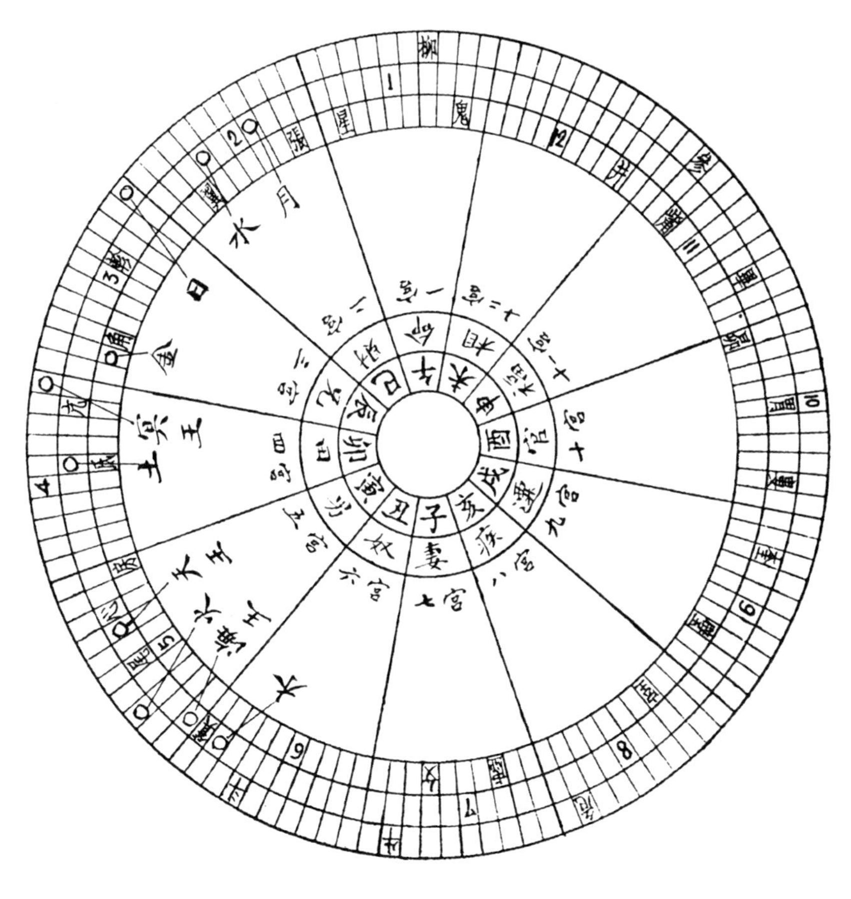

吳師青著

太陽圖表

冬至

一九八四年十二月廿二日

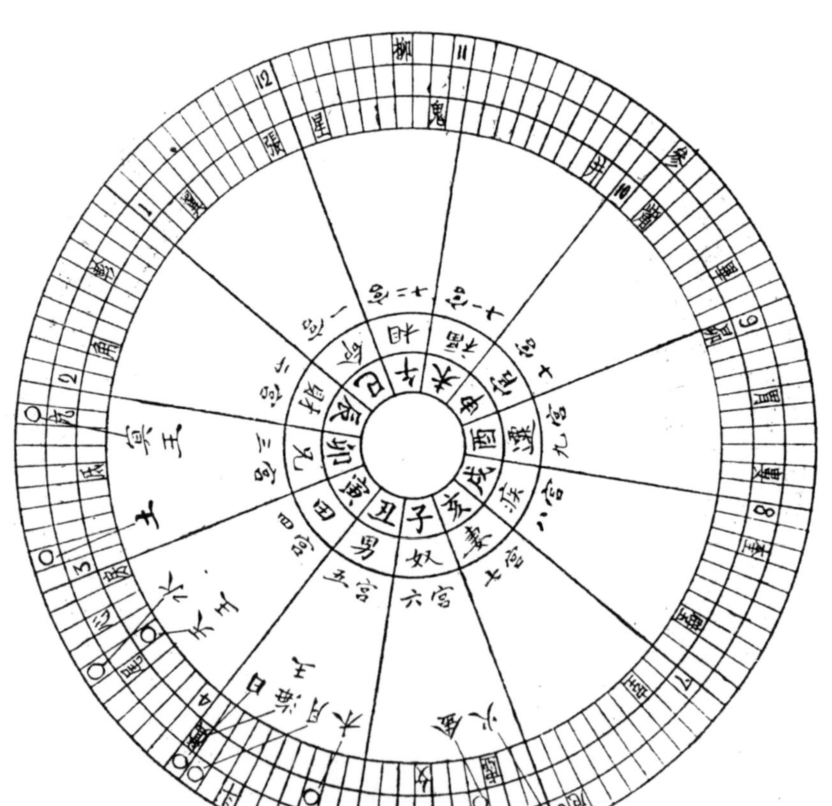

一九八四年太陽圖表與商業周期

查是年，天體行星，主要會合，日食月食宮度。五月三十一日，日環食申宮九度。十一月二十三日，日食寅宮一度。一月十三日，火星與冥王，會合於卯宮二度。二月十五日，火星與土星，會合於卯宮十六度。一月十九日，木星與海王，會合于丑宮零度。九月三日，火星與天王會合於寅宮九度。十月十六日，火星與木星，會合於丑宮六度。十月二十四日，火星與海王，會合於寅宮二十八度。十一月，木星與土星六十度。上述角度位置，乃供研究世界占星學，及有關工商業之用也。師青特製本年太陽圖表，以北緯二十二度，東經一百一十四度為例。其主星，與列宿躔度，及各項點。春季，命主金星，躔危月燕五度。化嬌鶯對語。宛轉動人。月居第二宮，與土星會合，又火土會合二宮（經濟宮）。則該宮之支配，困難。且水星七宮，與木星九十，日在六宮，與海王九十（察圖表主應篇）。夏季，命主金星，躔參水猿十度，化金猱守邊。有備無患（參演禽）。木星四宮，與月九十度（察圖表主應篇）。海王第三宮，與日一百八十度，證券地產，有小影響。秋季，命主太陰，躔翼火蛇七度。遭逢鍬钁。其如予何？水星在第二宮（屬證券），與五宮火星九十度，日與木星九十度（察圖表主應篇）。冬季，命主水星，躔心月狐五度。遇獵就擒。網開一面。土星與冥王，同在二宮。火星與土星九十度，工商證券，當有影響。其主應，察太陽圖表主應篇。以上角度，是由公元一九八四年三月二十一日，至公元一九八五年三月二十日之範圍。此種圖表，包含萬象。總之，凡關大事，尚須以主要會合，日食月食星圖，而參斷。惟股市，常受心理學影響。恐有不正常反應。

太陽圖表

春分

一九八五年三月廿一日

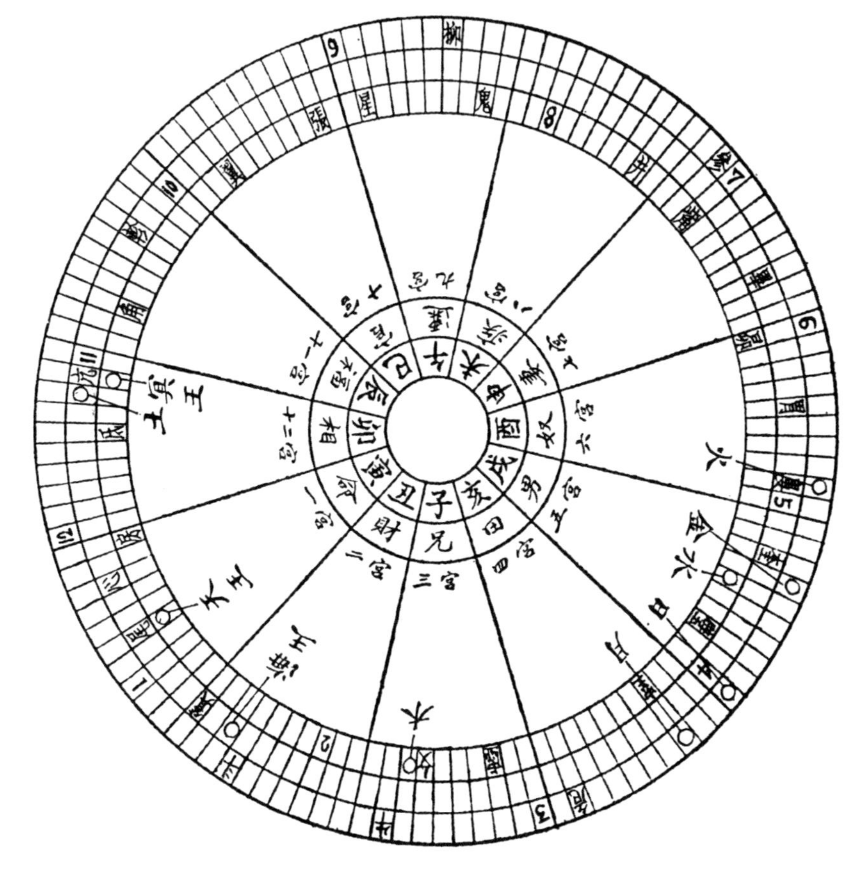

吳師青著

太陽圖表

秋分

一九八五年九月廿四日

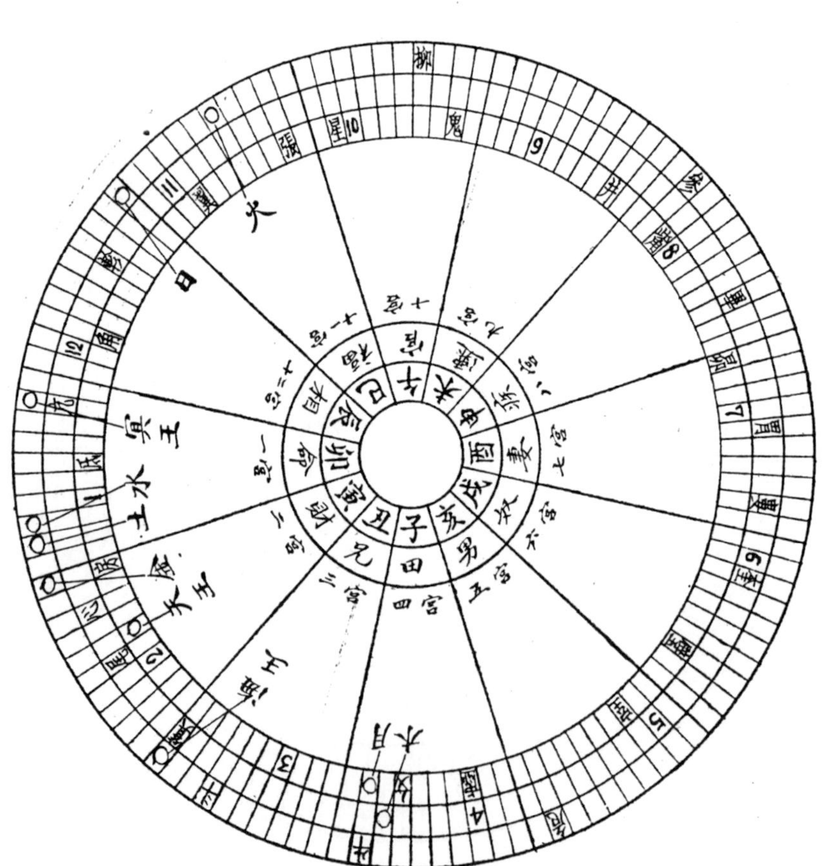

一九八五年太陽圖表與業商周期

查是年，天體行星，主要會合，日食月食宮度。五月二十日，日偏食酉宮二十八度。十一月十二日，日食卯宮二十度。五月五日，月全食卯宮十四度。十月二十九日，月全食酉宮五度。二月，木星入子宮。十一月，土星入寅宮。冥王橫跨，經過卯宮，海王經過丑宮，天王經過寅宮。十二月廿五日，火星與冥王，會合於夘宮六度。上述角度位置，乃供研究世界占星學，及有關工商業之用也。師青特製本年太陽圖表，以北緯二十二度，東經一百一十四度為例。其主星，與列宿躔度，及各項點。春夏，命主木星，躔牛金牛五度，化麒麟獻瑞。氣象萬千（參演禽）。木在第二宮（證券宮），與土星九十度，火在五宮（股票宮），與冥王一百八十度，經濟商業，處於不利狀態。妙在金星與水星在第四宮，與天王一百二十度。扭轉逆勢，可望平穩。秋冬，命主火星，躔張月鹿七度。化病犨遇獵(參演禽)。終告突圍。月與冥王九十度，海王在第二宮(屬證券)，與太陽九十度。證券股市，趨於打擊。其主應，察太陽圖表主應篇。以上角度，是由公元一九八五年三月二十一日，至公元一九八六年三月二十日之範圍。此種圖表，包含萬象。總之，凡關大事，尚須以主要會合，日食月食星圖，而參斷。惟股市，常受心理學影響。恐有不正常反應。

太陽圖表

春分

一九八六年三月廿一日

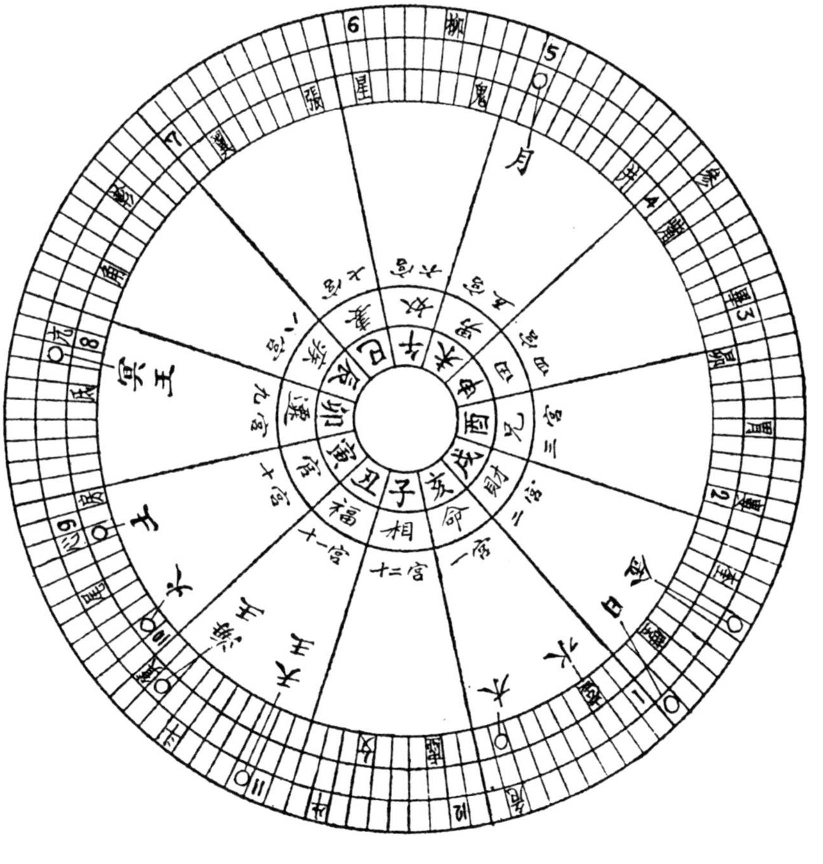

太陽圖表

吳師青著

太陽圖表

秋分

一九八六年九月廿三日

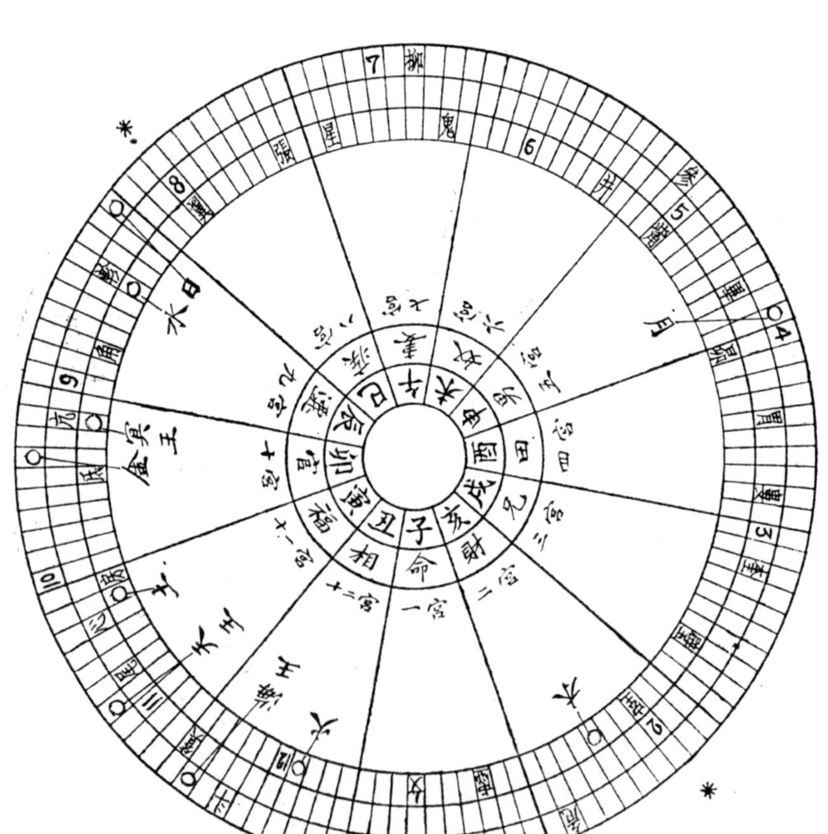

吳師青著

一九八六年太陽圖表與商業周期

查是年，天體行星，主要會合，日食月食宮度。四月九日，日偏食戌宮十九度。十月四日，日全食辰宮十度。四月二十四日，月全食卯宮四度。十月十八日，月全食戌宮二十四度。二月十八日，火星與土星，會合於寅宮九度。三月十三日，火星與天王，會合於寅宮廿二度。四月八日，火星與海王，會合於丑宮五度。十二月二十日，火星與木星會合於亥宮十六度。六月九日，火星留逆于丑宮。其順者，則於八月十三日。及二月，木星入亥宮，與土星成九十度，橫跨寅宮。上述角度位置，乃供研究世界占星學，及有關工商業之用也。師青特製本年太陽圖表，以北緯二十二度，東經一百一十四度為例。其主星，與列宿躔度，及各項點。春夏，命主木星，躔危月燕二度，化金龍呑霞，前景光彩（參演禽）。第二宮之頂點（屬證券），與海王一百二十度。又與木星六十度。木星在第十二宮，與第十宮海王，又六十度。又與冥王成一百二十度。金融市場，繼續扳升。秋冬，命主土星，躔房日兎三度。化玉兎呑霞。天開美景（參演禽）。月在第四宮（地產宮），與日一百二十度。木星第一宮，與九宮金星一百二十度。本應經濟活躍，工商騰達。奈何火星十宮，與一宮天王九十度。其主應，察太陽圖表主應篇。惟是年二月，木與土，橫跨寅宮，在其世界地區中，須防開始分裂。以上角度，是由公元一九八六年三月二十一日，至公元一九八七年三月二十日之範圍。此種圖表，包含萬象。總之，凡關大事，尚須以主要會合，日食月食星圖，而參斷。惟股市，常受心理學影響。恐有不正常反應。

採用星圖常識

下列十八星圖，熟察尤有功用。

本著所述每月新月滿月位置表，尚有一種，以新月滿月時刻建立星圖者。又有日食月食時刻建立星圖者，並有主要會合時刻建立星圖者。今爲讀者，增加常識起見，特推三種星圖列下。又，本著太陽圖表，原以北緯二十二度，東經一百一十四度爲例。今另推出公元一九七二年，至一九七七年之太陽圖表十五圖列下：該圖用阿拉伯字母之十二宮頂点者，在北緯二十五度左右，東經一百二十度前後，均可適用。用中文之十二宮頂点者，在北緯十四度左右，東經一百度前後，均可適用。其主應觀太陽圖表主應篇。以下並附北緯二十二度、東經一百一十四度之新月圖、日食圖、火土會合圖，三圖可資參考。

一九七二年春分太陽圖表（全年）

一九七三年 春分太陽圖表

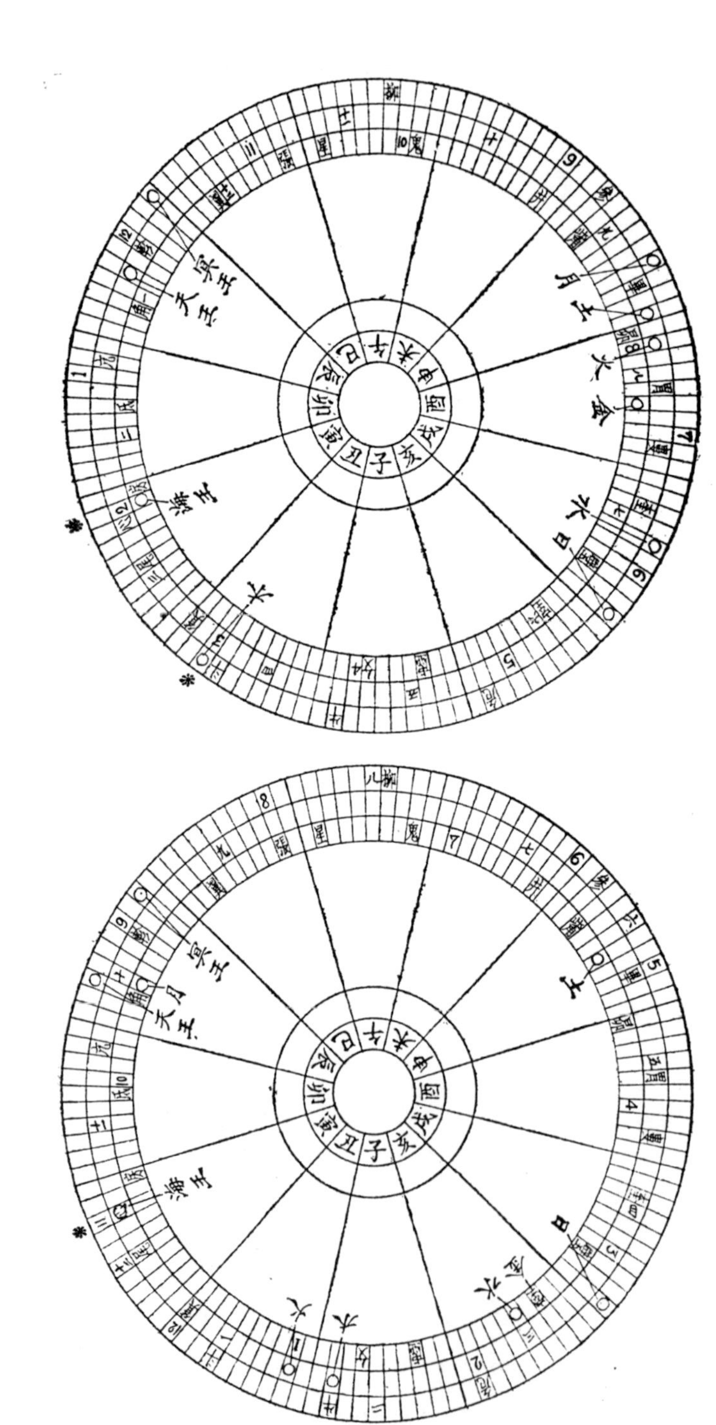

一九七三年　夏至太陽圖表

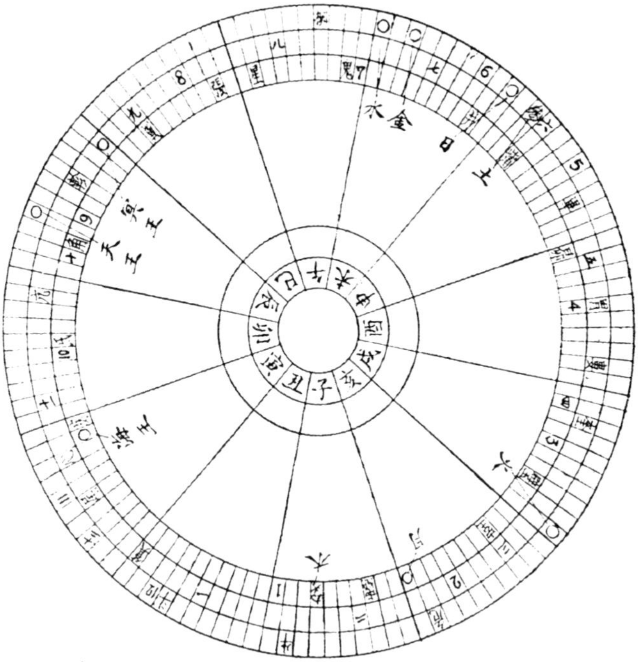

一九七三年　秋分太陽圖表

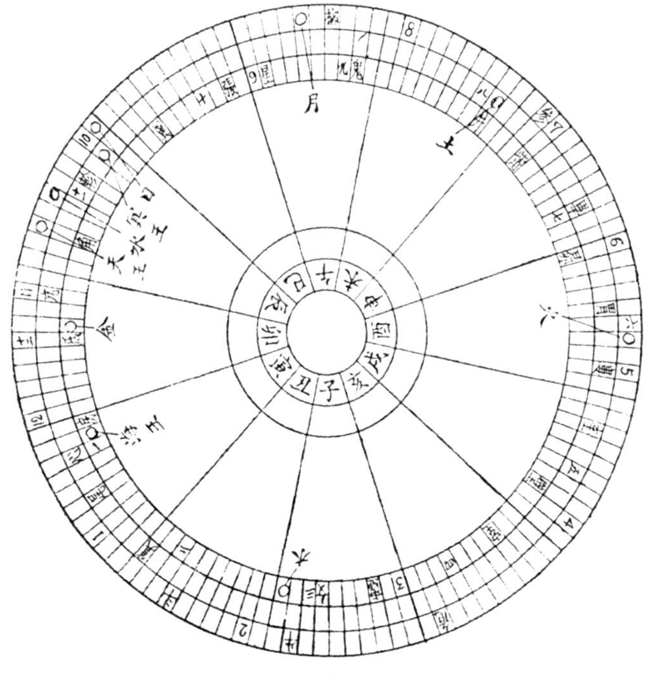

吳師青著

一九七三年 冬至太陽圖表

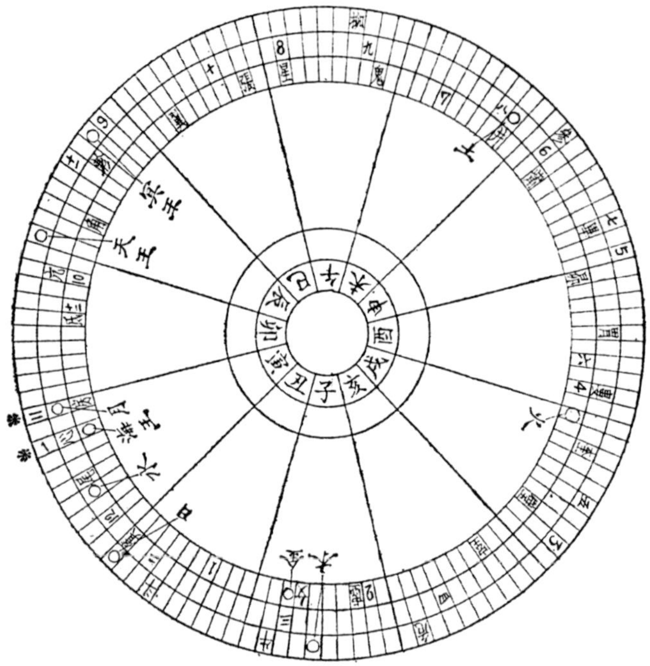

一九七四年 春分太陽圖表(全年)

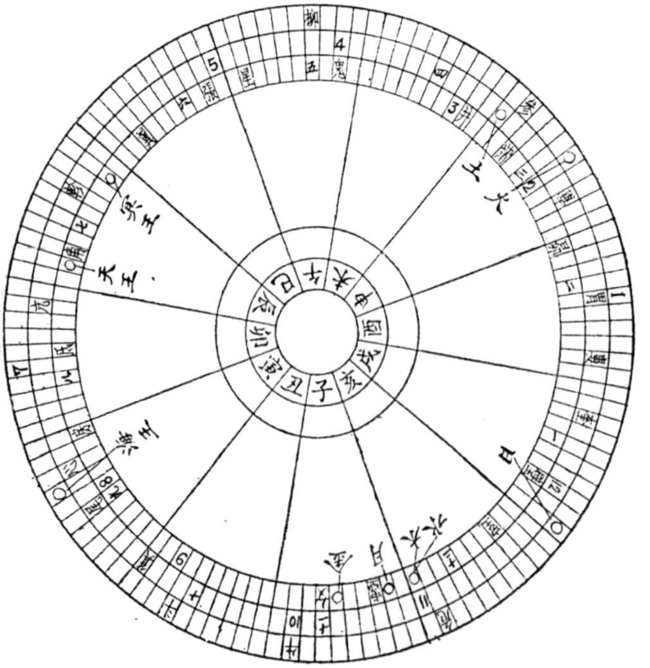

一九七五年　春分太陽圖表（全年）

一九七六年　春分太陽圖表

一九七六年 夏至太陽圖表

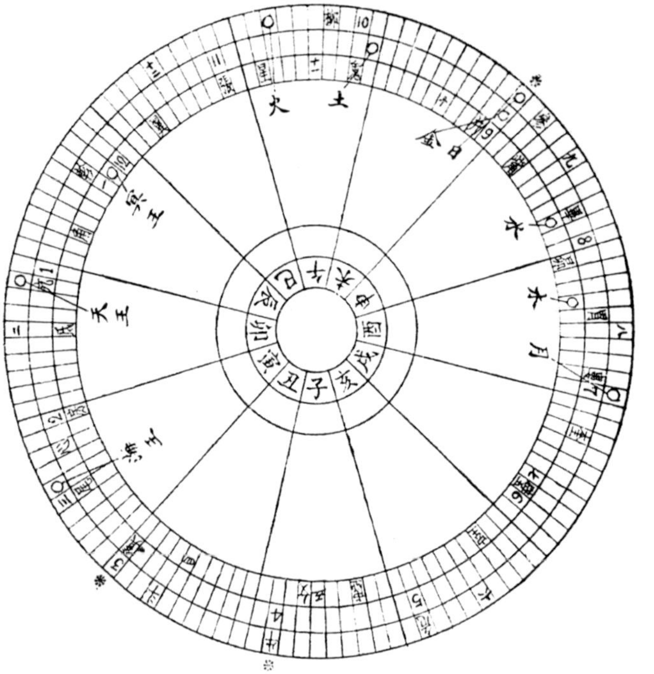

一九七六年 秋分太陽圖表

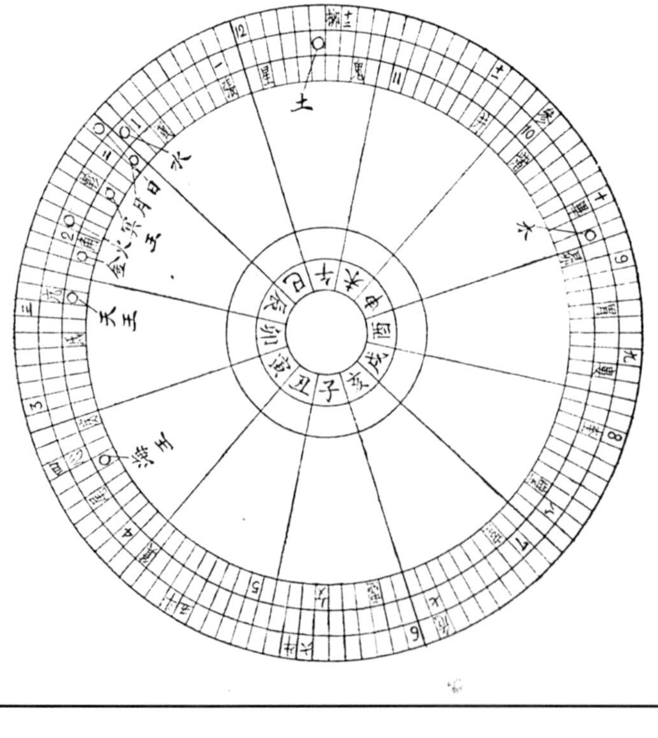

一九七六年　冬至太陽圖表

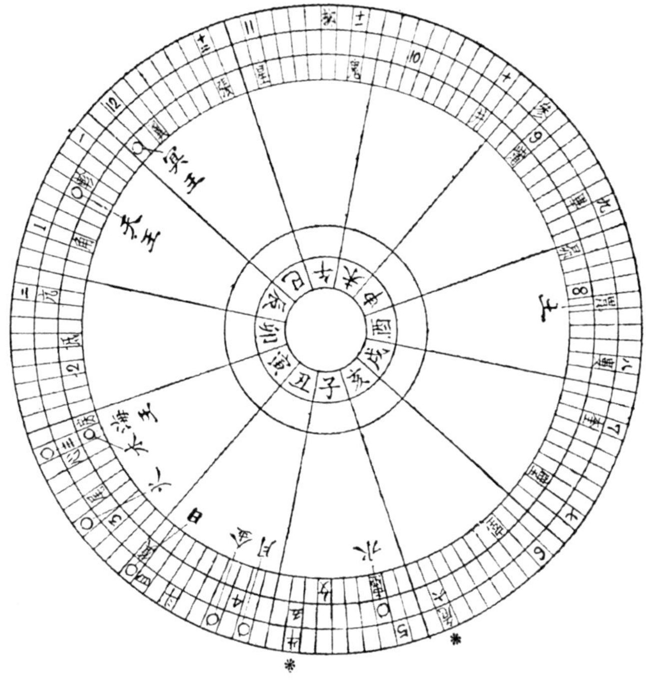

一九七七年　春分太陽圖表

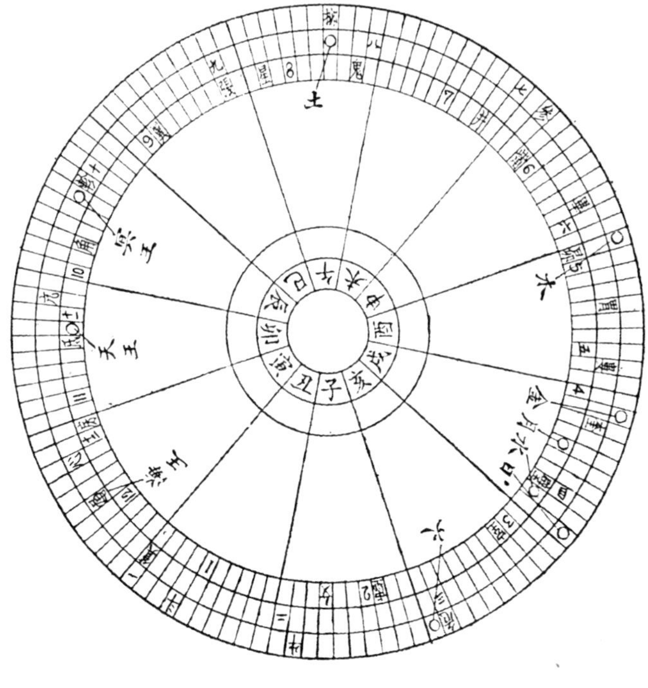

天運占星學　太陽圖表　吳師青著　二二一九

一九七七年　夏至太陽圖表

一九七七年　秋分太陽圖表

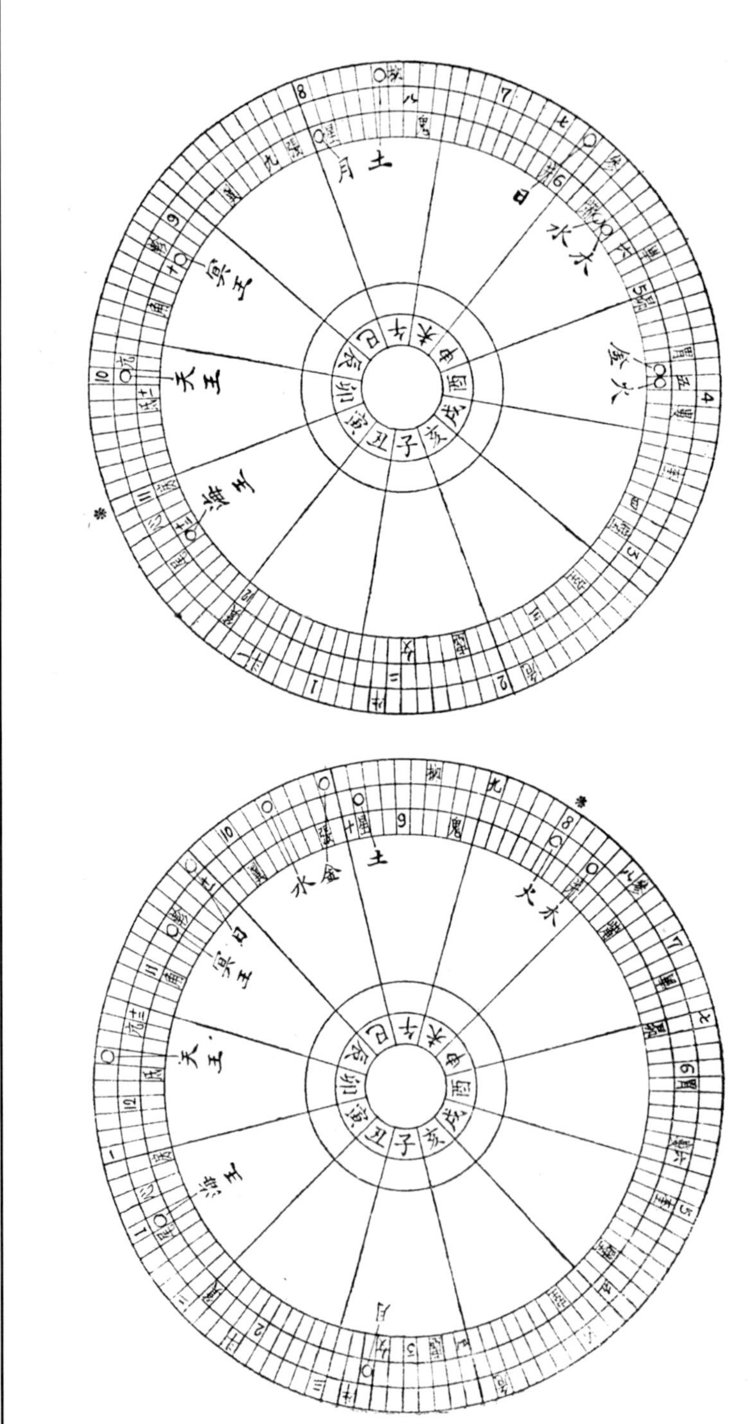

一九七七年　冬至太陽圖表

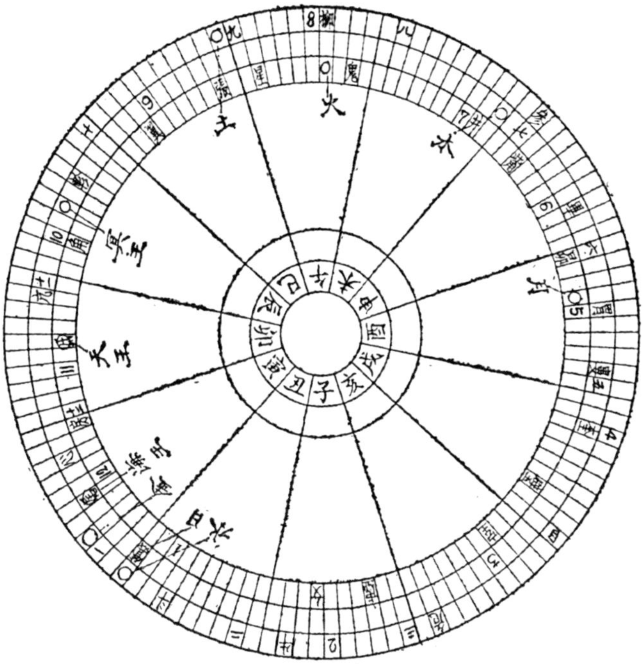

一九七四年 新月圖

五月廿一日下午八時卅四分（格林威治）

北緯二十二度
東經一百一十四度

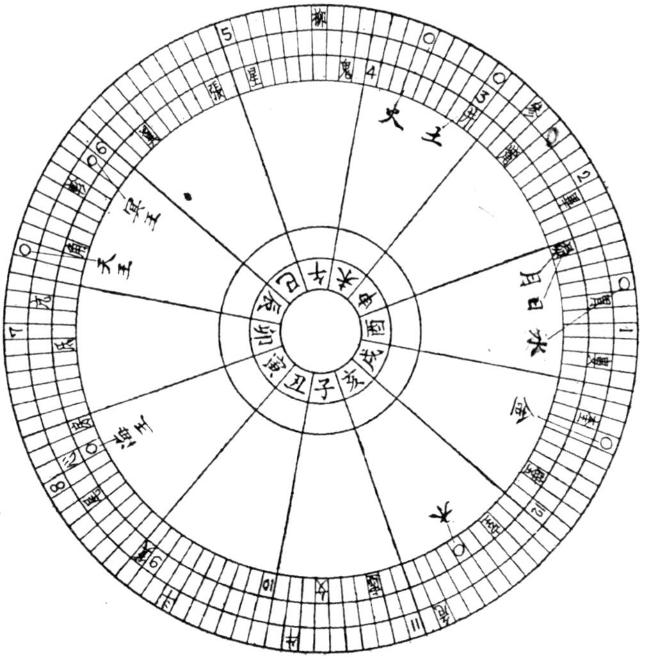

吳師青著

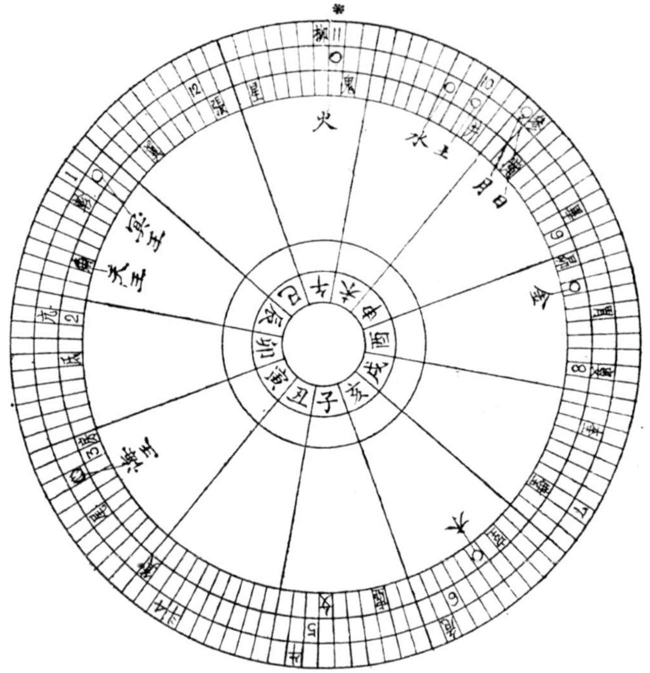

一九七四年六月廿日上午四時五十六分（格林威治）

日全食圖

北緯二十二度
東經一百一十四度

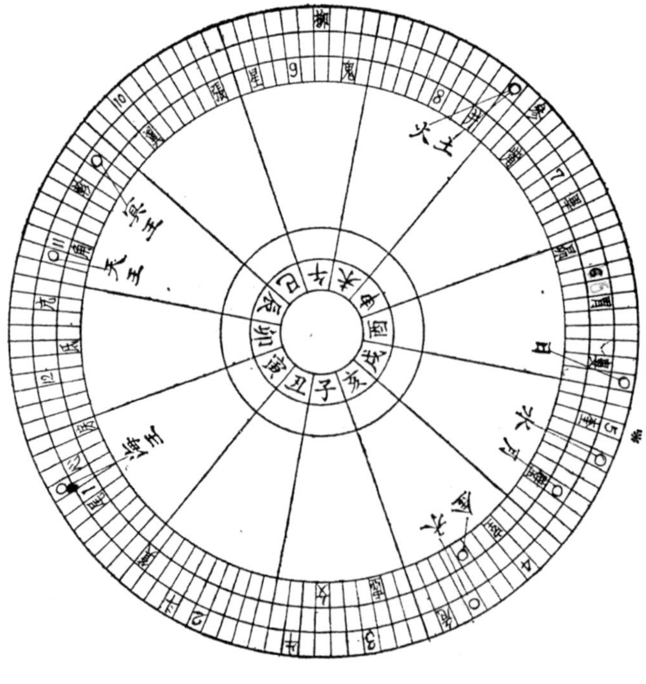

一九七四年四月廿日下午一時五十八分（格林威治）

火土會合圖

北緯二十二度
東經一百一十四度

論四大天運與銀行及工商業

本篇酌古參今，根據星躔性質。

香港開埠以後，至公元一八六三年，海王入十一宮，與三宮之月繫焉，月又與火一百二十度。月火交輝，在此吉照之下，發祥無疆。繼之，公元一九六九年，天王入第一宮，與海王六十度，海王與水星構成高貴一百二十度。日新月異，工商百業，拓展綿長。雖一切原料，仰給外來。但現值木星、土星，天運助吉，美中之美。是故，銀行、工業、商業，均呈蓬勃趨勢。再察太陽圖表中，第二宮、第四宮、第七宮、第十宮，各宮中之行星，與何星構成吉凶角度，則是年之景氣與不景氣，亦可以瞭然矣。從公元一九七二年起，四大天運之主星移動，詳本著四大天運主星移動篇。

本星所主管者，如銀行、金融、報業、保險、印染、纖維、企業、實業、證券、膠橡等等。香港現有銀行，計分：（一）華資銀行，約三十七家，即：大生銀行、大華銀行、大新銀行、中南銀行、中國銀行、永隆銀行、永安銀行、永亨銀行、友聯銀行、大有銀行、中國聯合銀行、交通銀行、四海通銀行。東亞銀行、嘉華銀行、廖創興銀行、浙江興業銀行、海外信託銀行、廣安銀行、華僑銀行、崇僑銀行、康年銀行、寶生銀行、華人銀行、華聯銀行、香港商業銀行、恒隆銀行、金城銀行、京華銀行、集友銀行、新華銀行、國華銀行、南洋商業銀行、香港工商銀行、華僑商業銀行、廣東省銀行、鹽業銀行等，共約一百五十九間（包括分支）（二）美資銀行，約六家。即：大通銀行、友邦銀行、美國銀行、國際商業銀行、萬國寶通銀行、運通銀行等，共約十九間（包括分支）。（三）英資銀行四家，即：滙豐銀行、有利銀行、渣打銀行、滙豐財務公司等，共約百間（包括分支）。（四）日資銀行三家，即：三和銀行、住友銀行、東京銀行等，共爲三間。（五）法資銀行二家。即：東方滙理銀行、法國國家巴黎銀行等，共約十間（包括分支）。（六）印度資銀行，三家。即：印度銀行、合衆商業銀行、印度海外銀行等，分支一所。（七）其他外資銀行六家。即：德華銀行、華比銀行、荷蘭銀行、印尼國家銀行、韓國外換銀行、巴基斯坦國民銀行等，共約十二間（包括分支）。（八）合資銀行九家。即：恒生銀行（華英合資）、盤谷銀行（華泰合資）、遠東銀行（華美合資）、道亨銀行（華英美合資）、建南銀行（華菲合資）、馬來亞銀行（華馬合資）、浙江第一銀行（華日美合資）、上海商業銀行（華美合資）、廣東銀行等（華美合資），共約五十一家（包括分支）。顧各銀行家，皆信用卓著，漪歟美哉。

土星所主管者：如地產、建築、倉塢、樓宇、礦產、紡織、製造等等。紡織之中，包括工業種類：毛紡業、絲織業、織布業、毛針織業、棉針織業等。製造之中，包括工業種類：搪瓷業、熱水瓶業、製漆業、製遮業、電筒業、鋁製品業、造紙業、鋼窗業、紙製品業、鐘、錶裝配業、傢俬製造業、象牙製品業、塑膠製品業、皮鞋製品業、金屬製品業、電風扇製造業、電影製片業、玻璃製品業、假髮業、化粧品業、半導體收音機裝配業、捲烟業、製藥業、電子工業等等。

天王所主管者，如鐵路、金屬、電車、汽車、電池、電燈、煤氣、自來水、機器、航空、電話、百貨等等。百貨之中，包括商業種類：呢絨業、絲綢業、燃料業、布疋業、五金業、鐘錶業、電器業、瓷器業、洗染業、草織品業、藤器業、工藝品業、中藥材業、抽紗繡品業、化工原料業、書籍文具業、珠寶玉石業、金銀首飾業等等。

海王所主管者，如酒店、船務、運輸、液體、飛機、油類、海產、飲食等等。飲食之中，包括商業種類：米業、糖業、蛋業、汽水業、釀酒業、雞鴨業、海味業、水果業、京菓雜貨業、醬油罐頭業、糖果餅干麵包業等等。綜上木星、土星、天王、海王，所主管者，未及一一備述。

銀行，自中古時，起源於義大利。今則遍及世界各國城市。至於工業，商業，自古重視，工以成之，商以通之，利用厚生，唯此是賴。顧銀行、工業、商業，各機構中，專材濟濟。殊堪珍視，發展主因，亦爲其一。若夫香港之工業出品，其價既廉，其物又美，符合國際水準，甚至駕凌其上，與歐美先進工業國相角逐，毫無遜色。實爲我在港之各階層工業領袖，發揮其高度智慧之結晶，尤覺寶貴。其出品暢銷於世界市場，並能日常供應在港之四百餘萬市民。假令在港之人，都用港之貨。漏巵可塞，公帑自充。且港人用港貨，乃天經地義，而促進繁華，保持安定，端繫於此，豈可忽耶？自海王天運吉照。百有餘年。至公元二千零一年，海王轉新。廿一世紀開始，吾人進入新階段矣。其中，一九八一年，土木會合，不可同日而語。妙在土星、天王，兩天運吉度迎祥，相輔相助。固宜駸駸乎，日臻富庶，長此保持，有共享悠久無疆之福也哉。

經濟關鍵之探求

經濟，果何物乎？曰：財。財者，爲人類最大之慾望。此一慾望，甚難滿足。蓋無財不可以爲悅。有財，則雄糾糾，萬事可舉，百物可遂。一家財足，則其家富，而顯城市。一國財足，則其國富，而威天下。是故，在現代經濟學上，以財，爲經濟物。乃有形者。如貨幣，如金錢，孰不注之於眼中，縈之於心坎，而寤寐以求。「生逢今世不宜貧」。經濟掛帥，樹之風聲。獨惜有未深切體認經濟關鍵所在者耶？

師青竊以天然力，與人力，實爲經濟關鍵之所在，兩說孰重？曰：天然力，似重於人力。在二百年前，法國大思想家孟德斯鳩，及德國哲學家康德，亦皆重天然力，以天然力，非人力所能左右，而爲經濟發展之先決條件。蓋以地球上物體，自人類以至動物、植物、鑛物，何一非出自天然所產，是故，天然力，包括物質天然，如土地、山嶽、海洋、湖沼、等類。及非物質天然，如風、熱、空氣、日光、引力、黏著力、凝集力（又名內聚力，同種物質分子，互相吸引之力）等類。相需相因，發揮作用。惟據古占星學，除日、月、木、火、土、金、水等行星角度，及日食月食，主要會合之外。尚有，天王、海王、冥王，三大行星角度。蓋子爲天王，枵也。亥爲海王，炁也。戌爲冥王，羅也（今人以卯爲冥王，不驗。）。三王隱伏於古，而顯現於今，亦如大丈夫，得時則駕，一舉成名天下知。且行星之角度吉利與否？往往對經濟有不尋常影響。例如：以木星言。如木星在第一宮——人民宮，角度良佳，主應社會富庶，羣衆康樂，有光昌之氣象。如木星在第二宮——經濟宮，角度良佳，主應銀行蓬勃，商業邁進，有繁榮之好景。如木星在第四宮——地產宮，角度良佳，主應建築發揚，樓宇興旺，有隆盛之氣機。以天王星言。如天王星在第三宮——新聞宮，角度良佳，主應鐵路發展，交通疏暢，有飛躍之進步。如天王星在第七宮——國際宮，角度良佳，主應外貿擴張，金融活潑，有錦繡之前程。如天王星在第十宮——官商宮，角度良佳，主應上下協和，工商躍進，有宏遠之規模。香港，現値天王天運統運。天王與海王六十度。又太陽七宮，與火星構成一百二十度，又水星在七宮，與海王一百二十度。得此吉照，開發特殊，日新月異，經濟之潛滋暗長，自必日在繁榮中。故舉天王天運角度吉利如上。其餘詳本著各篇，便明。至其主應，察行星所主事務篇，及十二宮所主事務篇，無不備悉焉。

天然力，與人力者，乃支配社會、政治、經濟、國家、人生之兩大原動力。其支配力之强弱，兩者因時而有伸縮。其中，經濟發展，極富彈性，有賴於天然力之撐拄。史記貨殖傳曰：「太陰在卯，穰，明歲衰惡。至午，旱，明歲美，至酉穰，明歲衰惡。至子大旱，明歲美。有水。至卯，積著卒，歲倍」。此太史公，稱白圭，爲吾國商業經濟之導師。其觀察天文，避凶趨吉，以定買賣方針，發展商業經濟，每年可增一倍，二年增四倍，以此積累，其數可觀。又：「歲在金穰、水毀、木饑、火旱，旱則資舟，水則資車」。此又太史公，盛稱計然學說，本五行變化，陰陽循環，作研究經濟之一助。古代先賢，從純粹概念中所得經驗，而與天然力，若不可分割者。經濟，爲社會科學之一，對未來有特殊關係。經濟之活動，經濟之成長，經濟之流通趨向，均視關鍵爲衡量。太陽圖表者，商業周期也。高級會合者，主要方位也。余以太陽圖表，配以高級會合，輔以主星移動，及日食月食，作預測經濟發展之津梁，往往如山鳴谷應。關鍵所在，不厭探求，豈曰徒然者耶？

須知，盛衰，無定也，卻有其律。休咎，不常也，必有其因。經濟活潑則生，經濟枯竭則死。經濟發達則强，經濟閃縮則弱。欲陷人於危，則與之經濟絕交。欲餌人以利，則與之經濟同盟。欲壓迫對方，則經濟封鎖。欲變更社會，則經濟革命，當夫經濟關鍵發生障礙時，產生不利，由衰退或至恐慌，宜如何鎮靜以處之，堅忍以度之，人皆欲詐，我以其誠。人皆欲巧，我以其拙，和平至上，忠信第一，視力之所及，開闢能源，精簡人才，相與發揮其高度之競爭力，及進取心。與人同善，天必祚之，何慮經濟之不繁榮？何愁民生之不豐樂？吾又曰：有時人定亦可勝天。

論太陽黑子

吳師青 著

日爲太陽之宗，主生養恩德，輝光所照，萬里同暑。而地面一切活動之根源，多受「太陽能」支配。太陽光球，出現黑子，史書記載，至明爲止，可得而考者，約有一百零一次。

在太陽系統中，太陽爲重要者之一。包含百分之九九點九大系統。管理其他物體之活躍。由太陽而獲得其光體、熱力、及能源。大宇宙中，人類之活動，亦藉其環繞地球之大氣層。由太陽平面所發出黑點，即世稱太陽黑子者。並已載在中國百科全書中。太陽黑子，因何產生？一般論者，訖無肯定。有以黑子，爲光輪中之窟穴，中含大量蒸氣，及氣體，溫度較低，故覺其暗。乃係氫與鈣蒸氣之旋渦運動。黑子全部，有本影焉，有半影焉。半影在黑子邊緣，微黑，頗似龍卷之頂，龍卷，俗呼龍吸水。其徑約達十五萬哩。本影在黑子中央，深黑，有如龍卷之幹，其直徑最大約五萬里。太陽黑子，據觀察者，又有謂：在太陽表面上，受行星所騷擾。如木星、土星、金星、水星、天王、海王、冥王，地球等等。行星之力量，吸引磁性，或電力，環繞太陽。在太空中，吸引潮水，與地球之海洋。頗引起科學家，對此疑信參半。行星在黃道不同部份，及不同位置而旋轉，自具有龐大權力，木星與金星，金星與水星，火星與木星，海王與冥王，土星與天王，或單獨水星，其所影響，固不一致。蓋行星之春分或秋分，導致太陽系統之擾亂，對地球亦有不尋常騷動，或接近木星之春分與秋分。在同一時間增强。並有謂：太陽黑子，由行星力量所引起。當二顆强有力之行星，同在一線上時，其黑子所佔之位置，大爲增加。行星蓄勢，充滿於內，有如按鈕，一觸即發。故太陽系統活動之變更，多受行星力量所致。而此種行星之力量吸引，乃磁性，或電力也。如行星被電力所影響，其吸引或拒絕力量，亦能導致太陽黑子之變更。而太陽系統之發光與氣候，對太陽黑子及行星形狀，均有關聯。按黑子者，多出現在日面緯度五度，及三十五度之間。五度以下，甚少。四十五度以上，亦少。但偶然有在六七十度之地，出現黑子，未可拘泥。當公元一八四零年，至公元一八四一年，出現一黑子，經十八月，始告消逝，此黑子之壽命較長者。當公元一九四六年二月二日，出現一黑子，長約三十萬公里，面積約一五五、〇〇〇、〇〇〇平方公里，此黑子之體積較大者。亦有謂：行星之形狀勢力，與太陽黑子之關係，又各有不同：如太陽黑子，與金星地球，在太陽反面，較之在同一面，則大過百分之七六點九。如水星與地球，在太陽反面，太陽黑子，則增加百分之十五。如，金星與水星，在太陽反面，較之在同一面，則大過百分之二四點九。如，金星與水星相離，約九十度，較之，二顆行星：在太陽同一面，則大過百分之八點八。至於，在太陽黑子改變其位置時，風雨表，亦隨之詈異。在赤道區域，太陽黑子最高度，較最低度，受壓力甚少。若在西半球，當太陽黑子達最高度，氣壓亦高。當太陽黑子達最低度，氣壓亦低。誠然，又不免引起氣象學家，或注意及之。

惟地球原爲一大磁體。至於黑子，常有磁場。磁力線，從黑子中心，沿半徑向外。大黑子磁場，其强度，約四千「高斯」，（高斯，物理學名詞，表磁場强度之一種。）相等於地球磁場强度二十萬倍。恆起劇烈變化，電話電報，受其影響。所謂磁暴，又曰磁狂，約二三日後，方可復原也。有以地球之磁力活動，與太陽黑子活動，彼此之間，接近平行。太太射熱之量，及地球之潛伏氣壓，往往因太陽黑子，而有改變。當每年三月，與九月，太陽經過赤道時，地球之磁力，發生騷擾。在磁性之兩極，常見光輝閃爍，同時，在地球向日光方面，無線電短波，長途電話，電線，潛水艇無線電，電力線，油管及汽管，均受嚴重磁性風暴之影響。總之，太陽黑子之說，在今日，科學愈發達，理論愈紛煩。五花八門，形形色色，映入於眼簾之中，交織於心扉之下。誠如老子云：「道之爲物，惟恍惟惚」。余謂學說，間或類似。而恍惚有物，恍惚有象，是未可概論者耶？

太陽黑子出現，有謂五年，有謂八年，有謂十年，有謂十一年，有謂十一年五個月，有謂十二年半，有謂十三年，有謂十六年，聚訟紛紛，莫衷一是。而究從何時計起，亦仁智殊見。或以從公元一六四九年起，或以從公元一七四九年起，或以從公元一八七八年起，或以從公元一九零七年起，諸凡此類，多未準確。尚有謂：太陽黑子周期，須從公元一八七三年算起，每一周期，應爲十一年二個月二十天。分初期，中期，末期。初期三年，人心稍有戒備，工商業，及證券等等，於不景交易中，可望平穩。中期三年，生產增加，貿易猛進，地產高貴，證券飛騰，爲工商旺盛，經濟健全之階段。末期五年，初兩年，刺激景氣。中間一年，顚峯交易。又中間一年，恐慌。最後一年，蕭條。但余則以此種硬性之圖表，亦不合邏輯。茲姑將所謂曲線圖附後，以供讀者作研究參攷。經濟學新論有曰：「**惜經濟學，尚未具有如物理學或數學之準確，其觀察範圍既廣，統計資料，又不完備，固不易說明太陽黑子之非是，卻亦不能證明其實在**」。誠篤論哉。

太陽黑子曲線圖

1952　1953　1954　1955　1956　1957　1958

健全交易　不景交易　蕭條

1965　1966　1967　1968　1969　1970　1971

刺激景　健全交易　不景交易

1978　1979　1980　1981　1982　1983 ＊ 1984

顛峯交易　恐　刺激景氣　健全交易

1991　1992　1993　1994 ＊ 1995　1996　1997

顛峯交易　刺激景氣　恐慌　蕭條

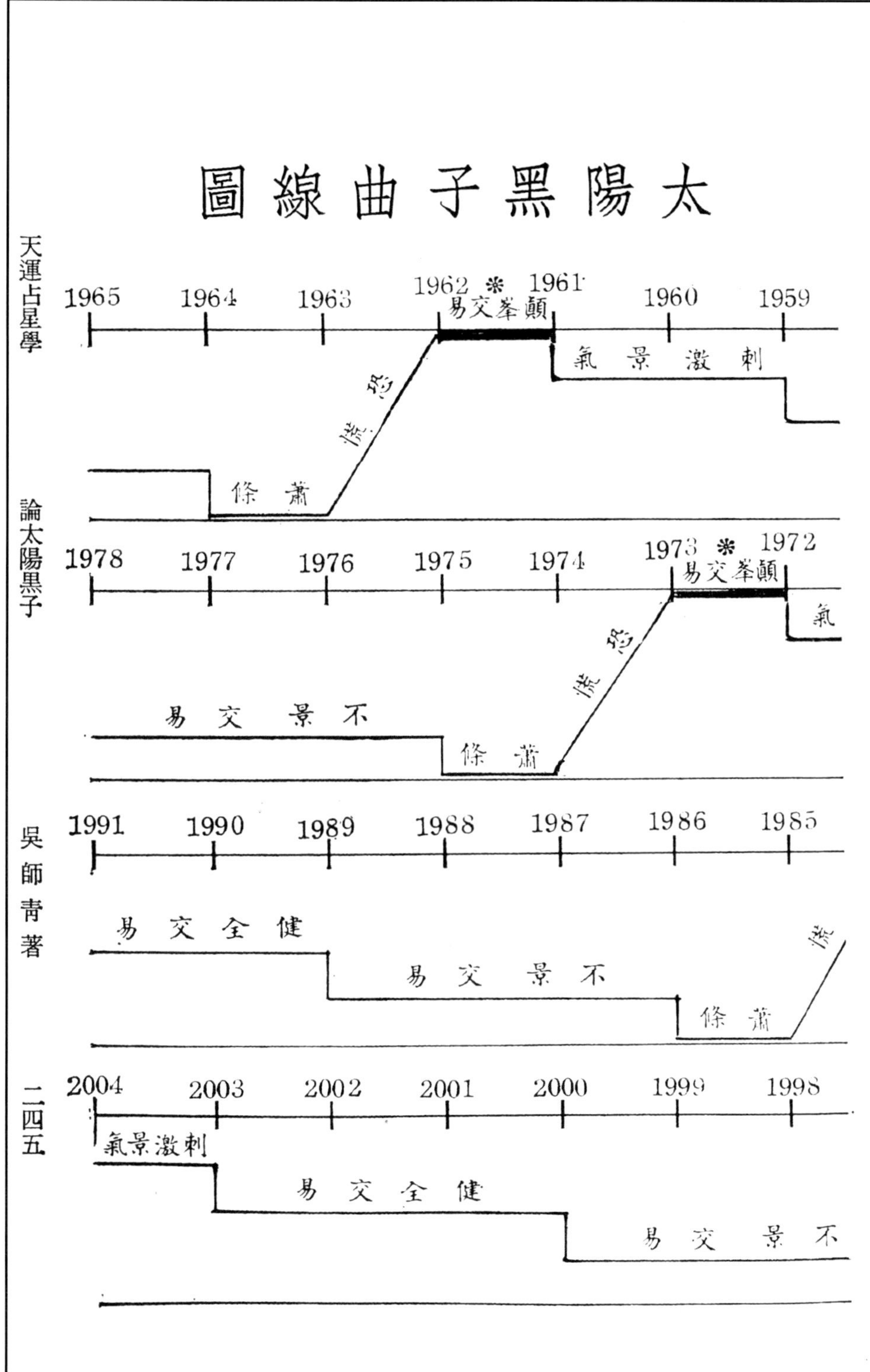
太陽黑子曲線圖
天運占星學
論太陽黑子
吳師青著
二四五
1965 1964 1963 1962 ✻ 1961 1960 1959
顛峯交易
刺激景氣
恐慌
蕭條
1978 1977 1976 1975 1974 1973 ✻ 1972
顛峯交易
氣
恐慌
不景交易
蕭條
1991 1990 1989 1988 1987 1986 1985
健全交易
不景交易
蕭條
2004 2003 2002 2001 2000 1999 1998
刺激景氣
健全交易
不景交易

商業周期之研討

吳師青 著

師青曾久任英盛洋行有限公司董事長，於商業中，頗獲經驗。生財大道，莫工商若，計然之知物，陶朱之逐時，子貢之鬻財，白圭之觀變，緬懷昔賢，皆起商業，富國富家，福利無窮。天下人才，工商居半。商業界中，尤爲人才之淵藪。尤其今日，全世界，展開大規模商戰，非常重要。商業者何？經營交易，阜通有無，依財之價值，而增加其利益。其法不外乎財之時間配合，及財之塲所配合。二者相須，互有關聯。管見所及，誠如商業對國民經濟上主要之作用，大約可分四項：

一曰：商業減少物價之變動與差異。其理由爲：商業原以物價塲所之差異爲利益。如果物價無差異，無變動，則商業自不能成立。然苟無市塲獨占之情況發生，商業依自由交通與自由競爭之作用，自促各時各地物價之平均，不亦減少其變動之效力者耶？

二曰：商業投合財富之需要與供給。其理由爲：商業雖依財之時間，及塲所之配合，而增加財之價值，以博取利益。然有此，則一地區，或一國家，或世界之財富。不但其塲所之配合，可以得盈虛之平。而且，時間之配合，亦可免偏陂之弊。需要之地，供給隨之。消費之處，生產因之。使生產與消費，需要與供給，得以一致。其品質、數量、形態、價格及場所時期，而表現相互之投合。其有利於社會，必無窮盡。豈待言哉。

三曰：商業促進世界之文明與和平。其理由爲：商業能使各人、各地區、各國家，從交換物品及技術。進而交換智識與文明。而其結果，不惟有助於各人、各地區、各國家，有關物質，與非物質之文明發達。更從而可使各人、各地區、各國家，有形無形之利害，日益密接，互相溝通，戰爭可以避免，和平可以維繫，誠幸福也。

四曰：商業發達一國家或地區之生產。其理由爲：大凡，商業對于財富之直接生產者，供給原料機械。同時，又爲其所生產之財富，探索販路，而謀擴張。更爲測定市場之需要，而定適度之供給。即或生產，設市價有意外之波動，則自負其所生之危險。使生產者，得以安全將事。更得各從其所長，而爲分業。因此，一切方面，皆可促生產之發達，無虞意外焉。上述四者，余不過就有關商業利益，作片面觀察，而畧及之。

大凡商業者，其中又有極微妙之副作用潛伏。人多忽視。蓋商業雖有助於舊事業之發達。而促成新事業之勃興。然有時，新事業之勃興，又導致舊事業之衰落。且商業雖促各國各地間分業之發達，而使之發揮其特長。然分業發達，一面即使產業有偏頗單獨之趨向。特長之發揮。另一面，可使有撲滅幼稚產業之意味。蓋內地商業，外國貿易發達，意外之競爭，如風之起，潮之湧，而莫可應付。致使發萌之諸種產業，立見消歇。然此在一國，一地方之衰頹，尚可以其他地方之隆盛相塡補。而國際間，則一國之損害，其利益，即爲他國攫取以去。是未可繩以自然淘汰之說，亦未可律以優勝劣敗之理，而爲樂觀。且商業之發達，則競爭之範圍大，而競爭之程度激。其占優勝地位者，固可秉程並進。其不幸而失敗者，即不可不改業他圖，以轉用其資本勞力於別種事業。雖然，事業之變更，與資本勞力之轉用，其事雖似簡單，而其實際則甚困難。此其中，又一言難盡者也。

夫盛極必衰，有隆有替，凡物皆然，商業亦不例外。商業周期者，一稱商業循環，周而復始，圜轉不已。繁榮之後，又有不景；不景之後，又有恐慌；恐慌之後，又有復甦。一俟復甦，又趨繁榮。每一周期，所經階段，雖未必完全相同，却有其共同一致之點。而有關商業周期之原理，在經濟學上，紛紛其說。曰：貨幣關係也。曰：投資過份也。曰：消費脆弱也。曰：心理基因也。曰：太陽黑子也。曰：政治變化也。此其中，又有外在原因，內在原因之分。且據普通一般，執商業循環四種形態之說者，分作：擴展時期，緊縮時期，及頂點時期，復蘇時期。有以三年半，爲商業循環。或以五年，爲商業循環。或以八年，爲商業循環。或以十年，爲商業循環，或以十七年，爲商業循環。更有，徒採用行星，預測商業及股市，以木星、土星，與火星、天王星之會合，九十度、或一百八十度視座，作爲商業周期中之不景，或恐慌。以六十度，或一百二十度，作爲景氣，或繁榮。更有以同年多六十度，或多一百二十度，或多其他視座之九十度、或一百八十度者，無效。諸如此類，一鱗半爪。且不計其經緯，又不計其會合久暫。更不建立主要行星，日食月食等星圖。（如不建立星圖，可查其會合時，降落于太陽圖表中之何敏感點，亦可有驗。時間久暫，至第二個會合爲止。）而遂謂爲商業周期者，未得十全。尚須以余製太陽圖表四十五圖，在北緯二十二度，東經一百一十四度地區適用。欲知如何吉利？先察主要會合，及日食月食等宮度。再察太陽圖表何宮吉利，並詳太陽圖表主應篇。則景氣與不景氣，繁榮與不繁榮，可得答案。例如第二宮，經濟宮，主管：對世界各國家，或各地區之庫收、財源、銀行、商業、證券、股市等等。如該宮得行星六十度，或一百二十度，吉度。主應景氣，或繁榮，可望在商業貿易之領域中，資金雄厚，經濟充沛，生產則巨幅增强，建設則兼程推進，銀行金融，如高潮上湧。工商證券，如旭日東升。社會健康，民衆富裕。如會合之宮度不利，或宮度之行星九十度，一百八十度。則相反。如第十宮，官商宮，主管對國家尊榮，地區發展，及商務、貿易等等。如該宮得行星六十度、或一百二十度，吉度。主應景氣，或繁榮。是故，商品之精良，交易之敏活，外貿之暢旺，生產之富饒，物價之平穩，企業之擴張，市場之繁華。民生之安定，皆有巨幅增强。可望納民衆於幸福生活之大行列中。益復促進國家，或地區，在國際方面之威信及聲譽。如會合之宮度不利。或宮度之行星九十度、一百八十度。則相反。讀者，如欲知其他地區商業之景氣，或繁榮與否？須將其所在地區東西經緯度數，依法建立太陽圖表。及是年之主要會合，日食月食之眞正時間等等星圖，而作判斷，始能有準。此余謂爲研討商業周期之較正確者也。

師青對研討商業周期行星，以特製太陽圖表爲骨幹。而考諸既往，推諸未來，向有百分之八十二準確性者。但是，天下無論任何事物，人爲因素，恆占其半。憂患常發乎人之所忽，變化每出於人之不備。未雨綢繆，方爲高明。臨事張皇，徒貽後悔。固不限於商業周期爲然。惟太空時代，全世界，正在展開商戰。舉世重商，舉商重利。能先利己，而後始可言利人，由利人，漸進而利天下。是故，居商者，應懍於商業周期中，例必有一段不景氣氛潛伏。倘能，先之以周密戒備，後之以從容應付。浪雖狂，可挽；關雖險，可度。儘管行星角度，於我不利。正如孔子曰：「天生德於予，桓魋其如予何？」

商業與行星高級會合之預測

行星，在普遍應用上，有衆多不同。從經濟占星之觀測點起，其主要視座，無論會合，九十度，一百八十度，與六十度，一百二十度。其視座權力，極難判斷，須憑積累經驗所得，每多準確。如木星與土星會合，九十度，或一百八十度之視座，常受六十度，或一百二十度之衝擊。有時，受日食月食星圖宮度之吉利擁護，如木星與天王六十度，或一百二十度之視座，常受九十度，或一百八十度之衝擊。有時，受日食或月食星圖宮度之不利破壞。凡十大會合，與五小會合，一併如斯，有不能外者。茲舉數大行星高級會合之周期，以俾讀者加深研究，而廣其傳。

海王與冥王會合，非常罕見。海王曾經先行過冥王二十餘年，相隔兩宮，計程頗遠。約四百九十二年，會合一次。早在公元一八九二年四月，會合於申宮七度。此遠期高級會合，其會合期間，歷時三年，始能消失。其在過去，已影響世界局部。單就商業而言，在公元一八九三年之準確會合中心，據經濟學原論指出：是年，美國發生經濟恐慌，破產者，國立銀行約百三十七間，私立銀行約四百十五間。是否巧合，更引起志乎占星者之興趣。若論天王與海王會合，約一百七十一年，始有一次。早在公元一八二一年二月間，曾經會合於丑宮一度五十分。推之，將於公元一九九二年二月，又會合於丑宮十六度。又推之，至公元二千一百六十四年，再會合於丑宮二十八度，又再推之，至公元二千三百廿五年，始進入子宮。此高級會合，將影響世界局部，糧食恐慌，商業疲滯，有饑餓威脅，世界又轉入新輪廓。例如：最早在公元一六零五年，其會合於寅宮十八度時。據傳：當時，在寅宮所管地區，天災人禍，交相煎逼，而經濟恐慌，商業蕭條，其影響者甚大。若論火星與土星，會合於未宮三度以內，極爲不祥，但以未宮零度爲甚。此一會合，將於公元一九七四年四月二十日開始，須至公元一九七六年五月，方能消失。其間過程，可能導致國際情勢之緊張，破壞貿易陣容之建設，以致影響世界經濟之危機。余在現世紀，尚尋不出此一會合。若論火木之會合，在酉宮、午宮、巳宮、卯宮、丑宮、亥宮等星座。夏季，主有非常雷雨，與炎熱。冬季，主有非常風暴，與雷電。此外，宗教方面，激起糾紛。對於預測地區與商業，須視會合於何宮？如在二宮，影響經濟、股市。如在四宮，影響地產、建築。詳主要會合宮度主應篇。若論木星與土星，會合於戌宮六度以內，或太陽戌宮零度，無論與何星會合。乃其不祥之最顯著者。則世界地區，恐不但經濟沮喪。且有改革，擾亂，及更動法制等事發生。同時，須防染疫，危及高階層人物。但須綜合最後一次會合，及下一次會合，加以判斷，始驗。若論土星與天王會合於酉宮，巳宮，多有高級地震，妨害生產。至於木星與天王會合，或一百八十度。乃商業周期不利之視座。亦防多瘟疫傳染。但幸木星爲醫藥特徵，當可化凶爲吉。又以往一八零五年，十一月，土與天王會合於辰宮二十三度。公元一八五一年八月，土星與天王，會合於酉宮四度。不過五分鐘而消失，在公元一八五二年三月十六日，土星與天王，會合於酉宮二度。有局部之動亂。至公元一八九七年六月二日，土星與天王會合於卯宮二十六度。在卯宮所主管地區，商業不景。經過四十五年又兩個半月。土星又與天王於公元一九四二年五月三日，會合於酉宮二十九度。在此高級會合中，戰爭影響商業。又越四十六年後，土星與天王，在公元一九八八年二月，將會合於寅宮二十九度。同年六月、九月，土與天王，會合於寅宮二十度。在此土星天王高級會合中，感應破壞。將影響寅宮所主管之地區，商業經濟，遭受波折。證券股市，出現風險，自所難免。余作綜預測，其情況，仿似前一段火星與海王之小會合於寅宮，亦影響非淺。卽爲：公元一九七一年一月，公元一九七三年一月，公元一九七四年十二月，公元一九七六年十一月，公元一九七八年十二月，公元一九八零年十二月，公元一九八一年十一月，公元一九八四年十月。在此八年中，海王，膨脹而帶幻想，主管油類，液體。火星燥烈而無忌憚，且由公元一九七五年，海王在赤緯南二十度。同時，天王亦在赤緯南二十度。公元一九八三年，海王、天王、木星，均在赤緯南二十二度，此三行星，又一橫跨過寅宮之年。因此，凡屬寅宮管轄地區，不可因一時氣盛，致貽後患，北非南部，亦不例外。惟向善，常可格天，能開誠，自必消咎。其中，在公元一九八一年，除火星與海王會合外，尚有土、木會合，爲世界轉捩點，其詳，見主要會合宮度主應篇。尚有土星與海王會合，公元一九八九年三月，會合丑宮十一度。同年七月，及十二月，會合于丑宮十度。此高級會合，將影響世界局部，天氣惡劣，災難嚴重。鼓盪革命思潮，篡奪權位。破壞經濟建設，打擊工商。又，尚有木星與冥王會合。公元一九八一年十二月，會合于辰宮二十五度。將影響世界局部，威脅罷工，改革政務，風雲人物，須防不測。至公元一九九四年，會合于卯宮二十八度，將影響世界局部。在政治上，掀起風暴，危機潛伏。在商業上，出入口貿易，發生矛盾。損失重大。至公元二千零二十年，土與木，會合于子宮。公元二千零四十年，土與木，會合于辰宮。公元二千零六十年，土與木，會合于酉宮。公元二千零八十年。至公元二千三百二十年，土與木，會合于烝宮。公元二千五百年，土與木，會合于水宮。此種行星高級會合，雖影響一般重要事情，實爲商業周期中之最不利者。如無其他視座援助。

其影響經濟、金融、證券、工業、商業、農業，企業之動態，尤爲極重大者哉。尙有木星與海王會合：如公元一九七一年五月，木星與海王，此高級會合，將影響世界局部，有軍事衝突，陷入混亂狀態。或暴風雨，或地震。如公元一九八四年一月，木星與海王，此高級會合，將影響世界局部，不僅商業，在政治圈內，有特殊發展，導致改革，異常顯著。可能使獨裁者，成歷史上渣滓。如公元一九九七年，一月，木星與海王，此高級會合，將影響世界局部，爲時代又一新轉捩點，達成協議，促進諒解。但此會合，對世界大事，有其深切意圖。假如會合於人類誕生圖中之浮升，或中天，或誕生圖中之敏感點，多主有破損危亡之禍。

行星中之經濟韻律

韻律字義，韻者，音相和也。凡聲音之體，務在和韻，如作詩詞、必須協韻、而後鏗鏘。律者，古稱十二律，樂器也。陽六爲律，陰六爲呂，經濟亦然。

察木星、土星、天王、海王、冥王之主要會合，因其集中在地球上之行星角度。或視座，及知其屬和諧與不和諧。和諧者，爲六十度，或一百二十度。不和諧者，爲會合，九十度，或一百八十度，作爲軌道觀察，多有以此爲商業周期之判斷，證諸以往，未盡符合。須以其會合，六十度，或九十度，或一百二十度，或一百八十度，配合太陽圖表之在何宮宮度？何宮爲會合？何宮爲六十度，何宮爲九十度？何宮爲一百二十度？何宮爲一百八十度？始有準確。有謂：行星會合，可距離五度。六十度，可容六度。九十度，可容八度。一百二十度，可容八度。一百八十度，可容十度。余以爲：會合。距三度。六十度，距二度。九十度，距二度。一百二十度，距三度。一百八十度，距三度。較爲確當。太陽圖表者，乃太陽於每歲四季，與各行星運行，在大宇宙中之萬有萬彙，無一而不包涵。惟二宮、四宮、七宮、十宮，爲商業經濟之骨幹。二宮主金融證券。四宮主地產建築。七宮主國際貿易。十宮主工商財團。此主要會合，與太陽圖表，爲產生經濟占星之元素，無論投資投機，主之者由星，而操之者在我，飛黃騰達，必有其因。是則經濟韻律之不可不急切講求之也。

木星與天王會合，爲期約十四年。公元一九六九年四月，會合。公元一九七一年十一月，六十度。公元一九七三年一月，九十度。公元一九七四年二月，一百二十度。公元一九七六年四月，一百八十度。公元一九七八年六月，一百二十度。公元一九七九年八月，九十度。公元一九八零年十一月，六十度。公元一九八三年六月，會合。公元一九八七年二月，九十度。公元一九八七年六月，一百二十度。公元一九八七年十月，一百二十度。公元一九九七年二月，會合。

木星與土星會合，爲期二十年，公元一九六一年五月，會合。公元一九六四年二月，六十度。公元一九六五年七月，九十度。公元一九六七年二月，一百二十度。公元一九七一年一月，一百八十度。公元一九七四年八月，一百二十度。公元一九七六年一月，九十度。公元一九七七年九月，六十度。公元一九八一年五月，會合。公元一九八四年十一月，六十度。公元二千年五月，會合。

木星與海王會合，爲期約十三年。公元一九七一年五月，會合。公元一九七三年八月，六十度。公元一九七四年七月，九十度。公元一九七五年七月，一百二十度。公元一九七六年六月，一百八十度。公元一九七九年七月，一百二十度。公元一九八零年十月，九十度。公元一九八一年十二月，六十度。公元一九八四年一月，會合。公元一九九二年十一月，一百二十度。公元一九九七年二月，會合。

木星與冥王會合，爲期約十二年。公元一九五六年六月，會合。公元一九五九年四月，九十度。公元一九六一年五月，一百二十度。公元一九六八年十月，會合。公元一九七二年三月，九十度。公元一九七三年三月，一百二十度。公元一九七五年四月，一百八十度。公元一九七六年一月，一百八十度。公元一九七八年三月，一百二十度。公元一九八一年十一月，會合。公元一九八五年三月，九十度。公元一九八八年四月，一百八十度。公元一九九四年十二月，會合。公元一九九八年三月，一百二十度。

土星與天王會合，爲期約四十五年。公元一九四二年四月，會合。公元一九四八年九月，六十度。公元一九五二年七月，九十度。公元一九五六年九月，一百二十度。公元一九六五年十一月，一百八十度。公元一九七四年二月，一百二十度。公元一九七五年十月，九十度。公元一九七六年七月，九十度。公元一九八零年二月，六十度。公元一九八八年二月，會合。公元一九八八年六月，會合。公元一九八八年九月，會合。

至於，天王與海王會合，約一百七十一年。公元一八二一年三月，會合。公元一九九三年二月，會合。公元一九九三年十一月，會合。天王與冥王會合，約一百二十七年。公元一八五零年六月及九月，會合。公元一八五一年三月，會合。海王與冥王會合，約四百九十二年。公元一八九一年四月，及七月、十月，會合。土星與冥王會合，約三十三年。公元一九四七年八月，會合。公元一九八一年十一月，會合。至于，有關太陽韻律，經已特製四十五圖，推至公元一九八六年，爲止。茲篇補充如下。公元一九八七年，三月二十二日，上午十二時五十三分，太陽入戌宮零度。六月二十二日，上午五時五十九分，太陽入未宮零度。九月二十三日，下午九時十五分，太陽入辰宮零度。十一月二十一日，下午五時三十二分，太陽入丑宮零度。公元一九八八年，三月二十日，下午五時四十一分，太陽入戌宮零度。六月二十一日，上午十一時五十六分，太陰入未宮零度。九月二十四日，上午三時零七分，太陽入辰宮零度。十二月二十一日，下午十二時十九分，太陽入丑宮零度。公元一九八九年，三月二十日，下午十二時四十分，太陽入戌宮零度。六月二十一，下午五時五十七分，太陽入未宮零度。九月十三日，上午九時，太陽入辰宮零度。十一月二十二日，上午五時七分，太陽入丑宮零度。公元一九九零年，三月二十一日，上午五時二十四分，太陽入戌宮零度。六月二十日，下午十一時十九分，太陽入未宮零度。九月二十三日，下午二時四十四分，太陽入辰宮零度。十一月二十一日，上午十一時一分，太陽入丑宮零度。公元一九九一年，三月二十一日，上午十一時十四分，太陽入戌宮零度。六月二十二日，上午五時十九分，太陽入未宮零度。九月二十三日，下午八時三十七分，太陽入辰宮零度。十一月二十一日，下午四時二十五分，太陽入丑宮零度。公元一九九二年，三月二十日，下午四時五十四分，太陽入戌宮零度。六月二十一日，上午十一時零三分，太陽入未宮零度。九月二十四日，上午二時二十四分，太陽入戌宮零度。十二月二十一日，下午十時三十九分，太陽入丑宮零度。公元一九九三年，三月二十日，下午十時四十二分，太陽入戌宮零度。六月二十二日，下午四時五十三分，太陽入未宮零度。九月二十三日，上午八時十二分，太陽入戌宮零度。十一月二十三日，上午四時三十三分，太陽入丑宮零度。公元一九九四年，三月二十一日，上午四時三十九分，太陽入戌宮零度。九月二十一日，下午十時四十五分，太陽入未宮零度。九月二十三日，下午二時五十九分，太陽入辰宮零度。十一月二十一日，上午十時二十五分，太陽入丑宮零度。以上「經濟韻律」。無論銀行、金融、工業、商業、企業、實業、證券、地產、建設等等，則凡在經濟大範圍中者，其發展里程，均視會合宮度，與太陽圖表中之二、四、七、十等宮之視座吉凶爲轉移。如第二宮，可查太陽圖表第二宮主應篇，第四宮，可查太陽圖表第四宮主應篇，第七宮，可查太陽圖表第七宮主應篇。第十宮，可查太陽圖表第十宮主應篇。至其他宮度，仿此類推。此乃經濟韻律，與商業周期，表裏爲一。在太陽圖表中，各行星視座吉利，將使工商、金融、證券、地產，無一而不勃然飛騰，前景璀璨，豈僅民生康樂，益復社會光昌。昔有季札觀樂，能知列國之治亂興衰。蓋其聽到樂器聲音之清濁高下，而作判斷。如歌齊，則曰：「美哉，泱泱乎，大風也哉。表東海者，其太公乎，國未可量」。如歌秦。則曰：此之謂夏聲。夫能夏則大。大之至也。其周之舊乎？師青以爲季札之觀樂，亦不過從樂器之韻律中，獲致豐富經驗，五聲和，八風平，節有度，守有序。感而應之，無不準者。悟此，則經濟韻律，不亦異曲同工也耶？

占星學對氣象之推測

本篇簡畧提供天氣之風晴雨雪雷雹，俾讀者自行研究。

諸葛武侯，占侯賦曰：金水出入，起風霧以連天。畢月相逢，佈雲雷於下土。師青按：武侯佐後主，行軍作戰，多用星占，人以爲神。

「在璿璣玉衡，以齊七政。」七政，指日月五星。五星，即水星、火星、木星、金星、土星也。日月五星之運行，各有限節度數，如國家之政，故謂之七政也。日者，衆陽之宗；月者，太陰之主。太陽與木星會合，或並行，如六十度，或一百二十度，其天氣則暖，及非常優美。當太陽與木星距六十度時，其氣溫則升。如距六十五度，則不然。關於日蝕之影響天氣，須視在何宮而定？如日蝕在酉宮，或己宮，或丑宮，則天旱甚。如日蝕在未宮，或卯宮，或亥宮，則雨量多。如日蝕在申宮，或辰宮，或子宮，則有颶風。如日蝕在戌宮，或午宮，或寅宮，則必酷熱。至若日或月，與主要行星中任何一星，形成九十度時，則大氣層中，掀起變動，影響天氣，驟然改觀。但是，其威力之所及，聲勢之所加，是又視乎各行星所處何宮，以爲轉移。五星之中，最具巨大變動者，爲水星。水星作主星，天氣倏忽多變，引起地震、雷電。在地平上，水多河溢。在地平下，水涸河乾。水星去一宮，移一宮，則天氣更改，晴則陰，陰則晴。其尤甚者，倘水星與火星會合，天勃然變色，頓時晦冥，驟至，而風號，而雷震，而雹降，而雪飛，水火本不相容，激動之下，變相故大也。不但如此，倘水星與日接觸，其激變亦不一，有時或爲亢旱，受到凶年。有時或爲霪雨，變成澤國。有時晴天霹靂，轟然一聲，令人相顧惶駭。若夫水星與火星、木星、土星、天王星會合，或一百八十度。同時，又與南北回歸線，或赤道接近，或水星在午宮，或卯宮，或與有光芒行星。在日食月食時，相處，則氣候冽冷，醖釀多雨。

其次：土星屬憂鬱、沮喪、乾燥、寒冷。如土星與太陽會沖，形成九十度時，則大氣層，在其控制之下，冷氣凝結，温度驟降，大雨雪雹，隨之而來。春分冷雨，夏至雹雷，秋分豪雨，冬至冰雪。其甚焉者，人受到寒風砭骨，營衛不調，氣管發炎。或因空氣渾濁，流行熱症。妨害攝生，出乎意外。土星在未宮，與其他行星，構成不良方位時，則大氣層，受其急劇之衝激，强烈之顚簸，風勢驟捲，作呼呼聲。時或一陣，飛沙走石。假如在秋冬，氣流遽變，颶風突出，甚至勾起海嘯，不可想象。土星橫過赤道，每隔數年，必有一次。而最令人難忘者，厥爲公元一八六三年一月間，適土星從赤緯跨過，徘徊不前，欲行又止，其光芒向地球直射，擾亂大氣層於無可奈何。有時，土星進入戌宮，或卯宮，或與火星會合及冲方，則太空出現圓錐形，蓋因水蒸汽，向上急升，前後數日，大雨雹，天氣壞，秋分大水，冬至減冷。

又其次：火星與水星對冲，春分，冬至，雪雨。夏至雷電。秋分大風。如火星與日會合，或一百八十度，其所反應，亦不尋常。蓋火星燥烈，具破壞性，氣燄囂張，不敢逼近。故凡瘟疫之傳染，天火之滌蕩，旱魃之肆虐，奇熱之炎酷，凡諸不愉快事，間有出自火星之傑作。火星在丑宮，則雨量充沛。火星在辰宮，則霧氣籠罩。火星在黃緯南，則雷轟電閃，有異尋常。至於火星與水星會合，而又與月及第一宮接近，或在第六宮，則影响局部地區，歲或不登，飢饉洊至。

此外，如木星與金星會冲，天氣晴暖。如木星在未宮頂點五度內，或在夏至、冬至、或春分，秋分之期間，抵達一頂點之位置，或在日食月食時，而受太陰感應，尤其接近春分秋分當中，則一片煦和，最爲舒適，收成豐碩，景氣最佳。如木星在酉宮，則南風之薰兮，可以解慍。如木星在申宮，則和暖之中，掀起烈風。倘或遭遇大行星之惡劣氣氛籠罩，突出變化，當其衝者，亦防地震。又如金星與天王，若在未宮頂點，雖然天氣溫和、而頗帶潮濕，但最宜人。假設與凶星成不利九十度，則迅雷風烈必變，洪水氾濫，不無可慮。又如海王與天王會合，相激相盪，頃刻之間，熱而變冷，冷而變熱，因地球受壓力，故反應氣象，自亦有其特殊者在。因海王具有龐大之膨脹力也。

總之，大宇宙中，變化萬千，時乎使人喜，時乎使人懼，日月五星之演變無窮，而天氣對人生影響，豈徒然哉，豈徒然哉。

三垣列宿發秘

吳師青 著

非懸象，無以見天地之心。非察星，無以通神明之德。星至繁也，命以名，乃可得紀。星本遠也，思其義，自可用占。三垣者，紫微，太微，天市也。紫微垣，北極五星，在宮之中，最尊。太微垣，十星，下臨翼、軫、角、亢、四宿，在翼軫北。天市垣，二十二星，下臨房、心、尾、箕四宿。師青夜以繼日，專用其心力於仰觀俯察，不分中西，無間寒暑。曾特製中西星座對照圖，風行歷二十餘載。精益求精，原無止境。茲擇其顯著應驗，對地區人類有深切關繫者。例如：天市賁臨，而工商登峯頂。文昌拱照，而仕宦展壯猷。織女之機杼精良，衣被天下。天廩之倉儲豐滿，穀養民生。祝他鶴算，壽昌應南極老人。咏爾螽斯，貴顯叶子星次舍。以上所舉，各有所應，乃我國自古論三垣列宿中之秘鑰也。

至於西圖星座主應，畧舉數星，較明顯者，以廣其聞。例如：畢α、軒轅α、參β、白羊αβ、天秤β、北落師門α、天蠍α、或獵戶之肩。當其升起頂點時。無論地區，或誕生人，值之，則該地區，主應興旺、繁榮、康樂、富庶。在誕生人，主應創大業、享榮名、福祿綿延。如與太陽會合，或行星橫跨誕生星宿吉利角度，則有更大佳運，一登峯頂、再轉鴻鈞、萬丈紅光，如旭日之自東海躍出。若不幸七曜星、積尸增三、與太陽在同一角度會合，主應終身困厄、甚且瞽目、了無生趣。又如：太陽與畢α、武仙、軒轅α、天蠍αβ會合，誕生人遇之，則主應：雖顯赫者，而難免意外驚險。又如：太陽與畢η、（七羣星）畢γ、（五羣星）雙子α、（北河二）雙子β、（北河三）積尸增三、與二驢等星會合，遇之，或行星橫跨誕生星宿不利角度，則發生不測變故。又如：南天秤乃蛇夫η之膝，若與太陽會合，遇之，主應招來災難，名譽受損。又如：月與南天秤α會合，誕生人遇之，則主應凶暴、一生不幸、陷於刑戮。至於，遇天船或海豚，則主應遭滅頂之橫禍。遇英仙或大陵，則主應召喪命之奇殃。尚有白色、黃色、分別判斷，余所製中西星座對照圖，供地學家、星命家研究，多感興趣。

三垣列宿發秘

吳師青 著

天球恒星，分紫微，太微，天市，三垣。垣外二十八宿，分布於十二宮黃道中，半在赤道南，半在赤道北。茲擇其顯著應驗，對地區人類有深切關係者，如臨幸方隅吉照主應，及誕生人命垣，等等。揭發其祕，俾供研究。

天皇大帝

天皇大帝星者，亦稱昊天上帝。西圖屬仙王座。在赤經二十一時四十八分六秒，赤緯八十度一分三十四秒。乃天上最尊貴之神，所謂「耀魄寶。」是也。布元氣於浩蕩，運太虛於寥廓。主御羣靈，昭至尊君象。統理庶類，秉萬機神圖。故其處于紫微垣中也，極光普照，至德徧施。如在該地區得其臨幸吉照時，則戾氣消除，生機暢茂，世運旋轉，氣象萬千。天皇大帝，每歲：「大寒」，第十五日，會太陽于亥二度。「大暑」第十四日，會太陽于巳二度。在此日此宮，爲會吉臨幸佳期。其所感召，則風不鳴條，雨不破塊，海不揚波，道不拾遺，天下治平。凡事遇之，無不大利。建宅者，主龍門啓秀，駿業發祥。安葬者，主福蔭後嗣，光大門閭。修方者，主點石成金，千祥駢至。如誕生人之命垣，凡遇之者，定主其人，英姿颯爽，抱負非凡，得富得貴，成廟堂之大器，多福多壽。作社會之領袖。

天帝

天帝星者，即帝星，又稱上帝。在北極五星中，帝星最明。西圖屬小熊座。在赤經十四時四十四分八秒。緯北七十四度十五分・五秒，二等星。北極五星，位於紫微宮中。其第一星，主月。太子也。第二星，主日，帝星也。第三星，主五行，庶子也。第四星，后宮也。第五星，天樞也。惟此五星，運天無窮，三光迭耀，而其中天帝，爲周天星主，非若天樞之不動者也。天者，穹隆而周乎下，磅礡而向乎上。大哉乾元，其形渾渾。古之天文家論天者：以「度」言，則周天三百六十五度。以「徑」言，則周天一百七萬一千里，東西南北徑三十五萬千七里，立徑亦然。此蓋指黃赤道徑數。似此，當非精確測量，可想而知。夫四時者，天之吏也。日月者，天之使也。星象者，天之曜也。雨露者，天之澤也。雷霆者，天之怒也。虹霓者，天之忌也。帝星，乃主周天，居高理下。如在該地區得其臨幸吉照時，則祥風佈，化日舒，嘉穀生，醴泉出，品物咸亨，天下和樂。

天帝，駕之所臨，百神呵護。威之所及，諸煞潛消。每歲，「芒種」第四日，會太陽于午宮二十八度。「大雪」第三日，會太陽于子宮二十七度。在此日此宮，爲會吉臨幸佳期・

其所感召，則工商躍進，建設突飛。凡事遇之，無不大利。建宅者，主門高駟馬，秀起文龍。安葬者，主子孫發福，瓜瓞永綿。修方者，主金石爲開，如意吉祥。如誕生人之命垣，凡遇之者。定主其人，稟中正之德，居顯達之尊。威名服衆，恩愛及人，貴有爵命，富有壽命。

尊帝

尊帝星者，太微垣中之主星也。位於北斗之南，軫翼之北。西圖屬獅子座。在赤經十一時三十分，緯北十四度四十二分。有星十，分作東蕃、西蕃、南蕃三部門。東蕃四星：第一星，曰上相，第二星，曰次相，第三星，曰次將，第四星，曰上將。是謂「四輔」。西蕃四星：第一星，曰上將，第二星，曰次將，第三星，曰次相，第四星，曰上相，亦謂「四輔」。至於南蕃二星，一爲左執法，其職權，掌管刑律，懲治罪犯，有如「廷尉」。一爲右執法。其職權，彈劾奸邪，整肅綱紀，有如「御史」。十星者，環天子之宮廷，而拱衞四門，贊襄庶政，從容中道。如在該地區得其臨幸吉照時，災祲不作，休徵自至，納民衆於幸福康樂，足可貴也。尊帝星，每歲，「穀雨」第十五日，會太陽于申宮二度。「霜降」，第十五日，會太陽于寅宮二度，在此日此宮，爲會吉臨幸佳期，其所感召，祥風遍布，大澤沛施。凡事遇之，無不大利。建宅者，主崇基永固，鴻發無疆。安葬者，主子孫蕃昌，克享悠久。修方者，主迎祥納福，長樂永康。如誕生人之命垣，凡遇之者，定主其人，神情凝遠，器宇冲和，明足以創大業，智足以樹大功，福隆德盛，爲富貴中人。

天尊

天尊星者，乃天市垣中之帝星也。位于太微垣左，房心東北，西圖屬武仙座。在赤經十七時二十分，緯北十四度二十三分。有星二十二，環拱帝座，狀若屛藩。執陰陽之柄，而聚百源。操工商之權，而利萬國。垣之中心，鈞衡所在。推行號令，胥於是出焉。

天市，主權衡，司聚衆。聚衆，所以互助，而得中和。權衡，所以持平，而不偏倚。天市之垣，天下所會。帝座居中，主理萬機。左右有天紀九星，肅紀綱，整秩序。南有當門市樓六星，定市價，綰舶來，陽爲金錢，陰爲珠玉。東有斗五星，斛四星。西有帛度二星，爲天市四門。師青在十年前，曾揭發香港爲天市垣局，公之天下。考之占經，天市垣局，稱爲國市，其星欲小，星小而多，主財物殷阜，民衆康樂。如在該地區得其臨幸吉照時，工商百業，可登峯巔。措地區於富庶，建金融之中心，此必然者。

天尊，每歲「芒種」第十一日，會太陽于午宮二十一度。「大雪」第十一日，會太陽于子宮二十一度。在此日此宮，爲會吉臨幸佳期。其所感召，則時序調和，地區安定。凡事遇之，無不大利。如建宅者，主瑞氣盈門，迅發大富。安葬者，主後嗣貴盛，澤被羣生。修方者，主萬事吉祥，財路宏開。如誕生人之命垣，凡遇之者，定主其人，重德淸心，知時識勢，謀猷大展，福祿來崇。

老人

老人一星，位于弧南，亦稱南極，一曰南極老人，俗呼「壽星」也。西圖屬船底座，一等星，其色青白，光强，僅亞於天狼。在赤經六時二十二分，赤緯南五十二度四十分。與天狼相距，約三十六度。常於二月，頃現於南天地平附近，甚少見。李商隱（唐代進士，累官工部。）賀老人星見表，有曰：「候時而出，有道則彰。居五福之先，在三辰之列。」師青按：當時據欽天監李景亮奏：八月六日，寅時，老人星，見於南極。故義山上表賀之，可見古人重視，乃千年前，如此。今則須以老人會吉臨幸，爲眞。

洪範五福：一曰壽、二曰富、三曰康寧、四曰攸好德、五曰考終命。師青閱人多矣。竊以德爲百福之源，亦爲萬壽之本。德者，包括孝悌、忠信、禮義、廉恥、仁愛、勤儉、謙讓、和平。有諸內，而見諸外，推諸己，而及諸人。故大德，必得其壽，古今一理。自生民以來，人亦孰不欲壽？古時天子，每歲仲秋，其所以向南而敬祀「老人星」者（見禮月令），或亦求南極老人賜壽。壽己之外，欲壽國，欲壽民。用心甚善。其實，老人星，不會太陽，求之罕驗。須以清明後十日，向西而敬。寒露後十日，向東而敬。如果虔誠，每多得壽。人生至難求者，惟壽。普通求壽，不一其方，靜坐也，爬山也，鍊氣功也，食補品也，以及保齡球也，哥爾夫球也，太極拳也，等等。其唯一作用，在求健康；從健康中，可增長壽。余謂：果能依會吉臨幸方隅，向老人致敬，更爲有驗。且較古天子之於仲秋向南而祠，更勝一籌。惟余所云向老人致敬者，非焚香跪拜之迷信。而實具有科學性者在焉。蓋人出生，第一口氣吸入之氣，卽含有太陽氣息。每個人，一呼吸，一毛孔，而在電磁性之氣中，有行星侵入影響，除此之外，尤其，有自感應，互感應，或自暗示，自激法。賴本身之電流，受磁場之感應與誘導，瞬時發生變化。雖老人星，隱伏南極，未能常見。若能將會吉臨幸之方隅，準時吸收，亦當得長壽之美景也。開元占經：凡王政和平，則老人星，臨其國，萬民壽。

宋代陳執中，（仁宗朝，爲相八年。）遇生日，親族多獻老人星圖。今則於祝壽，多用「星輝南極」，蓋本此意，遂成習尚。唐人杜甫詩云：「周南留滯古所惜，南極老人應壽昌。」又，吾粵邱瓊山有云：「南極星輝映紫宸，大開壽域在茲辰。」自古至今，知老人星主壽者，非祗杜邱兩人。但僅知其一，未知其二，茫乎會吉臨幸之妙也。

余以老人星，乃一抱和平主義者。和則氣調，而衷至當。平則均等，而符大同。老人在天上愛和平，推而及於普天之下，皆和平，大哉老人，萬古長生。如在該地區得其臨幸吉照時，則禮讓相尚，壽考維祺」。老人星，每歲「清明」第十日，會太陽於酉宮六度，庚末。「寒露」第十日，會太陽於卯宮六度，甲末。在此日此宮，爲會吉臨幸佳期，其所感召，開無疆之大業，享不老之遐齡。凡事遇之，莫不榮昌。如建宅者，主福祿壽考，長發其祥。安葬者，主騰達貴顯，邦家之光。修方者，主財源湧進，福履綿延。如誕生人之命垣，凡遇之者，定主其人，容貌偉秀，性情温厚，精神百倍，無量福壽。

文昌

文昌六昌，西圖屬大熊座。在赤經九時四十八分。緯北六十二度八分。位于紫微宮之西，北斗魁之前，成半月形。主集計禍福，彰明綱紀，以經緯天下文德，六府之宮也。第一星，曰上將，建威武；第二星，曰次將，臨左右；第三星，曰貴相，主文理；第四星，曰司命，主賞功進賢；第五星，曰司中，主司過詰咎；第六星，曰司祿，佐理寶。皆分工合作，代天行道。古代，重視文星，以文星，爲文昌星。文運之亨通，端賴文昌之拱照。文者何？物相雜也，天有天文，地有地文。雲漢昭回，日星宣朗，煙霞卷舒，風霆鼓蕩，此天文之所以暢也。山岳錯峙，江河流行，鳥獸蕃衍，草木茂榮。此地文之所以成也。天地之文，不能自私，誕敷於人，人則受之。是故聖賢代出，以及抱道之士，莫不肆力於文，爭相著作。於是人之文，用以載道。充塞於天地間。與天地相綜錯，以悠以久。一筆之力，九鼎可扛。一字之價，千金是値。舍文章而外，不足以言「經世大業。」更不足以談「不朽盛事。」以故，文昌星，在任何時代？有其極崇高之地位。書謂：文昌黃潤，萬民安吉。而天瑞駢臻，德音宣暢。如在該地區得其臨幸吉照時，則文運昌隆，學風丕振，足以佐休明之郅治。

文昌星，每歲：「清明」第七日，會太陽于申宮二十五度。「寒露」第七日，會太陽于寅宮二十五度。在此日此宮，爲會吉臨幸佳期，其所感召，則文明飛躍，富庶繁興。凡事用之，無不大利。建宅者，主金馬玉堂，天祿豐盈。安葬者，主代出英豪，文魁天下。修方者，主家室興隆，安享尊貴。如誕生人之命垣，凡遇之者，定主其人，器宇軒昂，天才橫溢，養之裕，積之厚，文章發于少年，福祿隆于晚景。

司祿

吳師青　著

司祿，西圖屬小馬座，在赤經二十二時二十八分二秒，緯北二度四十五分。與司命、司中，並稱三台，又曰三公，在天曰三台。皆屬於文昌六府。司命二星，爲上台，卽太尉。司中二星，爲中台，卽司徒。司祿二星爲下台，卽司空。皆正一品，其位至尊。眞所謂：「上界足官府」者哉。司祿二星，位於司命之北，主賞功進爵。爵者，俸祿也。夫惟有功之人，然後可以受爵。亦惟有福之人，然後可以享爵。有天爵焉，有人爵焉。修其天爵，而人爵至。富而有財，固人之所欲。貴而有爵，尤人之所求。無爵不足以言貴，無財不足以言富。有爵萬事足。朝廷論爵，吾國讀書人之唯一目的，是在「爵祿」。譬如：子張學干祿，孔子告以：多見多聞，愼言愼行，言寡尤，行寡悔，祿在其中。福祿穰穰，自天申之，非可倖致者也。星經：「司祿居常，則朝廷爵祿平，天下諸侯王，奉法，百官有司，奉職。」如在該地區得其臨幸吉照時，則天下可均，爵祿可平，有雍熙之象。司祿在天，亦一尊貴之神。每歲，小暑第十五日，會太陽於巳之十八度。小寒第十五日，會太陽於亥之十八度。在此日此宮，爲會吉臨幸佳期，其所感召，工商殷盛，社會光昌，凡百遇之，無不迪吉。建宅者，主子孫貴顯，際會風雲。安葬者，主世代發福，受祿於天。修方者，主千祥雲集，有土有財。如誕生人之命垣，凡遇之者，定主其人，稟中正之氣，文章足以華國，威望足以服衆，事功遠大，爵祿崇高。

天廩

天廩四星，在昴宿之南端，一曰天會，又曰庫廐。居於胃度，西圖屬金牛座。在赤經三時二十八分四十二秒。緯北十二度五十一分五十七秒。主掌三農九穀者也。三農生九穀。三農者，即爲：一曰平地農，二曰山農，三曰隰農。九穀者，即爲：黍、稷、稻、粱、痲、大小豆、大小麥。（亦有以稻、粱、菽、麥、黍、稷爲六穀者。）農爲天下大本，穀之所由而出。穀乃天下大命，人之所賴以養。於是乎，倉廩重焉。廩以藏米，倉以儲穀。「倉廩實，而知榮辱，衣食足，而知禮義」。詩所云：「乃求千斯倉，乃求萬斯箱」。以備凶荒，而濟貧困，有司要政，莫切於此。須知天廩懸象，使在上者，知所以藏穀，即知所以養民。天廩之外，而有天囷，又有天倉、天倉星六，天囷星十二。天文錄謂：「天廩，四星，主積黍稷，以享祭祀。青氣入，蝗虫大旱。黃氣入，歲多黍粟。赤氣，多水」。師青按此說，與未志同。如在該地區得其臨幸吉照時。則時序調和，年登大有，含哺鼓腹，盛世之風。

天廩乃天上至尊之神。每歲，雨水第十四天，會太陽於辛戌，處暑第十四日，會太陽於乙辰。在此日此宮，爲會吉臨幸佳期，其所感召。四境興平，萬方薈萃。凡百遇之，無不大利。建宅者，主人文蔚起，福祿綿延。安葬者，主瑞藹盈門，子孫發富。修方者，主萬煞潛消，千祥畢集。如誕生人之命垣，凡遇之者，定主其人，才大志剛，機深謀遠，必爲梁棟大材。或雄視工商業界，或高居金融要津，人中之龍也。

玉井

玉井者，乃天上之尊神也。西圖屬波江座。在赤經五時八分。緯南八度四十五分。後漢書郎顗傳：「有白氣從西方天苑，趨左足，入玉井，數日乃滅」。按玉井四星，在參星之左足下。乃水官也，主水漿，又主粥廚。泉甘且洌，如醴流滂，上以供天廚調羹，下以佐至人延壽。且井者，通也。物所通用也。井有井德，愈汲愈生，養而不窮，故人美之。古占經：

玉井星，微小，則陽陰以和，雨澤以順。百穀用成，四方無事。占星家，甚注視之。如在該地區得其臨幸吉照時，則秩序安定，羣生和樂，社會有繁盛景象。玉井，每歲，驚蟄第十日，會太陽于酉末辛初。白露第十日，會太陽於夘末乙初。在此日此宮，爲會吉臨幸佳期。其所感應，工商界，則財源泉湧，金融家，則利澤普施。凡事遇之，無不大利。建宅者，主瑞靄盈門，子孫貴盛。安葬者，主發福綿遠，垂裕後昆。修方者，主天爵永膺，澤加社會。如誕生人之命垣，凡遇之者，定主其人，風神秀拔，志節剛堅，開富有之大業，膺貴顯之榮名，非偶然也。

軒轅

軒轅十七星者，位于少微之北，一曰權星，又名東陵。西圖屬獅子座。在赤經十時五分，赤緯十二度十三分。以軒轅十四爲之主。色白，第一等星也。余考天官書：「軒轅前大星，女主象，旁小星，御者後宮屬。」古占經：「軒轅，天子后妃之廷，第一星，皇后。次北一星，三夫人。又北一星，九嬪，次北一星，二十七世婦。」此不啻一女集團也。

當夫陰陽交合，相激相盪也。盛則爲雷，和則爲雨，怒則爲風，變則爲雲，凝則爲霜，散則爲露，亂則爲霧，立則爲虹。迹其所變，皆軒轅主之。余以此變氣，無一而不祥者。其中，雷以鼓之，風以動之，雲以行之，雨以施之。然後，萬物皆資發育，得遂其生，而樂其長。則軒轅星也者，坐于女主之位，能知權變，霖雨蒼生，澤及天下，如在該地區得其臨幸吉照時，則風化以正，生齒以繁，鼓盪興旺之氣機，推進繁昌之運會。裕如也。

軒轅星，繫於天球，永恆垂曜。自嫘祖遺敎所傳，流風所被，四千餘載，淑範常昭，凡奉上惟敬，撫下惟慈，以風天下，而正夫婦者，極其所至，無不家國永綏。今之元首中，賴有賢夫人，相助爲理，撫馭天下，弼成郅治，豈曰偶然。須知，女人之才，女人之能，女人之權，女人之勢，皆隨時代演進，飛躍騰驤，駕遠古而上之。諸如：女皇王也，女總理也，女部長也，女將軍也，以至女博士也，女議員也，女校長也，女出版家也，女大律師也，女政務官也，女文學家也，女書畫家也，女工商領袖也。如瑤林琪樹，森森玉立。閨幃之內，大發其祥。實爲二十世紀最可慶幸者。余察軒轅大星，在占星學中，自然界，原屬木火，得木日同緯，或其色變黃，天下大昌。如誕生人之命垣，凡遇之者，男人，則生而奇偉，必得女中之傑，以爲佳耦，同心同德，展雄圖，開泰運，以享富貴。女人，則生而聰秀，必得男中之豪，以爲賢配，正內正外，握重權，襄大業，以膺福祿。人天感應，有所自來，造物主宰，從古如斯。須知天上四大台柱，軒轅十四，即爲其一。在西方占星家，非常重視，稱爲王者之星。無論國王命運，或誕生人，多以此星爲吉占，中西暗合，斯亦奇哉。

大角

大角一星，天王帝庭也。一曰天棟，又名棟星，西圖屬牧夫座，在赤經十四時十三分，赤緯十九度二十七分。其體大，其光强。獨立於亢宿之北，攝提之間。屬第一等星，色帶橙黃，距地四一光年。六月八日下午九時中天。攝提六星，夾輔帝座，統治天下。而大角者，得攝提六星，以佈之左右兩傍，有如盾焉，環而擁之。從容暇豫，以備諮詢，古占經：大角，爲帝座，攝提六星，攜紀綱以輔，有師長之象，師者，敎人爲君，長者，敎人爲長。如在該地區得其臨幸吉照時。則倫理昌明，民德歸厚，垂拱而治，大和洋溢。

原夫天，主宰人類者也。設日月，列星辰，張四時，調陰陽。日以曝之，夜以息之，風雷以鼓之，雨露以濡之。其生物也，莫見其所養，而萬物長。其殺物也，莫見其所喪，而萬物亡。此謂神明，而聖人象之。其降福也，不見其所來，而福降。其除禍也，不見其所自，而禍除。稽之不得，察之不虛。天有天理，天有天職，其道至閎，且永固者。大角之爲天棟，顯然天上之棟樑也。天棟云者，形容之詞。非眞如舊式屋脊之樑木，架於其上。譬如柱石名臣，爲國之棟。所謂「棟樑材」者，以其能扶顚持危，可荷重任。明乎此，則大角在天，亦一主要星也。

須知，大角此星，光潤明大，貴人之象也。亦如人，生而瑰異，磊落光明，一望而知其有益於人，有用於世，其與庸碌，逈不相同。余按大角之最大事功，無過於正綱紀。蓋紀者法紀，所以分繫。綱者政綱，所以總持。世界之和平，國家之治理，以至小而一社會，一團體，皆賴有紀綱，秩然不紊，爲之維繫。進一層言之，綱常倫理，命脈攸關。綱不可廢，而常不可失。大角於此，知所整飭，其所挾持者，甚大，所抱負者，甚遠。如誕生人之命垣，凡遇之者，定主其人，器宇軒昂，才能特出，創大業、享大富、子孫貴顯，揚名國際。

大角直徑，有太陽二十倍，其光力，則比太陽强八十倍。每秒以五公里速度，接近太陽系。西方有稱大角爲：阿克特爾斯，含義費解。希臘航海人，於黎明前，看到大角時，以爲地中海，將有大風浪之前兆。因並及之，俾廣其說。

子星

子星二，位於丈人之東。西圖屬天鴿座，在赤經五時四十九分。緯南三十三度四十八分。孫星二，則在子星之東。皆主侍丈人，相扶而居，以孝慈稱。事之見於下者，象之應於上。人間有孝子，斯天上有孝星。天上有孝星，即人間有孝子。歷來，以忤逆父母者，爲大惡，罪在不赦。以往律例，凌遲處死。蓋家齊，而後國治，國治，而後天下平。余以齊家，又必自推行孝道始。是故，以孝治天下者，其天下必長久。以孝治家庭者，其家庭必昌盛。夫食母者，梟也。食父者，獍也。人而不孝，與禽獸何異？但如證以烏知反哺，羊知跪乳。若人而不孝，是又禽獸之不如者耶？其何以爲人耶？

丈人二星，是「民之父。」主壽考，矜寡恤貧，國老也。子星與孫星，其扶持丈人星唯謹者，是示天下人以孝慈。孝慈則忠。如在該地區得其臨幸吉照時，則上尊下敬，篤守治道，人口日蕃，民生日裕。子星每歲，於春分第三日，會太陽於酉中。於秋分第三日，會太陽於卯中。在此日此宮，爲會吉臨幸佳期。其所感應，地區蕃息，民衆和順。凡事遇之，無不吉利。建宅者，主瑞氣大來，財星拱照。安葬者，主人才蔚起，表率羣倫。修方者，主諸煞潛消，休徵畢集。如誕生人之命垣，凡遇之者，定主其人，有忠孝大節，克紹箕裘，事業崇高，功名顯達。

南河戍

吳師青著

南河戍三星，一名南藏，與北河戍對峙，介乎東井之間，負責守衞。河以北，歸北河星。河以南，歸南河星。南河，又稱南戍，西圖屬於小犬座，在赤經七時三十六分四十七秒。赤緯五度二十分五十八秒。爲一等星，色白帶黃。距離地球十一光年，光力强於太陽八倍，有一顆伴星，白色。南北河戍，乃天河要道，非守不可。亦如要塞及重鎮，設置衞戍司令官，指揮之，擔任警戒，以策安全。天人一理，不當如是耶？

「惟天有河，是生水德。凌浩渺之元氣，掛崢嶸之瑞色。所以正辰極，奠南北。」（見盧肇天河賦）余以：「奠南北」云者，顯然是指鞏固河之南，河之北而言。須知：兩戍之間，卽天門也。咽喉所在，非若等閒。則凡日與月，以及水星、火星、木星、金星、土星。皆出其門，舍此莫由。如在該地區得其吉照時，則防務鞏固，治安良好。有夜不閉戶，道不拾遺之風。

按南河戍，爲權，權則知輕重。北河戍爲衡，衡則持平穩。故能舉錯有方，通達得道，河中無事，皆慶安寧。惟南河星，接近天狗。天狗，狀如大奔星，墮下有聲，火光炎炎。主守財，而又守門。仙家犬吠白雲間。唐人之言，當不謬也。有謂：犬性難馴，當其發狂，無分賓主，時或反噬。求所謂「義犬者，究不多見。人多愛犬，出則必攜與俱。而於軍犬，更加重視。大抵以「犬」字音雅，而覺「狗」字音粗，故呼「小犬座」。非若吾國人，直以「天狗」出之。然于此，亦足見中西之星象學，頗暗合也。如誕生人之命垣，凡遇之者，定主其人，生而威重，富有魄力，際遇明良，可望位據要津，獨當一面，澤加於民，聲華赫弈。南河戍，自古最忌與火星、天王、會合，則爲不吉，或瘟疫流行，或水旱交作。如誕生者，則主長病，甚至被犬噬而死。

北河戍

北河戍三星，一名北藏，又稱天門，與南河戍遙對，夾東井左右。北河二，西圖屬雙子座。在赤經七時五十一分三十一秒。赤緯三十二度五十九分四十四秒。距離地球爲四十五光年。北河三，在赤經七時四十二分二十二秒。赤緯二十八度三十八秒。距離地球爲三五光年。吾人每當夜間，見夫浮白之帶，橫跨於天球之中，劃若鴻溝，茫焉渺焉，卽天河也。天河，從西北極，分為兩頭，至于南極。其一，則經南井中過。其一，經東井中過。日月五星，出入所經，置星以守，秩序井然。石氏讚曰：「兩河六星，知逆邪」。六星，指南河戍三，北河戍三。知逆則明，明故無所不見。知邪則智。智故無所不能。此南河之執權，而北河之持衡，克濟其美。如在該地區得其臨幸吉照時，則革故鼎新，可獲致民有、民治、民享，幸福無疆。

占經謂：北河戍下，小星多，象徵紛擾，戒備宜嚴。「安得壯士挽天河，洗淨甲兵長不用」。唐詩指出，耐人尋味，兩河六星，皆明，主應天下有道，和平相處，大澤廣沛，遠方來朝。如誕生人之命垣，凡遇之者，定主其人，具美德，負良才，任重位尊，克享爵祿。經營工商業者，必能蜚聲國際，富甲一方。如與土星，海王星會合，其吉利程度，則遜。北河二，一等星，自然界，屬水。北河三，二等星，自然界，屬水。在雙子星座中，如兄如弟，北河二，則放銀白色光，北河三，則放金黃色光，金銀配合，交相輝映，日本人，稱為眼鏡星。古羅馬軍人，尊雙子星座，為勝利之師。希臘人，則以雙子星座，當作航海之神。迷信之深，又勝於東方多矣？

牛女

牛郎者，即牽牛也。有星三。西圖屬天鷹座。在赤經十九時四十九分，赤緯北，八度四十五分。一曰天鼓星，自然界，屬火兼木。位于銀漢之西，第一等星，其色黃，距地球十六光年。織女者，即東橋也，有星三，成三角形，在赤經十八時三十五分，赤緯北，三十八度四十四分。位于銀漢之東。織女一，西圖屬天琴座，自然界，屬金兼水。第一等星，其色青白，距地球二十六光年。牛女相配，稱爲「雙星」。俗稱七月七日，爲「雙星節」者，即指此也。如在該地區得其臨幸吉照時，則家給人足，城市富饒，化行俗美，咸與維新。

按牛女兩星，牛郎，乃主應耕耘，而食之所出，以養民生者也。織女，乃主應紡織，而衣之所自，以被天下者也。解决生活，首重溫飽。以言關係，不爲不大。惟嬗遞至今，一切進化。耕焉，而不用犂鋤，織焉，而不用機杼，然民間對於牛女兩星，依然重視，何嘗忘之也耶？惟據俗傳：每年七夕，鵲駕橋於銀河之上，牛女相會，一年一度，夫婦之道，亦云苦矣。「天街夜色涼如水，臥看牽牛織女星」。假令眞有其事，余又不能不爲牛女而鳴不平者耶？據周處風土記曰：「七月七日，其夜，洒掃於庭，露施几筵，設酒脯時果，散香粉于河鼓，向織女，乞富乞壽。無子乞子，惟得乞一，不得兼求，三年乃得，言之，頗有受其祚者」。此一遺風，至今猶存。如誕生人之命垣，凡遇之者，定主其人，男爲才子，女屬佳人，結同心之帶，開並蒂之蓮，百年偕老，五世其昌。可作天下標準夫妻。

造父

造父，一名西橋，又曰司馬，爲黃色超巨星。西圖屬仙王座。在赤經二十二時三十二分，緯北五十八度零二十分。乃著名之變星也。其光度變化，周期爲五日九時。星亮，則其變色更藍。星暗，則其變色更紅。造父乃單顆星，無論在膨脹，或收縮，均有節奏。當膨脹時，溫度降低，故變暗變紅，當收縮時，溫度增高，故變亮變藍。其亦工於變者哉。

古之善御者，王良而外，以造父爲最出色，天上有名。御，所以駕馭車馬者。其爲術，學而難精，精而難巧。蓋馬有良馬、有劣馬，都不易控制，必以其法也。韓愈作駑驥詩。有云：「惟昔穆天子，乘之極遐遊。王良執其轡，造父挾其鞅」。蓋以王良與造父，不相上下。故並稱之。不但造父變、王良亦變。但王良不及造父之善變，窮則變，變則通。夫何疵之有？如在該地區得其臨幸吉照時，則教育進步，建設繁榮，人人樂於鞭策。

按造父，乃皐陶之後也。尤機智，取家中三匹良馬：盜驪、騂騮、綠耳，以貢獻穆王，因此得寵。穆王遊天下，以造父爲御，如風之馳，日行千里，西至崑崙，擇吉日甲子，見仙人西王母。穆王作黃竹歌。而以造父有功，封之於趙城。迄後，造父死，托精於星，世稱造父星。其然，豈其然乎？據晉書天文志：「傳舍南河中五星，曰造父，曰司馬。或曰伯樂。師青按：伯樂，亦善相馬者，乃另一人，而另一星，不能混作造父，造父自造父，蓋在伯樂之上。如誕生人之命垣，凡遇之者，定主其人，勇敢機智，有大無畏精神，事親克孝，輔主盡忠，受祿于天，國之干城。

古占星學，造父主御僕，其星移動會吉，則車載滿野，馬騎昂貴。現在世界萬國，賽車賽馬，如火如荼，車輛之多，馬匹之貴，或與造父有關也乎？

少微

少微星，一名處士，西圖屬小獅座，在赤經十時二十五分，赤緯三十六度五十八分。處士，在人類中，乃超然者，有如蓮花，出污泥而不染，清高拔俗。初無一定標準，大體言之，凡讀書人，硜硜自守，窮而在下，一般隱者，皆爲處士。昔人有詩：「羅浮仙子飲流霞。醉臥孤山處士家。幾度東風吹不醒，至今顏色似桃花」。處士之爲人，固香，處士之爲家，更雅。天上之少微，等於處士，人間之處士，等於少微。如在該地區得其臨幸吉照時，則教化大行，禮讓成風，有昇平之氣象。

少微，主氣節、文藝、教化、學術。如果其星常明，則人才崛起，風雲際會，國運昌隆，實基于此。以故，古占星家，對於少微，非常注視。余考之，少微，第一星，爲許由也。按許由，陽城槐里人，字武仲。帝堯以天下讓之，不受。乃遁耕於中嶽。第二星，爲孔子也。按孔子，春秋時，山東曲阜人，生有聖德，設教杏壇，弟子三千，賢人七二。刪詩書，定禮樂，贊周易，作春秋，以明先王之道。第三星，爲魯班也。按魯班，乃魯之巧匠，一稱公輸子。嘗作木鳶，以窺宋城，飛天三日不下。爲營造建築土木工程之祖師。第四星，爲師曠也。按師曠，春秋時，晉國之樂師，能辨音，知人吉凶。孟子稱「師曠之聰」。上述四人，各有千秋。尤其孔子，天不生仲尼，萬古如長夜。在天爲星辰，在地爲聖賢。天人之際，其幾甚微，豈淺膚凡俗者，所能窺察其萬一耶？

昔有謝敷，隱若耶山，一夕，忽月犯少微星，遽而敷死。蓋月犯少微，固凶，火犯少微，亦凶。謝敷當之，不無因也。若木星會少微，或金星會少微，如誕生人之命垣，凡遇之者，定主其人，應木德以敷榮，藉金琢而成器。聖賢經濟，才子文章，天下望其風采。斯人不出，如蒼生何？烟霞沉痼，雖不欲出山，但如遇劉備焉，三顧草廬。其何能却之耶？

墳墓

墓墳四星，西圖屬寶瓶座，在赤經二十二時二十四分四十八秒。緯南零度七分四十六秒。在危宿下，以主兆域之事，而明喪葬之禮者。葬墳，譬猶人焉，造此宮室安居，死者無恨，生者有福。根據孟子：上古之初，嘗有不葬其親者。親死，則棄之於溝壑中，尸體暴露，任狐狸之所食，蒼蠅之所嘬。爲人子者，經過其地，有動於中。歸而擔土籠，操鋤具，覆土掩之，此葬墳所由而起也。吾國爲禮義之邦，講究孝道，每歲清明，子孫掃墓，既愼其終，又追其遠，悽愴心情，誰能遣此？不忘本，而後本乃固。本固，而後枝乃繁。枝繁，而後葉乃茂，葉茂，則鬱鬱葱葱然，濃蔭之下，受其賜者，寧有涯耶？墳墓星，在該地區得其臨幸吉照時，則光天化日之下，憂者以喜，病者以愈，皆慶安康。

人生朝露，轉眼成空，五尺桐棺，一坏黃土，無分貴賤，如此而已。人能立言，立德、立功。生前可貴，死後不朽。陵谷變遷，欲求一壙一穴，經久無恙，良不易得。年湮世遠，

「古墓犁爲田。」幾成普遍。曹操於漳河上，築七十二疑塚。自以爲聰明，天開妙想。獨不知，「掘盡七十二疑塚，必有一塚葬君骸。」者耶？蓋自楊筠松，著奧語、天玉、寶照、撼龍等經，爲堪輿所宗，講究風水，自始盛行。爲人子者，藉覓吉壤，一則以此妥父母之靈，一則以此圖富貴之發。仁人孝子，用心固善。五十年前，余著「地學鐵骨秘」。其中，指陳「十不葬」。如一、素不孝悌者，不葬。二、積世怙惡者不葬。三、身爲不善者，不葬。旨在提醒世人，先務積德。地理原本天理，福人當葬福地。不積德而求地，猶不耕而求穫，其可得耶？

墳墓，陰宅也，鬼火燐燐，陰風瑟瑟，生者對此，輒興感嘆。英國詩人格雷，所著「墓畔吟」。費時八年，始成。纏綿悱惻，哀艷動人，爲世界詠詩中之最馳名作品。古占星學，以墓墳星，主應山陵悲慘，星不欲明，明則多死喪。墳墓，固屬凶星，倘在雨水第九日，臨戌宮九度，而求得赤經太陽臨宮同度，則不忌。尚有：積尸、天哭、天泣諸星亦然。如誕生人之命垣，凡遇之者，定主其人昏昧，痲木不仁，少年孤苦，晚景凄涼。師青嘗考吾國，遠在宋初，已有火葬，蓋仿印度之制也。宋太祖建隆三年，下詔禁止，及明清兩代，亦懸爲厲禁。今東西各國，多火葬。余以世俗對此，尚未習慣，常懷生不赴湯，死而蹈火。火燄燭天，頃刻成灰，跡近殘忍，非人子所願見。葬經云：「亡骨不安，生人多舛。」陰陽二宅，幽明一理。倘能如尤時亨（宋代無錫人），平生行善，傾財好義。其子尤袤，（宋進士，官太常少卿，知婺州。）又純孝子。後獲吳塘山吉穴，發福三百年。從來吉地，必葬福人。欲作福人，須造福基。觀十不葬，可以悟矣。

北斗

北斗七星，位北極星之下。北極星，古曰勾陳一，北極距北極星一度。然北極有移動，漸次接近北極星。約在八千零十年後，可移至天鵝座。約一萬二千一百年後，移至天琴座。約二萬六千二百年後，可回復北極原位。七星：一曰天樞、二曰天璇、三曰天璣、四曰天權、五曰玉衡、六曰開陽、七曰搖光。北斗一天樞，西圖屬大熊座。在赤經十一時零八分，緯北六十一度五十三分。一至四，爲斗口。五至六，爲斗柄，又曰斗杓。柄常移動，以定四時。斗柄東指，天下皆春，斗柄西指，天下皆秋。如在該地區得其臨幸吉照時，則人才蔚起，民俗淸淳，一氣可轉鴻鈞，四方必臻駢瑞。古稱北斗爲帝車。以北斗之狀，又似車也。按巴比倫及希臘，亦稱北斗爲車。英國稱北斗爲犁，又稱爲農夫貨車。日本稱北斗爲酒升星，美國稱北斗為大杓子。所稱名詞，大同小異也。

從天體光譜學中，恆星每秒移動最速者。北斗一，秒速為七四公里。北斗七，秒速為五二公里。蓋北斗七星，輔佐天帝，為陰陽之本源，乃七政之樞紐，運乎天中，宰制四方，分工合作，各有所主。天樞也，主陽德。天璇也，主陰刑。天璣也，司戕害。天權也，掌天理。玉衡也，主中央。開陽也，主五穀。搖光也，統兵象。而其中，開陽與搖光，兩星並居。白猿經曰：占斗光之明暗，辨月色之初新。占氣候之陰晴，卜國政之休咎」。至若斗魁，以有利於文風，在科舉時代，尤重。各郡縣中，多建魁星樓，以專祀之。欲得一人，金榜題名，大魁天下，皆有榮施。好事者，更畫魁星點斗，栩栩如生，懸之門楣，謂可驅邪。此又在天球恆星中之一特出者，不亦更引人入勝耶？

吾國一向有北斗延年之迷信。如魏書崔浩傳載（浩少好學，官博士祭酒，為撫軍大將軍），「浩父疾篤，浩乃剪爪截髮，夜在庭中，仰禱斗極，為父請命，求以身代」。北斗是否有靈，且勿論。但崔之純孝，出自天性。充此心也，可以錫爾類，治天下。又有北斗化人故事，唐太宗時，李淳風奏？北斗七星，當化為人，明日至西市飲酒，使人候之，有僧七人，共飲酒二石。太宗遣人召之。笑曰：「此必李淳風小兒言我也」。忽不見。（事載國史纂要）師青以此，疑信參半。惟是，北斗懸象，以壯魁台，範圍六合，紀綱四維。如誕生人之命垣，凡遇之者，定主其人，魁梧奇特，龍鳳之姿，天日之表，才不世出，可安天下，而爲人類福星。

候星

候一星，獨立於帝座東北。西圖屬蛇夫座。在赤經十七時，三十二分，四十二秒，緯北十二度三十五分。候星接近帝座，呼吸相通。專主伺陰陽，集貨財，察時變，皆爲重職者也。陰陽者何？立天之道也。陽以圓爲形，其性動，而主阜生。陰以方爲形，其性靜，而主肅殺。相生相化，故成歲功。貨財者何？上自金玉珠寶，下至布帛菽粟，其中包括，萬有萬彙，陳列於市，供應所需，推而廣之，阜通於世界各都市，以謀促進工商業之拓展，充實民生，惟此是賴。時變者何？寰球之大，五洲之廣，事事物物，無一而不在變中。如白雲之變蒼狗，如滄海之變桑田。善變，則於人有益，不善變，則於世有害。候星，光燦燦焉，既能伺陰陽，又能集貨財，更能察時變，如在該地區得其臨幸吉照時，則貿易昌隆，治安寧靜，皆得安居樂業。古占星學，候星明朗，則上下翕然，八方如砥，四海同風。如誕生人之命垣，凡遇之者，定主其人，奇逸，乃人中之龍，騰驤，亦天岸之馬。發富發貴，顯名於時。列子曰：人初受氣，皆應列宿之精，值聖宿，則聖。值賢宿，則賢。善哉言乎，非達天人之道者，何可同日而語之也耶？

大陵五

胃之北，有大陵星焉，一名積京，有星八，西圖屬英仙座。在赤經三時五分二秒，緯北四十度四十六分。陵者，塚也，歷代帝王葬地，稱陵。京者，古時積尸，封土其上，以誇耀武功，謂之京觀。一將功成萬骨枯。傷心慘目，莫甚於此。大陵又名積京，亦主死喪，人終謂之死，凶禮謂之喪。見死必救，臨喪必哀，能表現慈祥愷悌，方合做人邏輯。雖然，人有生，必有死，死不足異。死或重於泰山，或輕於鴻羽。孔子曰：朝聞道，夕死可矣。師青以爲人生在世，不可以不知道。道者，事物當然之理。苟得聞之，則生順死安，無復遺恨。人之爲人，誰能外乎道者耶？古占星學：蒼白氣，入大陵，或赤氣出大陵，民多疾病。及喪葬。如在該地區得其臨幸吉照時，則安居樂業，無不測之風雨，有良佳之氣氛。大陵五，爲變星中之有名者。亦稱食變星。有一星伴之，大而暗。周期爲二日二十一時，自然界，屬土兼木。如升起時，在該地區之頂點，角度不利。常發生猛烈頑強之行動，令人恐怖。西方詆爲第一級魔星。多厭惡之。如誕生人之命垣，凡遇之者，定主其人，殘忍刻薄，孤人之子，寡人之婦，利己而不檢點，害物而無忌憚，不得善終。

天棓

天棓五星，西圖屬天龍座，在赤經十七時五十五分，二十九秒，緯北五十一度三十分。天官書：紫宮左三星，曰天槍。右三星，曰天棓。按天棓有星五。司馬遷所云三星，是否隱其二，而祇見三耶？抑或後人誤傳耶？考天棓，非天培。「棓」與「棒」同，大杖也：刑具，木棍之屬。三國志：魏武帝造五色棒，懸門左右。所以立威，而使戒懼。今各國警察界，類多用之。佩槍而外，輔以短棍，巡邏之際，倘發見罪犯，輕則揮棍，重則鳴槍，懲一誡百，職權所在，最合乎天理，國法，人情者，當無逾於此耶？故天棓，主刑法，保治安。如在該地區得其臨幸吉照時，則除暴安良，移風易俗，無貪污之氣氛，有清平之景象。唐太宗謂羣臣曰：「夫養稂莠者，害嘉禾，赦有罪者，戕良民。故朕即位以來，不欲數赦。恐小人恃之，輕犯憲章故也」。善哉言乎，可作典範。天棓星，所臨之國，星微細，則主吉慶。

星朗大，則多犯罪。如誕生人之命垣，凡遇之者，定主其人，敦厚崇禮，才足以濟世，學足以化民，大器晚成，享高年，膺厚福，人傑也。

天狼

天狼，位於東井東南，西圖屬大犬座，一等星也。在赤經六時四十三分二秒。緯南十六度二十六分。自然界屬木火。光度負一，六，其色青白，比太陽強四十八倍，距地八，六光年。在恆星中，爲最明亮。埃及人，稱天狼爲水上星，又日大張羅星。以爲是大神奧西利斯，及女神艽西斯，所變化出來者。又尊之爲犬頭神，阿努比斯。供以赤狗祭品，謂可消災解厄。羅馬人，則喚天狼爲狗。每年七月十三日，至八月十一日，稱爲狗日。大英帝國，亦以天狼似犬，喚作狗星。如在該地區得其臨幸吉照時，則戾氣盡除，清光大來，興旺生機，雍雍一片。

遠在一八四四年，有白塞耳者，考察天狼星時，根據牛頓之萬有引力定律，發覺天狼，不走單星直線路徑，乃雙星也。而其伴星，爲白矮星，圍繞公共重心，在五十週年之軌道上運行。狼本猛獸，與虎同型，搏噬人畜，莫敢親近。從來未聞引狼入室者。古人稱天狼爲野將，故主殺掠，猙獰可怖。楚辭：舉長矢兮射天狼。世人於端午紀念屈原。但憐其滿懷孤憤，投江自殺。而卻忽其以天狼星比作楚懷王，欲彎弓而射之。懷王偏信讒言，固非明主。然屈原之憤憤不平，而作斯言，其亦示人以不廣也哉。古占經，天狼，芒角多，盜賊四起，天下大亂。余竊以在人類中，不忠不孝，不仁不義，不和不慈，不公不平，子逆父，媳忤姑，妻背夫，弟侮師，奴犯主者，皆由天狼芒角之多，有以致之。惟以在所發現之地區爲甚。至於挺而走險者，則多因飢餓所迫，出不得已。故仁民愛物之道，在上者，所當急切注意。倘天狼芒角少，而當其會吉，則相反矣。如誕生人之命垣，凡遇之者，則主其人，威武嚴肅，事功受社會之擁戴，名望得羣民之推崇。富而不驕，貴而可近，人中之英。

北落師門

羽林之西南，有一巨星，曰北落者。一名師門，後世併稱北落師門。大角其狀，橙黃其色。西圖屬南魚座。在赤經二十二時五十五分，緯南二十九度五十二分五十八秒。與地球距離二五光年。占經，北落師門，主候兵，其星明大，將帥必强。星微小，或不見，則有憂。如金、木、水，三星入北落，主軍興。如流星抵北落，主邊患。如在該地區得其臨幸吉照時，則民衆康强，品物豐盛，奏太平之笙歌，登仁壽之境域。古時，長安城中，有北落門，殆象此歟。北落，靠在太陽或行星經過黃道附近，爲四大王星之一。自然界，屬金兼水。航海人，在一片汪洋，茫無涯際中，每利用此星，以觀測海上緯度。而作指路明星者。北落在南魚座，首星也。蓋取其狀，如巨魚之張開其口，接受寶瓶傾下之水，吞而吐之，潤澤天下。此一觀察。亦饒風趣。可喜也哉。如誕生人之命垣，凡遇之者，定主其人，富天才，備美德。男子則文學冠時，著作宏富。或隱於市，以商戰顯名國際，福澤超人，聲譽震世。女人則果斷沈毅，巾幗英雄。夫榮子貴，足以風化天下。

遷官

遷官者，乃東方蒼龍之角，主造化飛升、昭文明也。西圖屬天龍座。在赤經十四時八分，赤緯六十四度十分。星以「遷官」名，至尊且貴。故其主應，則凡人事之任免，秩職之升降，爵位之考核，勳勞之嘉獎。無不在其主掌之中，而井然有序焉。夫爵者，官之尊也，階者，官之次也。位者，官之居也。祿者，官之給也。吾國歷來讀書人，其唯一目的，多在做官。從做官門徑，以博取功名富貴。而上以佐主，下以澤民，旁以光榮父母，見稱于世者，固多。至僥倖得志於一時，或以裙帶關繫，或以夤緣鑽營，一官得手，擅作威福，弊政百出，卒至僨事者，亦復不少。而不知，官吏者，人民之公僕也。如何盡職？總不外乎以「清」「愼」「勤」三字，爲守則。百官皆賢，萬端始治。遷官星，如在該地區得其臨幸吉照時，則風清弊絕，政通人和，措城市於富强康樂之境。

古代官制，三年一考，六年再考，九年通考，其成績優良者，依次遞陞。或舉行「旌異」典禮。其秩滿者，則又加秩，加官。「指日高陞」滿街齊賀。正因如此，不但官安其職，抑且民樂其生。是故一陞一調，皆有規律，一進一退，各有限度。戀棧固不可，驟遷亦不能。任官惟賢，天下治平。斯固遷官星之感應，有足多者。降及後世，風尚澆漓，官場之中，制度日壞。如南北朝之蘇亮（蘇亮，北周武功人，博學，好屬文，善章奏，大統中，累官中書監。）一年三遷。又如漢之主父偃。（主父偃，山東臨淄人，元帝時，拜郎中，遷謁者，中郎，中大夫，四遷。）一年四遷。此尚不足爲異。更有如田千秋者，（田千秋，長陵人，謹厚有重德，漢武帝時，初爲高寢郎，數月爲相，封富民侯。）一日九遷。師青竊以此，不無疵議。兼攝之多，則流於濫。超遷之速，則近於偏。豈遷官星主應歟？

遷官星，每歲，於立夏第十四日，會太陽於未宮之十六度。於立冬第十四日，會太陽於丑中。在此日此宮，爲會吉臨幸佳期，凡事遇之，無不吉利。建宅者，則主門閭高大，人才秀起。安葬者，則主後嗣綿昌，超羣拔萃。修方者，則主降福孔皆，人興財旺。如誕生人之命垣，凡遇之者，定主其人，柔順積中，英華發外，有才有德，必居高位，而享富貴。

天牀

天牀六星，在紫微垣南門外，接近閶闔門口。西圖屬小熊座，在赤經十四時八分十五秒。赤緯七十度零一分。古稱主天子寢舍。解息，燕休者也。古語：「人君處匡牀之上，而天下治」。師青亦以爲然，爲人上者，勤政愛民，小心翼翼。上和而下服，一呼而萬諾。書所謂：「元首明哉，股肱良哉，庶事康哉」。臥治之道，即在其中。如在該地區得其臨幸吉照時，則百工以惠，萬商以通，必促進富庶之區。天牀六星，明則百工有利，萬商皆通，開富強之源，保民衆之安，不怕飢荒，不怕艱苦，不怕阻撓，不怕橫逆，能衝破驚濤駭浪於無形之中。是故，天牀，亦爲天上尊貴之神也。每歲，在小滿第七日，會太陽於丁未。在小雪第七日，會太陽於癸丑。在此日此宮，爲會吉臨幸佳期，凡事遇之，無不大吉。如建宅者，則主富而有福，貴而有壽。如安葬者。則主一門駿發，百世熾昌。如修方者。則主門迎洪福，業創巔峯。至若，誕生人之命垣，凡遇之者，定主其人，大雅不羣，履厚席豐，樹敎化之權威，握法治之樞紐，福澤孔長。女人才貌並美，品德雙優，貢獻社會，巾幗之英。

朱門

朱門，或云閶闔門也，位於紫微垣。西圖屬天龍座，在赤經十三時五十六分。緯北六十四度十二分。在天一，太一之北。天乙者，主戰鬥，知人吉凶，和陰陽，成萬物。太乙者，主使十六神，能知風雨、水旱、兵革、饑饉、疾疫。列宿在天，與時推移，或古有今無，或今有古無，勿泥古以從今，勿執一而廢百。朱門者，乃主掌天子外門。門塗朱色，屛障於外，觀瞻壯麗，禁衛森嚴。邪惡斂跡，而莫之敢侵。妖魅潛踪，而莫之敢近。歷古以來，以太陽臨幸朱門，用于預測，時多有驗。如「九天閶闔開宮殿，萬國衣冠拜冕旒」。令人瞻仰，何其壯耶？後魏温子昇（子昇文章清婉，熙平初，爲御史，拜大中大將軍。）閶闔門上梁，祝文有曰：「維王建國，配彼太微。大君有命，高門啓扉。居宸納福，就日垂衣。一人有慶，四海同歸」。可見明主賢臣，皆注意及此，如在該地區得其臨幸吉照時，則民康物阜，安如泰山。

朱門，高貴吉星也。每歲，在立夏第七日，會太陽於坤初。在立冬第七日，會太陽於艮初。在此日此宮，爲會吉臨幸佳期。凡事遇之，無不大吉。如建宅者，則主堂開晝錦，福履綏之。如安葬者，則主永光泉壤，垂裕後昆。如修方者，則主鬼斧神工，貽謀百世。如誕生人之命垣，凡遇之者，定主其人，男人貴顯於時，紆青拖紫。開物成務，利濟羣生。女人秀外慧中，超然迥出。紅粉班中之博士，蛾眉隊裏之領袖。

天廚

位於紫微垣東北維外，扶筐之北，有六星焉，曰天廚。西圖屬天龍座，一等星。在赤經十九時九分，赤緯六十七度四十一分。天廚，主盛饌。古時，「光祿厨」。似之。周禮天官，設有「膳夫」，及「膳宰」，專掌飲食肴饌，以供奉王者。一下箸，動費千金，不以爲惜。所謂：以天下奉一人，奢侈極矣。後世，廚中設備，巧立名目，如八珍也，如千里脯也，如五侯鯖也。但恣口腹，以圖享受。而於八珍，尤爲昂貴。曰龍肝、曰鳳髓、曰豹胎、曰鯉尾、曰鴞炙、曰猩唇、曰熊掌、曰酥酪蟬。既不易求，尤以難得，搜天下之奇珍，塡寸口之慾壑。豈天廚星之主應也哉。如在該地區得其臨幸吉照時，則社會健康，民衆豐樂，太平之象。

古星經：天廚六星，星隱，天下飢荒，星明，則主大有豐年。占星家，皆欲其明。天廚在天，尊貴之神也。每歲，在小暑第二日，會太陽於丙申。在小寒第二日，會太陽於壬中。在此日此宮，爲會吉臨幸佳期，凡事遇之，無不大吉。如建宅者，則主發福悠久，富貴雙全。如安葬者，則主代產賢豪，子孫蕃盛。如修方者，則主鴻運大來，龍門長發。至若誕生人之命垣，凡遇之者，定主其人，男人體用兼優，才德俱備，風雲遇合，高居鼎鼐。女人佳麗無雙，入一等之選，膺五福之榮。

左輔

左輔，西圖屬大熊座。在赤經十三時三十三分十六秒，赤緯五十五度二十八分。傅平開陽，佐斗成功，丞相之象也。杜甫沙苑行詩：「君不見，左輔白沙如白水，繚以圜牆百餘里」。蓋亦尊貴之官也。古稱：左輔，爲左相。右弼，爲右相。輔弼二相，夾置左右，職分相同，責任皆重。所以總百官，治萬事，屋之堅不堅，在乎柱。國之治不治，在乎相。關繫之大，一言難盡。孟子曰：「又有微子，微仲，王子比干，箕子，膠鬲，皆賢人也，相與輔相之」。蓋輔弼之臣，非賢不可。左輔一星，其所主應，亦猶是耶？

左輔，位於北斗第六星旁。星經：左輔，其色不一，隨季節而異，在春則青黃，在夏則赤黃，在秋則白黃，在冬則黑黃。色正常，則時和歲稔，天下雍熙。色變常，則有事故，但千載一見。假如遇非常時期，任何變故，自得美滿解決。蓋左輔有龐大之潛能也。若近臣，用賢排佞，則輔生角。若近臣，陰謀作亂，則輔生翼。如在該地區得其臨幸吉照時，則賢者在位，能者在職，布政優優，日趨興旺。

左輔，每歲，在立夏第十四日、會太陽於未之十九度。在立冬第十四日，會太陽於丑之十九度，在此日此宮，為會吉臨幸佳期。凡事遇之，無不亨通。如建宅者，則主門第榮昌，丁財永盛。如安葬者，則主兒孫顯達，世代光輝。如修方者，則主人文秀起，財祿豐盈。至若誕生人之命垣，凡遇之者，定主其人，在女子，則有秉陽剛之德，孕月華之精。掌握權能，可為國母。在男子，則有英偉不凡，智足以匡濟，才足以統馭，鼎鼐之器，命世之雄。

四大天運主星移動篇

本篇內容主應一詞，純屬預測性質。

天運中之主星，包括工商百業，金融經濟，及證券市場。證券市場者，本爲吸收游資，發展經濟之大本營也。如何求得有百利。而無一弊？如何達成策萬全，而臻十美。投資者，在第一步，須明主星之視座，其所繫，亦重矣哉。

香港早在公元一八九零年，已創立香港股份總會。及公元一九一九年，又刱設香港股份經紀會。當時所訂股份交易團體之章程，十分周密，卽爲：會員名額，以二十四人爲限。會員資格，須年齡在廿一歲，或廿一歲以上，並居住香港，至少經過十年者，始稱合格。入會手續，須得董事會，全體通過。方爲有效。倘有投一黑子表示者，卽以不贊同論。至於會費規定，入會費，初爲一千五百元。每歲，另繳常年費二百元。入會之國籍，品格，經歷，亦嚴予限制。創辦之初，香港股份總會，規定會員，須爲英籍人民。惟香港股份經紀會，中英印葡人，皆有。會員買賣證，後增至三萬一千五百元。上述摘錄，其犖犖大者。從章程上，卽可充分顯示前賢輩，在創立股份總會機構時，智周慮遠，體大思精，實已樹立堅固不拔之龐大基礎。嗣后，香港股份總會，擴張而改爲香港證券交易所。新陳代謝，自然趨勢，一代有一代之賢能，一時有一時之制度，因革損益，各以其時，又不必拘拘於蕭規曹隨也耶？

例如：當公元一九二九年十月，美國懍於證券市場，受到大挫。後於公元一九三三年，借鏡英國之一九二九年公司法，而仿效之。新頒證券管理法。而其立法要旨，根諸羅斯福總統，在公元一九三三年對國會特別咨文中所示：「本公平交易原則。買者，看貨還錢，賣者，據實開價。以此而鼓勵證券交易，爭取大衆信任。故在公元一九三四年，成立美國證券管理會。由專家五人組成之，直接隸屬於大總統。而其人選，由大總統提名，交國會通過，予以任命。似此措施，可云愼密。先是，美國在一九二九年十月，證券市場崩潰時。歸咎於「青天法」，以管理未盡澈底，推銷又多漏洞，衝擊之下，無法遏抑。國人交謫，自然不免。余推美國在一九二八年，天王天運圖。是時，天王在戌宮一度（第一宮）。至一九二九年十月，天王主星與木星會合，木與天王會合，乃商業周期中之不利者，對於商業經濟、銀行業務、證券股市，當有影響。至一九三二年六月，天王主星與火星九十度。聞是年，股票損失，約達六分之五。至一九三三年七月後，天王主星，與海王一百二十度之吉。故工商百業及股市，有開始復興氣機，此足見世界各大城市，對主星移動角度，亦可有驗焉。

人無分上智下愚，皆有物質慾望。孔夫子之罕言利，未必眞情。王夷甫之不言錢，或恐虛僞。生乎今之世，正在普遍掀起「唯物論」高潮。無錢，以人賺錢，當難。有錢，以錢賺錢，較易。是故，投資也者，成爲現代經濟下之唯一產物，在社會經濟發展過程，相因相須，不可或忽。尤以就業與失業兩大問題，亦取決於投資爲基本要素，若論太陽圖表。本年一九七二年，太陽圖表，木星在第三宮，有利於公用事業。四宮頂點，有利地產。與冥王一百二十度。又與土星一百二十度。太陽在第五宮，與二宮海王一百二十度。海王有膨脹力，又有神秘性，故股市亦隨之上漲。一九七三年，太陽圖表，春季，三月二十一日，至六月二十日，水星在第二宮（屬證券），與土星成九十度之差。夏季，六月二十一日，至九月二十二日，火星在第二宮（屬證券），與冥王構成一百八十度。又與太陽構成九十度之差。角度影響，徒喚奈何。九月二十三日，至十二月二十二日，火星在第五宮，與金星一百八十度之差。土星與太陽九十度。且土有限制特性，冬季，火星與天王一百八十度。故其降勢，尚無止境。以上角度。視太陽圖表主應篇，便明。一九七四年太陽圖表，四月，火星與土星，會合於第二宮（證券宮），此一恨事也。須至一九七六年五月，始能消失。斯時在第二宮所支配者，當可囘避。凡在每年太陽圖表之角度未有吉利時，可在四大天運逐年主星移動宮度表中，揀出吉利主星角度，亦有補助。茲推定四大天運主星，逐年中移動宮度，詳列于下，俾讀者容易判斷。

土星天運主星逐年中移動之宮度

公元一九七二年：一月十日，至二月廿一，土星四宮，與天王一百廿度。四月廿二日，至二十九日，土星四宮，與土六十度。與木九十度，減輕。七月二日，至十日，土星四宮，與火星一百二十度。

公元一九七三年：一月六日，至二十四日，土星四宮，與火星一百二十度。三月五日，至廿三日，土星四宮，與火星一百廿度。五月三十日，至六月六日，土星五宮，與冥王九十度。六月三十日，至七月七日，土星五宮，與水星一百八十度。七月十六日，至廿三日，土星五宮，與太陽一百八十度。七月二十四日，至八月一日，土星五宮，與天王九十度。

公元一九七四年：一月八日，至二月二十一日，土星五宮，與天王九十度。一月廿三日，至二月十二日，土星五宮，與日一百八十度。三月十六日，至四月四日，土星五宮，與日一百八十度。四月五日，至十八日，土星五宮，與天王九十度。六月四日，至十一日，土星五宮，與土星九十度。八月廿四日，至九月三日，土星五宮，與金星一百二十度。十二月卅一日，至一九七五年一月十一日，土星五宮與金星一百廿度。

公元一九七五年：五月十三日，至廿三日，土星五宮，與金星一百二十度。七月二十日，至二十七日，土星六宮，與冥王六十度。八月四日，至十一日，土星六宮，與海王一百二十度。九月八日，至十七日，土星六宮，與天王六十度。

公元一九七六年：一月十五日，至廿六日，土星六宮，與天王六十度。五月二十六日，至六月五日，土星六宮，與天王六十度。七月二日，至九日，土星六宮，與月會合。差。十八日，至廿五日，土星六宮，與土星一百二十度。又與木星三十度。十月二日，至十二日，土星七宮，與火星構成一百八十度。十月十三日，至二十八日，土星七宮，與金星九十度。十二月三十日，至一九七七年，一月十三日，土星七宮，與金星九十度。

公元一九七七年：一月十四日，至廿六日，土星七宮，與火星一百八十度。六月二十一日，至三十日，土星七宮，與火星一百八十度。七月一日，至八日，土星七宮，與金星九十度。九月二十日，至二十八日，土星七宮，與海王九十度。廿九日，至十月七日，土星七宮，與水星一百二十度。十月十九日，至三十日，土星七宮，與太陽一百二十度。

公元一九七八年：一月二十三日，至二月五日，土星七宮與日一百廿度。二月十八日，至三月二日，土星七宮與水星一百二十度。三月三日，至十六日，土星七宮，與海王九十度。六月五日，至十七日，土星七宮，與海王九十度。六月十八日，至二十八日，土星七宮，與水星一百二十度。七月九日，至十七日，土星七宮，與日一百二十度。九月五日，至十二日，土星七宮，與木星會合。差。妙土與土一百二十度，減輕。

公元一九七九年：八月二十四日，至三十一日，土星七宮，與金星六十度。十月三十日，至十一月八日，土星八宮，與冥王會合。差。又與水星九十度。二十四日，至十二月四日，土星八宮，與海王六十度。十二月五日，至一九八零年一月一日，土星八宮，與水星九十度。

公元一九八零年：一月十三日，至二月十日，土星八宮，與水星九十度。三月二十三日，至四月四日，土星八宮，與冥王會合。七月九日，至二十日，土星八宮，與冥王會合。八月二十日，至二十七日，土星八宮，與水星九十度。九月六日，至十三日，土星八宮，與日九十度。十四日，至二十一日，土星八宮，與天王會合。十月十六日，至二十三日，土星八宮，與月六十度。十一月三日，至十一日，土星八宮，與土星一百八十度。

公元一九八一年：五月，土星消極。

公元一九八二年：十一月，土星與冥王會合。

公元一九八三年：十月，土星與火星一百八十度。

公元一九八四年：一月，土星消極。

公元一九八六年：十二月，土星與天王會合。

公元一九八八年：一月，土星與木星會合。十一月，土星與海王會合。

公元一九八九年：一月，土星與日會合。

公元一九九零年：五月，土星與火星九十度。

公元一九九一年：九月，土星與冥王九十度。

公元一九九二年：二月，土星與天王六十度。

公元一九九三年：三月，土星與火星一百二十度。七月，土星與冥王一百二十度。

公元一九九四年：八月，土星與天王九十度。

公元一九九六年：六月，土星積極。十一月，土星又與冥王一百二十度。

公元一九九七年：四月，土星與日六十度。

公元一九九八年：五月，土星與金星六十度。

公元一九九九年：九月，土星與木星一百二十度。

公元二千年：七月，土星與海王一百二十度。

公元二千零零一年：二月，土星與火星，及水星會合。由公元一九九六年，至二千零零一年之範圍，土星與冥王構成高貴一百二十度之積極階段也。

木星天運主星逐年中移動之宮度

公元一九七二年：二月十八日，至二十三日，木星六宮，與天王九十度。二十四日，至二十九日，木星六宮，與木九十度。六月廿八日，至七月五日，木星六宮，與天王九十度。十月十三日至十九日，木星六宮，與天王九十度。二十日，至二十五日，木星六宮，與木九十度。十二月二日，至五日，木星六宮，與日六十度。

公元一九七三年：一月十五日，至十八日，木星六宮，與冥王一百二十度。十九日，至二十二日，木星六宮，與土星金星九十度。八月二十七日，至九月七日，木星七宮，與木一百二十度。八日，至十月十八日，木星七宮，與天王一百二十度。十九日，至三十日，木星七宮，與木一百二十度。十二月十六日，至廿日，木星七宮，與日三十度。

公元一九七四年：一月四日，至八日，木星七宮，與水星會合。一月廿二日，至廿五日，木星七宮，與月一百八十度。二月三日，至六日，木星八宮，與金星土星六十度。廿八日，至三月四日，木星八宮，與海王九十度。十八日，至二十一日，木星八宮，與火星九十度。四月三十日，至五月五日，木星八宮與日會合。吉。九月十三日，至二十日，木星八宮，與日會合。吉。十二月十七日，至二十三日，木星八宮，與日會合。吉。

公元一九七五年：二月九日，至十二日，木星八宮，與冥王一百八十度。十三日，至十七日，木星八宮，與金星土星三十度。三月十一日，至十四日，木星八宮，與海王一百二十度，廿七日，至卅一日，木星九宮，與天王一百八十度。妙在與火星一百二十度，減輕。四月十七日，至二十一日，木星十二宮，與冥王一百八十度。五月五日，至九日，木星十二宮，與海王一百二十度。五月九日，至十三日，木星十二宮，與土星九十度。六月十四日，至十九日，木星十二宮，與火星六十度。十二月十二日，至十八日，木星十二宮，與火星六十度。

公元一九七六年：二月一日，至六日，木星十二宮，與火星六十度。三月四日，至八日，木星十二宮。與水星三十度。二十三日，至二十六日，木星十二宮，與月一百八十度。

三月三十一日，至四月四日，木星十二宮，與天王一百八十度。五月八日，至十一日，木星一宮，與金星會合。吉。十七日，至二十日，木星一宮，與土星六十度。六月十二日，至十五日，木星一宮，與水星六十度。十六日，至二十日，木星一宮，與火星九十度。

公元一九七七年：四月十四日，至十八日，木星一宮，與木星六十度。五月七日，至十日，木星一宮，與冥王一百二十度。二十四日，至二十八日，木星二宮，與海王一百八十度。六月二十八日，至七月二日，木星二宮，與火星一百二十度。八月十五日，至二十日，木星二宮，與月一百二十度。八月二十七日，至九月二日，木星二宮，與天王一百二十度。十二月十七日，至二十三日，木星二宮，與天王一百二十度。

公元一九七八年：一月一日，至七日，木星三宮，與月一百二十度。四月十九日，至二十五日，木星二宮，與天王一百二十度。五月二十二日，至二十六日，木星三宮，與日一百二十度。又與冥王九十度。六月六日，至九日，木星三宮，與金星六十度。六月十五日，至十八日，木星三宮，與土星會合。差。七月十二日，至十五日，木星三宮，與水星一百二十度。九月十一日，至十六日，木星四宮，與天王九十度。九月十七日，至二十一日，木星四宮，與木一百二十度。十月二十一日，至三十日，木星四宮，與冥王六十度。十二月二十二日，至一九七九年一月一日，木星四宮，與冥王六十度。

公元一九七九年：二月二日，至九日，木星四宮，與木星一百二十度。二月十日、至十八日，木星四宮，與天王九十度。三月二日，至四月二十日，木星四宮，與月九十度。五月二日，至九日，木星四宮，與天王九十度。十日，至十七日，木星四宮，與木一百二十度，六月十二日，至十六日，木星四宮，與冥王六十度。二十八日，至七月二日，木星四宮，與金星九十度。三日，至六日，木星四宮，與海王一百二十度。八月九日，至十三日，木星四宮，與火星一百八十度。九月廿五日，至廿九日，木星五宮，與月六十度。十月五日，至九日，木星五宮，與天王六十度。十一月十一日，至十八日，木星與日，一百八十度。十二月十五日，至一九八零年一月八日，木星五宮，與金星一百二十度。

公元一九八零年：二月三日，至十一日，木星五宮，與日一百八十度。三月廿四日，至四月五日，木星五宮，與天王六十度。五月十九日，至三十日，木星五宮，與天王六十度。七月七日，至十二日，木星五宮，與日一百八十度。七月廿九日，至八月二日，木星五宮，與海王九十度。九月一日，至五日，木星五宮，與水星一百八十度。十一月二日，至六日，木星與天王三十度。七日至十二日，木星六宮，與木星一百八十度。十二月八日，至十五日，木星六宮，與冥王會合。差。

蓋木星，爲商業之最大轉圜，亦經濟之有力支柱。惟研究商業周期者，尙多疏忽於此。察公元一九八一年四月，至一九八六年三月，木星與土星會合。又與火星一百八十度。此乃木星消極之象徵。但由一九八四年二月，至一九八六年二月，木星由丑宮過子宮時。丑宮木星，有太陽、金星，構成一百二十度視座。子宮木星，有土星、冥王，構成一百二十度，吉利。此乃木星積極之表示。是故，財團薈萃，廣開充裕之資源。氣勢崢嶸，强化崇高之建設。由公元一九八七年四月，至一九九九年四月，木星與太陽會合，乃地區之一重要時期，有丑宮海王之九十度，在醞釀不睦氣氛中。幸得冥王與海王六十度吉照。自能化作嘉祥。可增强府庫徵收，提高地區威信。又由公元一九八七年十月，至一九八八年三月。在此數月間，木星展開積極姿態，而與土星構成高貴一百二十度。必繼續有大開發，大成就。尤以，由公元一九九零年九月，至一九九二年十月。木星入午宮，與日、與土星、天王，構成天體大三合。工商企也。繁榮必達高峯。海陸空也，發展可臻絕頂。世界之樂園中心，必在此。亞洲之金融堡壘，亦必在此。如其另有因素，又當作別論焉。

天王天運主星逐年中移動之宮度

公元一九七二年：十二月十日，至一九七三年一月十四日，天王二宮，與冥王三十度。

公元一九七三年：二月九日，至三月十八日，天王二宮，與冥王三十度。九月廿四，至十月九日，天王二宮，與冥王三十度。十一月十二日，至廿九日，天王二宮，與土星金星一百八十度，十二月廿二日，至一九七四年三月十六日，天王二宮，與火星四十五度。差。

公元一九七四年：四月十一日，至五月四日，天王二宮，與土星金星一百八十度。八月廿八日，至九月十六日，天王二宮，與土星金星一百八十度。十月三日，至十九日，天王二宮，與火星四十五度。差。十月二十日，至十一月四日，天王二宮，與海王三十度。

公元一九七六年：十一月廿五日，至十二月十二日，天王二宮，與月一百二十度。

公元一九七七年：一月四日，至三月三十日，天王二宮，與火星三十度。四月廿五日，至五月十八日，天王二宮，與月一百二十度。十九日，至六月十九日，天王二宮，與冥王四十五度。差。八月十二日，至九月十日，天王二宮，與冥王四十五度。差。九月十一日，至三十日，天王二宮，與月一百二十度。十月十八日，至十一月二日，天王二宮，與火星三十度。

公元一九七九年：十一月二十六日，至十二月十二日，天王二宮，與冥王六十度。

公元一九八〇年：五月二十八日，至六月二十五日。天王二宮，與冥王六十度。九月三日，至二十八日，天王二宮，與冥王六十度。十二月二十四日，至三十一日，天王三宮，與海王會合，差。

公元一九八一年：三月十三日，至四月二十四日，天王三宮，與海王會合，差。十月十日，至十月廿八日，天王三宮，與海王會合，差。十月二十九日，至十一月十四日，天王與海王會合，差。十二月十八日，至公元一九八二年，一月七日，天王三宮，與天王六十度。

公元一九八二年：五月十三日，至六月七日，天王三宮，與天王六十度。十月五日，至二十四日，天王三宮，與天王六十度。十一月二十八日，至十二月十四日，天王三宮，與太陽一百二十度。

公元一九八三年：五月三十日，至六月廿四日，天王三宮，與太陽一百二十度。十月一日，至二十日，天王三宮，與太陽一百二十度。十二月二十八日，至一九八四年一月十八日，天王三宮，與火星會合。

公元一九八四年：五月二十日，至六月十四日，天王三宮，與火星會合。十月十五日，至十一月三日，天王三宮，與火星會合。

公元一九八六年：十二月二十三日，至一九八七年，一月二十六日，天王三宮，與冥王九十度。

公元一九八七年：二月二十一日，至五月十日，天王四宮，與土星金星一百二十度。被水星九十度減輕。六月九日，至八月八日，天王三宮，與冥王九十度。九月二十七日，至十一月十五日，天王三宮，與冥王九十度。十二月四日，至十九日，天王四宮，與土星金星一百二十度，被水星九十度減輕。

公元一九八八年：一月二十五日，至二月十五日，天王四宮，與海王三十度。五月廿五日，至六月十九日，天王四宮，與海王卅度。十一月十三日，至十二月一日，天王四宮與海王卅度。十二月十九日，至公元一九八九年一月四日，天王四宮，與木星一百五十度，差。

公元一九八九年：一月五日，至廿二日，天王四宮，與天王九十度。七月二日，至二十九日，天王四宮，與天王九十度。七月三十日，至十月十七日，十月十八日，至十一月十日，天王四宮，與天王九十度。

公元一九九零年：三月十一日，至五月十七日，天王四宮，與月一百八十度。六月十八日，至七月十三日，天王四宮，與日九十度。十一月十一日，至十二月一日，天王四宮，與日九十度。

公元一九九一年：一月六日，至二十二日，天王四宮，與月一百八十度。二月十二日，至三月六日，天王四宮，與火星三十度。六月一日，至二十七日，天王四宮，與火星三十度。七月二十四日，至八月二十七日，天王四宮，與月一百八十度。十月六日，至十一月九日，天王四宮，與月一百八十度。十二月二日，至十九日，天王四宮，與火星三十度。

公元一九九四年：一月二十五日，至三月四日，天王四宮，與冥王一百二十度。四月六日，至五月二十三日，天王五宮，與土星金星九十度。妙在與水星六十度減輕。六月二十九日，至八月二十二日，天王四宮，與冥王一百二十度。十一月十一日，至十二月二十三日，天王四宮，與冥王一百二十度。

公元一九九五年：一月十日，至二十六日，天王五宮，與金星土星九十度。妙在與水星六十度，減輕。八月十五日，至十一月七日，天王五宮，與金星土星九十度。妙在與水星六十度，減輕。

公元一九九六年：二月十六日，至三月七日，天王五宮，與天王一百二十度。七月十三日，至八月七日，天王五宮，與天王一百二十度。十二月六日，至二十六日，天王五宮，與天王一百二十度。

公元一九九七年：二月十八日，至三月九日，天王五宮，與日六十度。七月二十日，至八月十四日，天王五宮，與日六十度。十二月七日，至廿九日，天王五宮，與日六十度。

公元一九九八年：四月八日，至六月二十七日，天王五宮，與火星六十度。

公元一九九九年：一月二十日，至二月六日，天王五宮，與火星六十度。十月六日，至十一月七日，天王五宮，與火星六十度。

海王天運主星逐年中移動之宮度

公元一九七二年：九月廿七日，至十月三十一日，海王六宮，與海王一百二十度。十二月二十五日，至一九七三年一月廿八日，海王六宮，與日三十度。

公元一九七三年：十二月二十二日，至一九七四年一月二十二日，海王六宮，與火會合。差。

公元一九七四年：五月二日，至六月八日，海王六宮，與火星會合。差。十月廿六日，至十一月廿二日，海王六宮，與火星會合。差。

公元一九七五年：一月十九日，至五月十一日，海王在第七宮，與月一百二十度。十一月廿一日，至十二月十七日，海王七宮，與月一百二十度。

公元一九七六年：六月廿七日，至十月十七日，海王七宮，與月一百二十度。

公元一九七八年：一月九日，至二月十四日，海王七宮，與土星六十度。四月廿六日，至六月六日，海王七宮，與土星六十度。十一月十二日，至十二月九日，海王七宮，與土星六十度。

公元一九七九年：八月一日，至九月三十日，海王七宮，與土星六十度。

公元一九八〇年：二月四日，至五月十六日，海王七宮，與天王一百八十度。十二月四日，至三十日，海王七宮，與天王一百八十度。

公元一九八一年：七月十日，至十月廿六日，海王七宮，與天王一百八十度。

公元一九八五年：二月十七日，至二月十四日，至五月廿九日，海王七宮，與木星四十五度。差。十二月十三日，至一九八六年一月八日，海王七宮，與木星四十五度。差。

公元一九八六年：七月二十日，至十二月八日，海王與木星四十五度。差。

公元一九八七年：一月七日，至一九八七年二月六日，海王八宮，與日會合。差。六月二十一日，至七月二十八日，海王八宮，與日會合。差。十一月五日，至十二月六日，海王八宮，與日會合。差。

公元一九八八年：一月四日，至三十日，海王八宮，與日會合。差。三月十五日，至五月十六日，海王八宮，與冥王一百二十度。十二月三十一日，至一九八九年一月二十六日，海王八宮，與冥王一百八十度。

公元一九八九年：七月九日，至八月二十日，海王八宮，與冥王一百二十度。十月十七日，至十一月二十六日，海王八宮，與冥王一百二十度。

公元一九九二年：一月二十一日，至二月十八日，海王八宮，與土星九十度。四月十二日，至五月七日，海王八宮，與木星六十度。七月三日，至八月四日，海王八宮，與土星九十度。十一月十六日，至十二月十六日，海王八宮，與土星九十度。

公元一九九三年：一月十三日，至二月十一日，海王八宮，與木星六十度。二月十二日，至三月二十一日，海王八宮，與金星六十度。五月二十三日，至七月八日，海王八宮，與金星六十度。七月九日，至八月十八日，海王八宮，與木星六十度。十一月十日，至十二月二十九日，海王八宮，與木星六十度。十二月三十日，至一九九四年一月十日，海王八宮，與金星六十度。

公元一九九四年：九月六日，至十一月三日，海王八宮，與金星六十度。

以上所述，乃指四大天運主星逐年移動宮度，並圖中各宮頂點，則可知其主管，此限於北緯二十二度適用。至世界各大城市，有關工業、商業、銀行、經濟、股市、及地區等等，讀者，雖未明各宮頂點，亦可酌予參用。惟其主應大小輕重不同而已。總之，主星移動宮度，不過輔助太陽圖表之不逮。然終不若太陽圖表，與四大天運統運之權柄威力。余之一貫著書，旨在利人濟世。雖不敢謂爲金繩，但亦可當作寶筏。倘能體會，予以珍視，將四大天運統運，太陽圖表與商業周期，經濟韻律、行星高級會合之預測，股市粹言等篇，殫心研考，必有裨益。大而對世界大城市之盈虛消長，可得先知。小而對地區工商業之繁榮衰替，每能詳究。是則讀者與余，或可謂爲有前緣者耶？

角度投資與圖表（股市粹言）

吳師青著

厭莫厭於貧窮，愛莫愛於財富。此非妄念，而是常情。致富之途，投資爲上。投資之所，股票居先。全世界，無論亞洲、美洲、歐洲、澳洲、證劵發展，股票滿天飛，不限方隅。然而，在股票中，又不無性別。自廣義言，爲國際性。自狹義言，爲地域性。投資者，多賴各種線圖趨向，作股市之取舍，進退、買賣，若有所指示。以突破某點，則爲買入標誌。以跌至某線，則爲售出信號。雖然如此，其中問題，尚多猶豫。所以，都不能不學文王，小心翼翼者耶？

投資，是經濟制度中之一環，乃一種積極力量，而其着眼點，不但在保障其資本。同時，希望由生產途徑，而擴展其資本。如何使生產率增强？收到預期之豐碩成果，而符合投資者之崇高理想。蓋投資者，積少成多，將本求利，天下熙熙，皆爲利來。天下攘攘，皆爲利往。誰不欲從所投下之資金中，博厚利，發大財。惟利己事小，利人事大。須知，一筆資金，無論其數量龐大與否？譬諸，農夫種稻，粒粒皆辛苦，得來不易。方其投資於某公司機構，而買股票時，自然寄予無窮希望。假若，中途產生人爲因素，投資如石沉大海，必勾起羣疑，悔不當初，寧願將其餘金，置之牀頭，或保險箱，或捐作公益金，與人同善，爲得計。是又不可不愼防之，未容掉以輕心者也。

蓋自十九世紀，道氏、史坦德普爾、利華摩、禮華莫雅、大衞・麥其時、胡司、若瑟・凱林等，對證劵股市中，利用各大公司趨勢，作出線圖。諸如一般趨向線、支持綫、阻力綫、樓梯綫。又有雙重機會，雙重尖端，又有二百天平均移動法等等，總上所述，有關採用圖表，在上升下降軌，衝破與未衝破之際，唯一憑自己純粹經驗，爲定。師青有感於香港股市，今年以來，(公元一九七二年)投資者，異常踴躍，有若夏雲生奇峯。其中主要因素，乃是年太陽圖表，太陽五宮，與二宮海王一百二十度。且四宮頂點，與土星一百二十度。又與冥王一百二十度。吉利之故・有以使然。蓋海王膨脹，有利證劵。四宮頂點，有利地產。至公元一九七三年，春夏秋冬，四季圖表，完全欠利。是年春分點，火星在二宮，與土星九十度。夏至點，火星二宮，與冥王一百八十度。秋分點，土星七宮，與冥王九十度。冬至點，火星四宮頂點，與天王一百八十度。在常理中，物極必反。察公元一九七四年，太陽圖表，爲固定宮。火星土星，同在證劵宮。四月廿日，火土又會合於未宮零度，必待至一九七六年第二個會合，方能消失。倘投資者，能參考太陽圖表等法，對市價升降，較有把握，例如：

太陽圖表之第二宮，在未吉利角度，並主要合會，日食月食，天運主星，均對第二宮衝擊時。價格當出現新低點，此時可相機而動，乘低購入。俟太陽圖表第二宮，角度吉利，無其他衝擊時，價格當出現新高點，乘高售出。其中應驗，雖無十足。但可對投資股市者，作採用線圖之參考也。

余以投資本爲社會中之滋生需求者。無論居積致富，抑或從事工業，商業，企業，實業，而其擁有巨量資財，當從具備各種優越條件中而得來。但是，取之於社會，用之於社會，尤以吸引外商。相與展開踴躍投資之陣營，以輔助工業拓展，使社會人士，就業既多，生產斯富。生產既富，民生斯厚。循序漸進，達成世界康樂之崇高理想。是故，角度投資，圖表兩法，苟能作綜合性研究，亦並行不悖。獨惜，善於造箭者，自己不能作百步穿楊。精於製琴者，自己不能彈一曲流水。余之揭出角度投資，本「工於利人」之旨。人之有利，若己有之。利不必歸於己，法但求公於世。然而，致富與否？是又視乎各個人「誕生圖」如何決之？豈僥倖行險，所能追求者哉？

股市重二三四五宮（股市粹言）

吳師青著

股市，果何自而興乎？曰：基因於有輔助工商之繁榮，而推動經濟之靈活。在此全世界經濟總體戰中，各大財團，集思廣益，不分界域，惟務經營，其以投資股市，視爲中心者，不更符合利己利人，以至利天下之最高水準也耶？

師青推步太陽四十五圖表，並圖表主應篇，及十二宮所主事務，至賾至繁，包羅萬象。惟以投資股市而言，在太陽圖表中，第二宮，第三宮，第四宮，第五宮，最重。第二宮者，經濟宮也。支配金融機構，國際投資，財政稅收，工商證券等類。倘木星入第二宮，位置優良。斯時也，對該宮有關證券，可能呈現秀色。第三宮者，新聞宮也。支配交通、新聞、公用、運輸等類。倘木星入第三宮，位置優良。斯時也，對該宮有關股市，可能欣欣向榮。第四宮者，地產宮也。支配地產、樓宇、建築、酒店、石油、礦產等類。倘木星入第四宮，位置優良。斯時也，對該宮有關股市，可能邁往前進。第五宮者，娛樂宮也。支配股票，戲院，電影，賽馬，賽球，音樂，等類。倘木星入第五宮，位置優良。斯時也，對該宮有關股市，可能扶搖直上。是故，投資者，採角度與綫圖並行，如路口指標，原則正確，當機立斷，自我衡量。凡物皆有適可性。例如：置座之器，虛則欹，中則正，滿則傾，古時明君，以此爲戒，故嘗置之座側，俾自儆惕。余之所云股市重二三四五宮者，是以二三四五爲股市重心，亦即質量中心。欲使投資者，多注意及之。物體重量，各有不同。惟能使用天平或秤，以測定物體之質量。重力大者，其重量大。重力小者，其重量小。質量作用律，未可躁心嘗試，宜深辨之。且不羈之馬，有時而蹎。暴湧之泉，有時而涸，嶢嶢者易缺，皎皎者易汙。居安慮危，知止始定。願持「適可律」，以貢獻於證券場中之投資者。

四大禁忌（股市粹言）

物莫不能先，礎先潤而雨，月先暈而風，蟻先潦而徙，鳶先風而翔。一物之微，先見其機，物固如此，人何嘗不然。昔人謂：「知足常足，終身不辱。知止常止，終身不耻。」是亦有其「先」者潛伏。夫慾壑難塡，得隴望蜀，此乃人生普通毛病，未可厚非者也。聞之，任何國家證券市場中，頗多受心理學影響者。大抵一曰貪：有許多人，賺一千，幻想一萬。賺一萬，幻想一億。卒之，變化突來，出其不意，反而如黃河下瀉，奔流到海。二曰孤：有許多人，罄其有所，孤注一擲，繼之以押，又繼之以貸。如聚雞蛋於一籠，泰山壓下，無一倖免。三曰纏：有許多人，屢輸不服，而作死纏，如敗軍之將焉，自以爲勇，背城借一，終於全軍盡墨。後悔莫追。四曰盲：有許多人，限於眼光，昧於局勢，聞風則跟，隨聲而和，自然有點像盲人騎瞎馬。何利之有？師青以「貪」、「孤」、「纏」、「盲」，爲證券市場之四大禁忌。無論投資或投機，律以物理，彼如先「貪」，或先「孤」，或先「纏」，先「盲」，有一於此，烏往而不敗哉。

五不搶先（股市粹言）

「試問哥哥行不得，何用一身生羽翼」？（戴冠聞鷓鴣詩）鷓鴣，鳥也，但最聰明。常對啼，發出哀鳴。「行不得也，哥哥」。或以爲，是對有某一門外漢投機者，提出勸告。蓋當局者暗，旁觀者明。人苦不自知，有時懵懵然，如醉如痴。而明於觀人，暗於觀己。甚至明足察秋之末，而不見輿薪。在社會中，一言難盡。師青竊嘗謂：投資固善，投機亦可。惟角逐於證券市場中，切忌躁進，故須考慮下述五點：（一）不可搶先買「自我虛張」股。（二）不可搶先買「長期跌下」股。（三）不可搶先買「狂升到飽和點」股。（四）不可搶先買「遠地之不動產」股。（五）不可搶先買「新上市，而漲幅跳出底價過高」股。「不可搶先」云者，欲使之先用冷靜頭腦，多作周密觀察。天下事，往往勝於懼，而敗於忽。懼者，福之源。忽者，禍之門。能明乎此，豁而通之，則無論投資或投機，當在穩健陣線之中。慮，而後能安。安，而後能得。聖人之言，豈欺我哉。

且生財有大道，大道，不是偏鋒，而是正路。大道，更不是曲徑，而是坦途。太史公曰：「賣漿，小業也。而張氏千萬，洒削，（以水洒之，即磨刀者）薄技也，而郅氏鼎食。誠然，賣漿者，磨刀者，日常穿插於小巷橫街中，亦能發財。無怪諺語：七十二行，行行出狀元。人貴謹守，可行則行，不可行則止。無論何人，皆當若是，如之何？限於哥哥？

心理學與股市（股市粹言）

心者，天君也。居於中虛，以治五官，乃神明之主，萬慮無不總包，纖微無不一貫。理者，猶性也，道也，又條理也。天下之物，不外乎理。是故，人各有心，而所以主之者，則一。心各有理，而所以持之者，則殊。近代有所謂：「心理學。」心理學者，即研究人生心理之學也。其初，心理學，併於哲學一系列中。當公元一八七九年，馮德在德國萊錫大學，設一心理實驗室。自是，心理學，始脫離哲學陣營，而獨樹一幟。列於自然科學之林，皆重

吳師青 著

視之。心理學，大別之爲：普通心理學、社會心理學、兒童心理學、個人心理學、民族心理學、應用心理學、變態心理學、動物心理學等等。而就心理學學派言，有機能派，則注重於心意之作用，以明其意識之影响，及行動之工具。又有組織派，則注重於心意之分析，以明其綜合之情狀，及要素之種類。前者：則屬於功用。後者，則屬於構造。蓋人爲高等動物，貴有此心，以循此理。貴有此理，以安此心。心與理相凝結，而成心理學。從心理學中，而研究行爲，而研究意識，而研究身心，而研究靈魂。則凡軍事家、政治家、教育家、經濟家、銀行家、工業家、大商家、企業家、以至科學家、文學家、藝術家、發明家、戲劇家、航海家、冒險家各種各類，莫不先憑藉其正確心理，以運用其本能幹勁，而後始得發揮其輝煌事業，非可苟也。

買賣股票，如紐約、東京、倫敦、巴黎及澳洲、瑞士、荷蘭、加拿大、新加坡等地，皆風行，遠且勿論。玆就本港而言，由於最近十年以來，工商業務之躍進，地產建築之勃發，金融銀行之穩健，經濟文化之滋長，因素湊合，發展特殊。在此之時，證劵交易，股票買賣，亦隨而迅速擴展，如雲之蒸，如霞之蔚。以故，銀行、地產、建築、報業、酒店、倉塢、橡膠、船務、工商業、飲食業、公用事業、百貨公司、紡織製衣，其他企業等等，舉欣欣然，莫不脫穎而出，從外表看，出售股票。旨在彙集更多資金，圖供更大發展，其崇高理想。是在利益均沾。其遠大目標，是在繁榮共享。獨樂，不若與人。少樂，不若與衆。第恐百密一疏，或千慮一失，一著之錯，滿盤皆空。一髮之牽，全身皆動，未可掉以輕心者耶？

心理學，產生合羣趨向，對各種股票，最具潛力。股市漲跌，乃千萬人所產生之反應。而其反應，又有一種外在者。在醫學上，猶如血中酸度之曲線（PH curve）循一方向發展，則過酸。循相反方向發展，則過鹼。心理上煩惱與愉快之變幻，亦可以一種曲線而表達。至于外在因素，影響吾人神秘之心理。蓋行星之力量，支配神經系統之敏感性。積極力量，能減縮癖性。使思想上，及行動上，得到鼓舞。消極力量，能擾亂神經，使思想上，及行動上，失其平衡。各種外在因素，往往徘徊於心理上。是故，對外界反應，影响極大。如至親而父子也，至切而兄弟也，至愛而夫妻也，至好而朋友也。各心其心，各理其理，各好其好，各從其從。於買賣股市之認識，心理多受到動搖。利欲心理既重，得失心理亦重。方以爲漲，已患得之。又以爲跌，復患失之。人情大抵皆然，何限於股市耶？有謂：行星之影響力，能直接利用人體內分泌腺，而發生撞擊反應。在科學上，確定人類行爲。與內分泌腺，有其關聯。而在間接方面，則又與心理學，若不可離者也。師青於著天運占星學中，所推步土星、木星、天王、海王、四大天運統運，及特製太陽圖表與商業周期，四十五圖、新月滿月、日食月食、主要會合等等。用以推測各地區之興替，及經濟關鍵，經濟韻律，商業周期等等。然其中，預測股市，亦每見驗。但在股市方面，其升降趨勢，又常受外界之反應，以致影響心理，漸次而影響市價。股市，乃心理學之一面大鏡子。心理學，為股市之一場大考驗。總之，世界無論任何地區，證券市場中，欲使市價趨於一致者，殊非易事。足見心理學之影響股市，有極重大要素者哉。

乘勢與待時（股市粹言）

「雖有智慧，不如乘勢。雖有鎡基。不如待時」。孟子敎人，成功要訣，唯「時」與「勢」，二者相須，缺一不可。時未來，則待之。勢既至，則乘之。有勢而不知乘，有時而不知待，雖如何聰明？鮮克有濟。況證券市場，波詭雲譎，不盡關乎人爲者耶？論者謂：投資有貨幣風險，市場風險。尤以投機，猶之乎，高空飛行，更在風險中。論者又謂：投資者，作長遠計，寖假時日，每多收到預期報酬，而有「複利累積」之豐碩收穫。師青亦以爲然。總之，不離乎乘勢與待時，兩大要素。而待時尤爲重要。如楚霸王以蓋世之雄，其敗於烏江也，無面目見江東父老，作詩自刎：「力拔山兮氣蓋世，時不利兮騅不逝。騅不逝兮可奈何。虞兮虞兮奈若何」？此一故事，令人感嘆。時之利不利，關係於人生成敗。又豈獨楚覇王已耶？在證劵交易場中，股市升降，爭此頃刻。金星與天王角度，亦能操縱左右。如果其吉利，當大有斬獲。如不吉利，人亦徒喚奈何？所以，乘勢與待時，不可忽視者也。玆推步金星與天王星每年視座，從公元一九七二年起，至公元一九八零年止，其會合，一百二十度，及九十度，一百八十度之角度，列表於後。蓋會合，或一百二十度，則吉利。類多升。如九十度，或一百八十度，則稍遜。類多降。雖無兩星會合，及綫圖，以此亦可作股市參考。但不常有者。幸留意焉。

金星與天王會合年月日列后：

公元一九七二年：一月七日，金星與天王一百二十度。二月廿五日，金星與天王一百八十度。十一月十七日，金星與天王會合。

公元一九七三年：一月三十日，金星與天王九十度。五月二十八日，金星與天王一百二十度。六月二十一日，金星與天王九十度。九月五日，金星與天王會合。十二月三日，金星與天王九十度。

公元一九七四年：二月三日，金星與天王九十度。二月二十二日，金星與天王九十度。四月二日，金星與天王一百二十度。五月廿六日，金星與天王一百八十度。七月十五日，金星與天王一百二十度。八月十日，金星與天王九十度。十月廿五日，金星與天王會合。

公元一九七五年：一月七日，金星與天王九十度。二月一日，金星與天王一百二十度。三月二十一日，金星與天王一百八十度。五月九日，金星與天王一百二十度。十二月十一日，金星與天王會合。

公元一九七六年：五月六日，金星與天王一百八十度。六月二十三日，金星與天王一百二十度。七月十八日，金星與天王九十度。十月一日，金星與天王會合。

公元一九七七年：一月十五日，金星與天王一百二十度。六月十五日，金星與天王一百八十度。九月五日，金星與天王九十度。十一月二十一日，金星與天王會合。

公元一九七八年：二月三日，金星與天王九十度。六月二日，金星與天王一百二十度。六月二十七日，金星與天王九十度。九月二十五日，金星與天王會合。十一月六日，金星與天王會合。十二月廿六日，金星與天王會合。

公元一九七九年：四月十五日，金星與天王一百二十度。六月二日，金星與天王一百八十度。八月十四日，金星與天王九十度。十月二十八日，金星與天王會合。

公元一九八零年：二月六日，金星與天王一百二十度。三月三十日，金星與天王一百八十度。六月十九日，金星與天王一百二十度。八月三十日，金星與天王一百二十度。九月二十九日，金星與天王九十度。十二月十六日，金星與天王會合。

土地至上

「諸侯之寶三：土地，人民，政事。寶珠玉者，殃必及身」。師青對孟夫子斯言，不敢苟同。而最後一句，語近牢騷，或者嚇人。雖然，古時有所謂：「匹夫無罪，懷璧其罪」。究竟罕聞，豈足爲據。不見夫今日乎？許多貴婦，佩戴飾物，滿身異寶，皆有福氣。至於擁有巨量金玉珠寶之大商家，觀其居處，孰不花開富貴，草種吉祥，前景燦爛，優哉游哉。富潤屋，德潤身，心廣體胖，所至歡迎。至若，土地乃至上者，無一人而不寶之，如謂：祇諸侯以土地爲寶，毋乃大狹隘也乎？

人類之於土地，結不解之緣，具依存之性。而其中，大部份屬于重要經濟行爲。譬如，對土地之占領也，租佃也，買賣也，交換也，抵押也，墾殖也，牧畜也，建築也，使用也，居住也，誰能外乎土地？若夫，陸上焉，則繁殖草木鳥獸羣生之物。水中焉，則滋長魚鼈蝦蟹鱗介之類。飛潛咸遂，動植皆宜，以供人類需求，又誰能舍乎土地！坤德無疆，博厚配之。自從公元一四九二年，意大利人哥侖布，得西班牙王斐廸南第五之贊助，率舟三艘，越太西洋，而達北美巴哈馬羣島，幾經艱險，始發現新大陸。蓋其深信地圓之說，故不惜冒險而探得之，使人類擴增如許廣袤之膏肥土地，而有今日美國。又豈僅印第安民族，所永遠崇拜而已哉？

土地具有三種特性！曰：原始性。乃自然之所賦予者。曰：持久性。乃永恆而不毀滅者。曰：固定性。乃安穩而不移動者。在土地經濟學中，又蘊含社會科學，人文科學，經驗科學，三種性質。此非本篇中心，故不詳及。夫人類愈文明，則社會愈進步。社會愈進步，則土地愈膨脹。尤其市地，成爲天驕。在特殊狀況之下，可供三種利用。地表利用，猶嫌不足，而地下利用。地下利用，又不足，而地空利用。利用旣廣，價値斯高。尺土寸金，而不嫌其貴。日朘月削，而不見其虧。此土地之所以成其大者，其在斯乎？其在斯乎？

本港之土地，包括各離島中，一山、一川、一邱、一壑、一洲、一渚、一巒、一峯，正在當旺，逐步發祥。得主要土星天運，以照應之。得高貴天市垣局，以展佈之。誠如書謂，登東山而小魯，登泰山而小天下。居於港者，大可登太平山，而小東南亞，俯瞰一切，皆足自豪。凡銀行、地產、鐵路、航空、船務、汽車、酒店、旅遊、建築等類事業，無不扶搖直上，氣象萬千。至上哉，土地也。蓋土地利用之對象，可分爲：「養力」，「載力」，「構成物」。三者。養力之利用，爲農地。載力之利用，爲建築地。而「構成物」之利用，則爲富源地。師青根據現代一般對市地觀念，大都以具備下列五條件：一曰：工商業，四方輻輳，作交易之中心；二曰：地方行政機關之所在；三曰：人口集中居住之處；四曰：爲經濟及文化、教育、生活、之中心；五曰：對土地利用，有充分載力可以發揮。所稱市地，不外乎此。然而，市地之所以促成者，又必有起源。大抵不出：經濟原因也，政治原因也，社會原因也，形勢原因也，特種原因也。五大原因，闕一不可，如宮、商、角、徵、羽，交相配合，五音節奏，而後能成。雖然，此五大原因，其相輔作用。但如從另一角度，作微妙觀察。則形勢原因，似占重要，而形勢原因，與特種原因，是又一而二，二而一者。且就外國而言：如小亞細亞之耶路撒冷，因耶穌基督降生於其間，而發展爲名城。如亞拉伯沙漠之麥加，因摩罕默德，誕生於其間，而發展爲聖地。人以此，爲特種原因。余以此，乃形勢原因。先有地靈，而后有人傑。天地磅礴之機，山川精英之氣，待時而發。則形勢原因，不亦重於經濟原因，政治原因，社會原因也耶？

須知，地之心，乃純乎火。地之面，乃純乎水。凡地中有奇氣，乃產奇寶，第非幾經醞釀，幾經孕毓，斷不能成，成又藏在地中，無處非地，無地無寶，寶產於地，而地不愛寶，必顯露之，以使人知，使人知而取，取而用。或蘊玉也，而山以輝。或懷珠也，而川以媚。地之所賜，不爲不大。至若在土地之天然富源中，有獨佔性，而又爲廣大人羣之日常必需品者，除石油外，以鹽爲最。香港今日，產鹽豐富，獨惜未見蘊藏石油，世人不知，以爲或缺。但本港山川，既得天市眞垣局。撼龍經曰：垣有四門號天市，百源來聚天市垣。不但無缺，且如源泉之混混者也。

天市垣局，乃天造地設者。其中：市樓星峯，首貴乎勢。勢者何？開張而有布勢，飛揚而有神勢，軒昂而有展勢，磅礴而有融勢。斗斛星峯，首貴乎氣。氣者何？卓拔而有振氣，晶瑩而有清氣、渾厚而有鎔氣，綿延而有續氣。帛度星峯，首貴乎神。神者何？沉靜而有清神，凝聚而有爽神，尊嚴而有威神，煥采而有風神。余在三十年前，曾經多番察驗，參以先哲秘旨。知青衣爲市樓三，大嶼爲市樓五也。天王居焉，土星繫焉。應主：新開發、新創造，展開建設規模，建立衞星樞紐。青衣，乃近水樓台，其距帝座，較之大嶼接近。故主應發展，先後有別。青衣一驗，大嶼隨之。知南丫，爲市樓四也。月居焉，海王繫焉。應主：拓展光輝途徑，鼓蕩勃發生機，商賈絡繹，貨物駢羅，油然而興，潤澤天下。知青山，爲帛度二也。冥王居焉，太陽繫焉。應主：集中技術，邁進富庶，工廠則林立，製造則精密，紡織發達，衣被天下。知獅子山，爲斗四也，亦近帝座，海王居焉。木星繫焉。應主：一片和樂，萬象維新，龐大瑞獅，夭矯則如游龍，行空則如天馬，大發其祥。知馬鞍山，爲斗二也。冥王居焉，太陽繫焉。應主：得天之時，因地之利，臻社會於富庶，措人民於健康。一俟公元二千零零一年，土星天運轉新以後，或可有高度磁鐵發現，引起國際大企業家垂涎，利賴無窮。蓋造化鍾神秀，宇宙開偉觀。磅礡之精，蘊藏之寶，非其時不顯，非其人不應者也。

天王星時代與盾狀地及天市垣

天市垣局，詳拙著香港山脈形勢論。

自有天地，即有時代；時代巨輪，如磨旋轉。依據占星學，有水星時代焉，有金星時代焉，有火星時代焉，有木星時代焉，有土星時代焉，有天王星時代焉，有海王星時代焉，有冥王星時代焉。一時代，有一時代精神；一時代，有一時代思想；一時代，有一時代趨向；

一時代，有一時代制度。互有差別，不盡相同。而角度優劣，則視所以主管之者爲斷！在占星學家，密切注視，又最感興趣者，厥爲天王星吉利時代。蓋天王，神威赫弈，體魄雄悍，能主宰萬彙，控而制之；能牢籠八荒，權而衡之；以天下之目視，以天下之耳聽，以天下之智慮，以天下之力動。能引起鈉、鈾所造出動力，其中，特別動力發電機，而以電力供給改革製造，並放射同位元素，用之於工業、農業、核子、飛車、航空及醫學、藥物發展。更能加强領導有關大工業權力，作廣泛推動，從而極有助於發揮新創作、新開拓、新設施、新文明，使經濟日以繁榮，地區日以興旺。獨惜，世人少知而忽視之耶？

天王星者，古屬子，爲寶瓶。於大宇宙中，反射力極强，有建設之威權，有破壞之力量。天王吉利時代，經已來臨。天王能產生軍備競賽，不知者，以爲醞釀第三次世界大戰。但現值角度吉利時代，實則主應：息戰爭、謀和平、新建設、造衆福者也。香港由公元一九六九年三月，天王統運，進入辰宮一度四十八分（第一宮），與海王六十度。海王與水星一百二十度。又，太陽與火星一百二十度。太陽，君也。火星，臣也。君者至尊，統御邦家。臣者公僕，管理政事。時值初春，日火交輝，上下相濟，萬象資明，百物咸亨。且春日秀麗，光照天下。春火溫和，氣煖人間。同時，天王得海王、海王得水星。其發明，則新奇（天王）。

其蘊藏，則豐富（海王）。其滲透，則衝激（水星）。順時合令，其所感應，國際投資，則突飛猛進。經濟貿易，則活躍上揚。工業建設，勃勃如也。交通發展，蓬蓬如也。天王，不但有最新科技之發掘才力，而且有掌握交通之重大樞紐，空中架設，長虹縱橫。地下鑿通，穿梭來去。此指天王統運而言，誠令人不能不驚奇者也。

天王統運之主宰，可管至公元二千零一五年。但，統運之中，尚有主星移動。其間角度、浮沉不一，縱或差別，無關大局。但亦可謂爲美中不足。茲將主星移動狀況，畧舉兩年如下：（一），如公元一九九七年，一月九日，木與海王，會合丑宮二十七度。二月十六日，木與天王，會合子宮六度。察是年，角度駁雜，互相射擊。在天王統運中，實大醇小疵。而因世界局部，人心虛怯之影響。致工商市場，將有短期間之刺戟疏落，（二）如公元二千年，四月六日，火星與木星，會合酉宮十度。四月十五日，火星與土星，會合酉宮十度。五月二十六日，木星與土星，會合酉宮二十二度。自此，爲世界主要轉變，天王將漸進新階段。在北亞美利加，最古之盾狀地域，有洛機山脈隆起，高聳雲霄。其行龍廉貞帶破祿，北龍東折，傳變貪巨武，落平化輔化弼，誠所難得。撼龍經曰：「廉貞如何號獨火？此星得形最高大。起作龍樓並寶殿，貪巨武曲因此生。」又曰：「輔爲上相弼次相，破祿右衞廉次將。此龍不許時人識，留與皇家鎮京國。」山脈行龍，如此其美。在最古盾狀地域，尚有巴西、德干、安格拉、那維亞、西部澳洲等處。而其中，未來加拿大六十度以上，及美國北部大冰原，將隨天運擴大，日趨發達，當可爲統制人類活動之第一環境。

地球也者，最初受他星之引力，由日吸引而出，爲熾熱之氣體，後冷凝爲液體；再後，而外層凝固爲地殼。因收縮之故，外部呈凸凹狀態，空氣中，水分冷凝爲雨水，瀦匯於陷凹之部，而山川以成。約在「古生代」後期，始有生物，無論飛、潛、動、植，漸漸繁殖于其間。蓋天地之大德：曰生。一生二，二生三，生生不息，自然演進；現值世界人口膨脹，余以爲，與天王角度吉利時代，有其密切關繫。誠如上述，天王與海王、海王與水星。又，繼之以太陽與火星，時宜令合，吐燄發耀，光射太空，熙和所加，物物欣榮。而一盈一虧，一長一消，光大含宏，自有其道。無怪乎，生殖蕃衍。而不知，至二千零一五年，在天王時代主要會合中，有土星與冥王，感召作祟，節育風行，墮胎日盛。今人聰睿，有棧不戀。且天王與土星，木星與土星，木星與火星，木星與冥王，土星與海王，木星與天王，木星與海王等等，均爲主要會合，產生於二千年末期。若不幸，而因戰爭、瘟疫、天災、飢饉、自殺、不育等等，因素湊合，而兩種角度比較，增減無多差別。如謂：世界將有人滿之患，糧食住所，都成問題。似亦杞人憂天也哉。香港人口，正在激增中，毋俟余贅。

香港，海島也。余於三十年前，幾經觀察，知爲天市垣局。至公元一九六四年，著香港山脈形勢論。文中指出：乃國際貿易發展之中心，工業王國造成之主腦。能聚財，而富；能聚衆，而庶。以地理環境，實具一種偉大勢力。而其中星峯秀拔、海水汪洋，最引人入勝者，又莫如眞天市垣局之市樓三、市樓四、市樓五，帛度二，暨帝座各區域。大海焉，而成陸地，將作工業之團。荒郊焉，而闢樂園，必爲財富之府。至一九九一年後，在世界政治因素之下，吾恐斯時，其外移者，活潑潑，嚮往香港，有如魚龍之趨大海焉。余之預測，乃憑天王統運新時代星圖中，依據各曜吉照而判斷，其然與否？請拭目以待之。

論黃金與太陽

異哉，黃金也（俗稱金子）。如謂黃金不貴重耶？杜甫說：「牀頭黃金盡，壯士無顏色。」如謂黃金大貴重耶？韋賢說：「遺子黃金滿籯，不如教子一經」。古人觀點，仁智不同，其經驗則一。蓋夫金之爲物也，以混存於石英中，及砂石中者，爲主。亦有混存於多種鉛鑛及黃鐵鑛，黃銅鑛中。又與水銀成合金，或與碲化合成柏芝石，及針碲鑛而產生。經過

「淘汰」、「汞齊」、「氰化」、「氯化」，四種法之製鍊，呈美麗赤黃色。其質柔軟，比重約一九，二六。熔點一零六三度。展性最大，可鎚薄至一公釐之五十萬分之一。延性亦大，一公分重，可延長至四千公尺。爲用至廣，主要供工業、製裝飾品，及貨幣。至於鍍金術，照相術，亦多用之。

黃金對人類最富吸引力，吾國自始重視，在在發揮黃金之高度作用。對有功者，賞萬金。對有德者，壽千金。以昭激勸，理所應爾。至於，元首則居金殿。卿相則佩金印。武官則戴金貂。文人則題金榜。以及，築金台，以待賢士。營金屋，以貯阿嬌。更有秦檜，用十二金牌，以召岳飛。牛僧孺，用十二金釵，以寵姬妾。若是乎，迹近奢靡，未足爲訓。至若埃及之金字塔，乃庫佛王，用平均重量三千公斤之石塊，二百三十萬條所築成者。因望之如金，故以「金字名之，使人顧其名。而知所尊貴。如其曰：石字塔，或砂字塔，亦何至距今逾五千年，猶令人神往耶？近代，歐美各國，又有所謂：「黃金律」者。以新約馬大傳中：「欲人如何待汝？汝當如何待人？」及路加傳中：「己欲人之善待，則當善待人」。謂此在倫理學中，爲永恆不變之道德法則，故稱之爲「黃金律」。實則吾國文學，早已有「金科玉律」名詞，涵義相同。噫嘻，何古今中外人士，皆視黃金爲專寵，奚以然耶？根據古代聖賢，有謂：金玉非寶，賢人為寶者。有謂：珠玉非寶，忠信為寶者。又有謂：金銀珠玉皆非寶，惟布帛菽粟乃為寶者。古聖賢，垂訓于天下後世，皆具深刻意義。實則，金玉，並非自寶之，乃人寶之。人因何而寶之，人亦不知其所以然。師青於詳究古天文學，始恍然悟，黃金乃屬太陽者，宜其美質蘊於中，精光鑠於外。取精用宏，不當如是耶？

太陽者何？日輪也。又號金烏也。有如一龐大火球。方其於拂曉時，自東海升出，曈曈焉，射出金光，使大地，幻出黃金新世界。宋之問：「樓觀滄海日，門對浙江潮」。想見其對此情景，意氣風發。及至正午，太陽當頂，日麗中天，盛明光大，容照萬方。更有熙熙皞皞之象。將近日薄西山，此時此際，晚霞散彩，紅透半天，使大地又幻出黃金新世界。一日之內，自朝至夕，太陽光輝，有如此者。太陽具有絕大光熱及引力，故能支配太陽系。凡有機體包括金屬之生命與活動，無不接受太陽能而生存。地球上，無論已開採，未開採，完全得自太陽能。所有創造物之基本力量，亦賴以持久。四時變化，由太陽而起。尤其，太陽又能在地面造成動力之寶藏，如金也，銀也，銅也，鉛也，錫也，鐵也，鋁也，鋅也，錳也，鎳也，鎢也，鋼也，煤也，石油也，石墨也，有色金屬也，稀有金屬也，非金屬礦產也，應有盡有，以利天下。而其中，以黃金為貴金屬之一，產生於熱熔岩，在地殼內部，凝結岩漿，余恐在地球冷縮時，比重最大物質，愈凝縮於地球中心。金屬除非有例外情形之外，將不在地球表層內，及非人力所能及之處，而在物質中，黃金，固比重之大者。蓋地球冷縮，空氣亦漸次放出，而收縮之中空金屬球，因而有成四面體形之傾向也。在行星而論，約一年後，天王在辰宮，第三階段時，接近參宿α，可能影響黃金逐步上漲。至公元一九九一年，海王與冥王，準確六十度。世界將必有一種新發明用途出現，未來黃金，更成天驕。

倫敦，爲全世界之最大黃金樞紐。香港爲東南亞之最大黃金市場。惟當公元一九六零年，八月至十月，倫敦金價，忽告高漲。翌年三月以後，始平復。至一九六一年，由十月至十一月，香港金價，忽告低跌。在當時，皆令人驚愕，莫明所以。師青察一九六〇年，倫敦夏至點，太陽圖表，浮升在巳宮二十九度，中天申宮二十九度。金星在中天頂點，太陽與金星會合，又與獅子座α六十度，勃然上升，不無因也。迨一九六一年，三月春分點，太陽與金星，均落於地平下矣。至於香港，一九六一年，金價疲弱者，蓋因春分點，在子宮二十度之固定宮，乃主管全年有關者。其太陽圖表，金星與太陽，同在地平下。金星與土星、與木星，又構成九十度，且天王又鎮居第七宮，（國際宮）與昴星羣九十度。其金價忽跌，亦不無因也。世界多數人，希望黃金地位降低。甚至欲廢棄黃金。在事實上，卻又不能擺脫黃金範圍，黃金，屹立其在國際貨幣制度之地位，不可能失去通貨價值。倘世界一進入通貨膨脹之動盪中，必以黃金作保值靠山，始知其貴不可言，斯時也，金潮掀起，難保無洶湧衝竄之虞。人不能離太陽，人又何能離黃金。乃天地之眞機，亦古今之常理也。

黃金亦富源之大者，就世界產金數量而論，以南非居首。其次，如蘇聯、美國、加拿大、墨西哥、澳洲、秘魯等國，皆有可觀。姑不枚舉。至金價升降，首察太陽圖表，次察天體固星，再察天王天運主星移動。余以在暹一年後，一九七三年，以北緯二十二度，冬季圖表，天王與中天會合，火星與中天對衝。一九七四年，火土會合於經濟宮，中天頂點，又與天王九十度。一九七五年，金星與中天會合，天王與中天對衝。中天與經濟兩宮均不利，且一九七三年、一九七四年、一九七五年，天王在辰宮第三階段，與參宿α，構成一百二十度。黃金將直線上升。但至一九七五年秋季，天王過卯宮零度，星度轉移之間，將影響黃金，暫時平降。未幾，天王移至卯宮二、三、四度時，與一等星軒轅十四（獅子座α）構成六十度，回復升勢。一俟天王至丑宮第一階段時，與一等星軒轅十四（獅子座α）構成一百二十度，將使黃金，又趨騰躍。獅子座，其屬太陽，主宰黃金，誠不謬也。敬希讀者，潛心加以研究之。

如何儲金篇

吳師青著

儲金者，乃貯藏黃金之概念也。金爲經濟要素，權威極大，故有比之爲王者，最富尖銳吸引力。余於論黃金與太陽篇文中指出：人不能離太陽，人又何能離黃金。蓋形容黃金高貴，人不可與之脫節。反之，在充裕時，視其財力，購金儲存，多少不限，大叩則大鳴，小叩則小鳴。黃金，不但有獨立之代價，抑且有崇高之美德，硬度適中，品質均勻，光輝燦然奪目。誠如白居易詩：「黃金不惜買蛾眉，揀得如花四五枝」。又如張謂詩：「世人結交須黃金，黃金不多交不深」。金之爲用，不勝枚舉。惟在黃金市場中，外滙之漲縮，投機之操縱，波浪起伏，風雲詭譎，因素複雜，變化離奇。是故，儲金之道，所當講求。依占星學視察，須注意兩點：一爲：如太陽、金星、木星、土星、天王星、獅子座α、及高級主要會合（查高級主要會合篇），於第二宮、第十宮、或各宮敏感點。或土星天運主星，或天王天運主星、視座，與天運圖行星，或頂點，或是年，木星與天王，土星與天王，金星與天王，構成九十度，或一百八十度。如無其他因素，則金價可能上漲。一爲：如木星與天王，或土星與天王，或金星與天王，或午宮頂點，或土星主星，或天王主星，與天運圖行星，或頂點，構成六十度，或一百二十度。如無其他因素，則金價可能低平。儲金者，在行星角度吉利，金價低平，見機而作，酌予購入。儲金者，俟主要會合不利，金價上漲，相時而動，酌予售出。此與黃金市場中之炒金者，不又相似也耶？

炒金，古未聞也。現今世界大都市之中，多有炒金。香港亦然。炒者何？譬猶，置食物於釜中，以剷器恆撥攪之，乃烹飪法之一種。全憑機警精熟手法。是故，炒之善者，常大有斬獲，「一朝金多結豪貴」。不是僥倖。炒之不善者，每全軍盡墨，「賠了夫人又折兵」。豈曰寃枉。所以，又有人將「炒金」，比之作戰，未可鹵莽從事。市場買賣，通常分作「遠期」，及「現市」兩種。遠期者，則憑其眼光，本其經驗，觀察國際，堅守陣地。現市者，則不圖遠景，惟務眼前，小有所獲，就此作休。師青就黃金市場中，見聞所得，約分十點，雖觀點角度不同，但有其卓犖見解者在。書之於下：儲金在市場買賣時，亦可仿炒金法。但金可儲，而不可炒。炒之之法，須有經驗。

一曰：角逐於金市場中，以審察走勢爲第一著。如升一步，降二步，作閃縮狀者，是顯示其疲也；勢必多跌。如降二步，升一步，有豪邁氣，是顯示其銳也，勢必多漲。

二曰：欲立於穩健之地，必先爭取主動。下手之先，其勢若順，順則守之，大可前進。

下手之後，其勢轉逆，逆則棄之，徐圖再舉，當機立斷，繫乎果決。

三曰：勿以為金價盤旋低檔也，而靜極思動，可能在霹靂一聲之頃刻中，一躍而升。勿以為金價昂立於高峯也，而動極思靜。可能在逆風捲地之變化中，一仆而降。

四曰：在金市中，注視收市。如收市時，金價居於全日之最高者，必雄風尚在，而其下市，可望續升。如收市時，金價居於全日之最低者，乃暮氣初來，而其下市，可望續降。

五曰：炒金，乃屬射利之短期性者。聞漲風則賣，見跌勢則買。相時相機，速戰速決。戀戰固不可，好戰亦非宜。馬上得之，安能馬上失之？是故，貴乎善攻，尤貴乎善守。

六曰：如金價正在下竄當中。至收市時，其價比之開市時，忽高。則其後市，乃由降轉升之先兆也。如金價正在上揚當中，至收市時，忽低。則其後市，乃由升轉降之先兆也。

七曰：大戶操縱，故弄玄虛。睥睨金市，有時不免。或則播之風聲，壓低買入，抬高賣出。是之謂：欲擒故縱。或則施以機巧，明裝退下，暗圖跳升。是之謂：以退為進。惟能知己知彼，始可百戰百勝。惟在今日，人材輩出，電訊靈敏，消息快捷，或無此弊。

八曰：金在炒中，乍起乍伏，有如波浪，蕩之漾之。常有，一漲而再漲，壓無可壓。常有，一跌而再跌，扶無可扶。此時宜洞察機先，若當其漲，以為不可復漲，而不做多頭。若當其跌，以爲不可復跌，而不做空頭。坐昧先機之兆，必貽後悔之虞。

九曰：金市受外界刺激，一直在搖擺不定中。乃常見者，如開低市，而其走勢，卻向上衝，一若留戀於上市者，是升之始。如開高市，而其走勢，卻向下瞰，一若徘徊於下市者，是降之端，最加留意，以定取舍。

十曰：心理學，在金市之反應，至敏銳也。常能左右金市於股掌中，而無可奈何？譬如：波浪不驚，一碧萬頃。當此之時，即察金市，存底厚，而銷路滯，人心向好，一時當不至於降也。若夫，山雨欲來，風滿樓矣。當此之時，須察金市，存底薄，而銷路暢，人心向淡，一時當不至於升也。炒金如斯，儲金反是。

綜上十點，加以玩索，似有其道。東萊呂氏（宋金華人，隆興進士，著有東萊集。）曰：「一兎在野，百人逐之；一金在野，百人趨之」。古來如此，何況今日耶？儲金，乃所以致富，而備不時之需，厚積既多，用處斯廣，大而貢獻國家，協助建設工作。小而捐贈社會，襄辦公益事業，是謂善聚，亦謂善散，德積於己，福造於人。漢之郭況，有金穴。董卓有金塢，皆以在當時，積黃金最多，但未聞其捐貲財、以賑饑荒，以救災難。卒歸無用，轉眼成空，如此儲金，誠可惜焉。

結論

高莫高於天，覆乎上，物不得而外之。大莫大於天，居其下，人不得而違之。四時，爲天之吏，日月，爲天之使，雷霆，爲天之怒，雨露，爲天之恩。秦宓（少有才學，諸葛亮爲益州牧，選爲別駕中郎，後爲大司農。）則謂：天有頭、天有耳、天有足。師青以爲：天有眼、天有心、天有意。併此而全之，乃所以全其天也。是故，天也者，高顯在上，羣生所仰。有寃屈焉，則呼天。有疾苦焉，則禱天。有憂患焉，則告天。有喜樂焉，則歡天。天定勝人，則凡窮通、休咎、盛衰、興廢、禍福、成敗、榮枯、得失，每多取決於天。此乃古今聖賢豪傑，出類拔萃，明乎天人合一之理者，所一致公認也。舉例言之：如文王遷於岐山，開周家八百年基業，孟子稱其君子創業垂統，若夫成功，則天也。又如項羽在垓下被圍，四面楚歌，嘆曰：乃天亡我，非戰之罪也」。又如，史稱滹沱之役，光武帝，幾填餓虎之腸。而以冰合濟，是豈人力哉，天也。又如，張世傑在崖山，仰天呼曰：「我爲趙氏，一君亡，復立一君，今又亡。若此，豈天意耶？若天不欲我復存趙祀，大風覆我舟」。舟遂覆，世傑溺死，宋亡。如上所述，信而有徵，其間成敗興亡，是皆關乎天運。豈以太空冥冥，輒謂爲一若無知者耶？

師青嘗讀莊子天運，首段有曰：「天其運乎？地其處乎？日月其爭於所乎？孰主張是？孰綱維是？孰居無事，推而行是？天有六極（上下四方曰六極，又曰六合），五常（仁，義，禮，智，信。）帝王順之則治，逆之則凶。九洛之事，治成德備，監臨下土，天下載之，此謂上皇」。蓋莊生，於書無所不窺，楚威王，聞其賢，遣使厚幣迎之。當是時，天下大亂，莊生憂世心切，思有以挽之，著書十餘萬言，故號莊子。巧譬曲喻，一掃陳言，文筆奇峭，獨步古今，好文者，尚之。獨惜在戰國時代，其言星象，不出巫咸、甘德、石申。其言天體，多尚渾天、周髀、宣夜。聞日月食，則以爲變。見彗孛出，則以爲災。蓋因科學尚未發達之故。假令莊子生乎今之世，所暢發者，必更廣，而所貢獻者，不尤大哉。

當公元一九七二年春，余著天運占星學，凡十閱月，匆促付梓。其中，推步太陽圖表四十五圖，日食月食，主要會合，四大天運統運，及商業周期，經濟關鍵，經濟韻律，股市粹言，行星高級會合之預測等篇，神而明之，對於天運之盛衰，人事之禍福。與及經濟、銀行、工商、證券之景氣或衰退，均可預決。用之於香港，固當，用之於世界，亦宜。夫摭拾過去者，易，乃人人得而言之。推測未來者，難，非人人得而知之。師青惟日孜孜，專事著作，志乎古，而不背乎今，苦其心，而又殫其力者，是欲求其有裨益于世界，有發皇於國粹，所學所用，士君子，不當如是也耶？

一九七二年冬月出版

天運占星學

附 商業周期 股市粹言

著作者：吳師青

出版者：中天貿易公司

發行者：中天貿易公司

香港郵政總局信箱一六〇一三號

印刷者：東南印務社

心一堂術數古籍珍本叢刊　第一輯書目

編號	書名	作者	說明
占筮類			
1	擲地金聲搜精秘訣	心一堂編	沈氏研易樓藏稀見易占秘鈔本
2	卜易拆字秘傳百日通	心一堂編	
3	易占陽宅六十四卦秘斷	心一堂編	火珠林占陽宅風水秘鈔本
星命類			
4	斗數宣微	【民國】王裁珊	民初最重要斗數著述之一；未刪改本
5	斗數觀測錄	【民國】王裁珊	失傳民初斗數重要著作
6	《地星會源》《斗數綱要》合刊	心一堂編	失傳的第三種飛星斗數
7	《斗數秘鈔》《紫微斗數之捷徑》合刊	心一堂編	珍稀「紫微斗數」舊鈔秘本
8	斗數演例	心一堂編	
9	紫微斗數全書（清初刻原本）	題【宋】陳希夷	斗數全書本來面目；有別於錯誤極多的坊本
10-12	鐵板神數（清刻足本）——附秘鈔密碼表	題【宋】邵雍	無錯漏原版秘鈔密碼表　首次公開！
13-15	蠢子數纏度	題【宋】邵雍	蠢子數連密碼表　打破數百年秘傳　首次公開！
16-19	皇極數	題【宋】邵雍	清鈔孤本附起例及完整密碼表　研究神數必讀！
20-21	邵夫子先天神數	題【宋】邵雍	附手鈔密碼表　研究神數必讀！
22	八刻分經定數（密碼表）	題【宋】邵雍	皇極數另一版本；附手鈔密碼表
23	新命理探原	【民國】袁樹珊	子平命理必讀教科書！
24-25	袁氏命譜	【民國】袁樹珊	
26	韋氏命學講義	【民國】韋千里	民初二大命理家南袁北韋
27	千里命稿	【民國】韋千里	
28	精選命理約言	【民國】韋千里	北韋之命理經典
29	滴天髓闡微——附李雨田命理初學捷徑	【民國】袁樹珊、李雨田	命理經典未刪改足本
30	段氏白話命學綱要	【民國】段方	民初命理經典最淺白易懂
31	命理用神精華	【民國】王心田	學命理者之寶鏡

編號	書名	作者	說明
32	命學探驪集	【民國】張巢雲	發前人所未發 稀見民初子平命理著作
33	澹園命談	【民國】高澹園	
34	算命一讀通——鴻福齊天	【民國】不空居士、覺先居士合纂	
35	子平玄理	【民國】施惕君	
36	星命風水秘傳百日通	心一堂編	
37	命理大四字金前定	題【晉】鬼谷子王詡	源自元代算命術
38	命理斷語義理源深	心一堂編	稀見清代批命斷語及活套
39-40	文武星案	【明】陸位	失傳四百年《張果星宗》姊妹篇 千多星盤命例　研究命學必備
相術類			
41	新相人學講義	【民國】楊叔和	失傳民初白話文相術書
42	手相學淺說	【民國】黃龍	民初中西結合手相學經典
43	大清相法	心一堂編	重現失傳經典相書
44	相法易知	心一堂編	
45	相法秘傳百日通	心一堂編	
堪輿類			
46	靈城精義箋	【清】沈竹礽	沈氏玄空遺珍 玄空風水必讀
47	地理辨正抉要	【清】沈竹礽	
48	《玄空古義四種通釋》《地理疑義答問》合刊	沈瓞民	
49	《沈氏玄空吹虀室雜存》《玄空捷訣》合刊	【民國】申聽禪	
50	漢鏡齋堪輿小識	【民國】查國珍、沈瓞民	失傳已久的無常派玄空經典
51	堪輿一覽	【清】孫竹田	
52	章仲山挨星秘訣（修定版）	【清】章仲山	章仲山無常派玄空珍秘 門內秘本首次公開
53	臨穴指南	【清】章仲山	沈竹礽等大師尋覓一生未得之珍本！
54	章仲山宅案附無常派玄空秘要	心一堂編	
55	地理辨正補	【清】朱小鶴	玄空六派蘇州派代表作
56	陽宅覺元氏新書	【清】元祝垚	簡易・有效・神驗之玄空陽宅法
57	地學鐵骨秘　附　吳師青藏命理大易數	【民國】吳師青	釋玄空廣東派地學之秘
58-61	四秘全書十二種（清刻原本）	【清】尹一勺	玄空湘楚派經典本來面目 有別於錯誤極多的坊本

編號	書名	作者	說明
91	地學形勢摘要	心一堂編	形家秘鈔珍本
92	《平洋地理入門》《巒頭圖解》合刊	【清】盧崇台	平洋水法、形家秘本
93	《鑒水極玄經》《秘授水法》合刊	【唐】司馬頭陀、【清】鮑湘襟	千古之秘，不可妄傳匪人
94	平洋地理闡秘	心一堂編	雲間三元平洋形法秘鈔珍本
95	地經圖說	【清】余九皋	形勢理氣、精繪圖文
96	司馬頭陀地鉗	【唐】司馬頭陀	流傳極稀《地鉗》
97	欽天監地理醒世切要辨論	【清】欽天監	公開清代皇室御用風水真本
三式類			
98－99	大六壬尋源二種	【清】張純照	六壬入門、占課指南
100	六壬教科六壬鑰	【民國】蔣問天	由淺入深，首尾悉備
101	壬課總訣	心一堂編	過去術家不外傳的珍稀六壬術秘鈔本
102	六壬秘斷	心一堂編	
103	大六壬類闡	心一堂編	
104	六壬秘笈——韋千里占卜講義	【民國】韋千里	六壬入門必備
105	壬學述古	【民國】曹仁麟	依法占之，「無不神驗」
106	奇門揭要	心一堂編	集「法奇門」、「術奇門」精要
107	奇門行軍要略	【清】劉文瀾	條理清晰、簡明易用
108	奇門大宗直旨	劉毗	天下孤本　首次公開
109	奇門三奇干支神應	馮繼明	虛白廬藏本《秘藏遁甲天機》
110	奇門仙機	題【漢】張子房	奇門不傳之秘　應驗如神
111	奇門心法秘纂	題【漢】韓信（淮陰侯）	
112	奇門廬中闡秘	題【三國】諸葛武侯註	
選擇類			
113－114	儀度六壬選日要訣	【清】張九儀	清初三合風水名家張九儀擇日秘傳
115	天元選擇辨正	【清】一園主人	釋蔣大鴻天元選擇法
其他類			
116	述卜筮星相學	【民國】袁樹珊	民初二大命理家南袁北韋
117－120	中國歷代卜人傳	【民國】袁樹珊	南袁之術數經典